**혁신교육에서 미래교육까지**

마을로 걸어간 교사들,

# 마을교육과정을 그리다

마을로 걸어간 교사들,

# 마을교육과정을
그리다

초판 1쇄 발행 2020년 1월 31일
초판 5쇄 발행 2022년 8월 8일

지은이 백윤애·박현숙·이경숙·이윤정
펴낸이 김승희
펴낸곳 도서출판 살림터

기획 정광일
편집 조현주
북디자인 꼬리별

인쇄·제본 (주)신화프린팅
종이 (주)명동지류

주소 서울시 양천구 목동동로 293, 2215-1호
전화 02-3141-6553
팩스 02-3141-6555
출판등록 2008년 3월 18일 제313-1990-12호
이메일 gwang80@hanmail.net
블로그 http://blog.naver.com/dkffk1020

ISBN 979-11-5930-133-9 03370

이 도서의 국립중앙도서관 출판예정도서목록(CIP)은 서지정보유통지원시스템 홈페이지(http://seoji.nl.go.
kr)와 국가자료종합목록 구축시스템(http://kolis-net.nl.go.kr)에서 이용하실 수 있습니다.
(CIP제어번호: CIP2020002130)

혁신교육에서 미래교육까지

# 마을로 걸어간 교사들,
# 마을교육과정을
# 그리다

백윤애·박현숙·이경숙·이윤정 지음

살림터

# '마을'이 복원되고
# '자치'와 '미래'로 연결되는 길

어릴 적, 나는 광주光州 변두리 마을에서 친구들과 함께 앞산 뒷산을 온종일 뛰어다니며 놀았던 개구쟁이였다. 봄에는 막 난 보리 싹을 먹거나 풀피리를 불고, 여름이면 나무 사이에 타이어 그네를 만들어 타기도 했다. 가을엔 가오리연을 만들어 동네 형들을 따라 언덕에서 멀리 날리면서 줄 끊기 시합도 했고, 눈이 쌓일 때면 비탈길에서 온 동네 아이들 수십 명이 모여 동상 걸릴 정도로 하루 종일 썰매를 탔다.

이런 아름다운 어린 시절을 부르는 한마디가 바로 '마을'이다. 마을에 친구들과 형, 동생들이 모였던 곳, 모르는 사람들이라 할지라도 친구가 되어 삼삼오오 모여 어울렸던 곳, 나무판자 아지트도 만들고 함께 세상에 없는 노래도 만들어 부르고 아무도 가 보지 않은 동네길 탐험을 떠날 수 있었던 곳. 그곳이 마을이다. 아직도 내가 살았던 그 마을에 가고 싶고, 행복했던 추억은 가슴속에 남아 있다.

요즘 마을은 이전과는 많이 다르다. 하지만 느슨하게라도 사람들이 모여 연결되는 모습으로 마을을 말하고 실천한다. 의도적이든 비의도적이든, 누구의 아이디어라도 관심과 흥미가 있으면 모이고 함께 할 수 있는 거리를 찾아 재미있고 의미 있는 공동의 활동을 하는 모습을 보게 된다.

그러면서 내뱉는 말은 '사람 향기 난다', '살 맛 난다'는 말이다. 예를 들면, 마을의 아름다운 길이 있는데, 그곳의 옛이야기를 이어 새로운 전설이 생긴다. 학교축제와 마을축제가 연결되어 새로운 마을교육축제가 되기도 한다. 지역의 묻혀 있던 전설과 역사로 모이고, 가까이 살아가는 사람들의 삶과 이야기가 마을로 모인다.

눈과 목을 옆으로 살짝 기울여 보면, 실상 이런 모습들은 '살아 있는 교육'이라고 말하고 싶다. '마을교육공동체'라는 말에 담긴 뜻에 많은 사람들이 공감하고 의미 있게 다가서려는 것도 바로 이런 이유 때문이다. '마을'과 '교육'과 '공동체'가 바로 '살아 있는 교육'이라는 말로 관통하기 때문이다.

'마을교육과정', 생소한 이 말에 요즘 많은 교사들의 관심이 더해 가고 있다. 이 책은 바로 이런 관심에 교육적으로, 시대적으로 응답한 책이다. 네 분의 선생님은 10여 년 동안 혁신교육의 1번지 시흥에서 수업 고수로 이름을 날렸던 분들이다. 이 지역은 '혁신학교'로 시작하여 '혁신교육지구'를 거쳐 현재 '마을교육자치'로까지 나아가고 있다. 이 길에 선생님들에 의해 마을교육과정이라는 책이 나오니 '살아 있는 교육'이라는 그 말이 다시금 가슴속에서 꿈틀거린다.

이 책은 '마을'이라는 말이 주는 다양한 의미와 수업만큼 중요하게 생각되는 '교육과정'이라는 말이 결합되어 있다. 일반 학교에서 교과서나 말로만 존재할 것 같은 일이 마을수업, 마을교육과정이라는 이름으로 늘 오가던 골목길에서, 늙은 농부의 텃밭에서, 오래된 담벼락에서 생생한 이야기를 전해 준다. '밤새 훌쩍 자라난 옥수수', '학교 담장을 넘어선 마을 벽화', '소박하나 풍요롭게, 라곰', '설화, 낯선 기억으로 기록' 등의 신기한 제목이, 실제 있었던 일과 이야기가 학생들의 삶으로 펼쳐진다.

이 책의 속 내용은 사라졌다던 '마을'이 복원되고 '자치'와 '미래'로 연결된다. 학생들이 커서 민주시민으로 어떻게 가야 할지를 마을교육과정이라는 프리즘으로 제시한다. 마을이라는 말에는 우리들의 삶이 들어 있고, 힘들게 일구어 가는 자치도 들어 있으며, 선명하게 보이진 않지만 우리가 꿈꾸는 미래도 들어 있다. 이것들을 교육으로 바라본다는 것은 그 자체로 상당한 의지와 상상력이 더해지는 일인데, 이를 실천한다는 것은 살아 숨 쉬고 움직이는 놀라운 교육 경험이다. '스스로 해 보는 일'과 '앞으로 함께 할 일'을 교실의 작은 공동체에서 마을공동체까지 잇고 있다. 앞으로 '마을교육과정'은 교육을 하는 어느 곳이건 아이들이 건강하게 성장할 중요한 말 그릇이 될 것으로 믿어 의심치 않는다.

2020년 1월

서용선

(『마을교육공동체란 무엇인가?』 대표 저자)

# 하나의 원을 그리며

『수업 고수들』[1]의 저자가 다시 모였다. 이번엔 국어 교사만 네 명.『수업 고수들』을 집필할 때만 해도 모두가 같은 학교 교사였는데, 지금은 그중 한 사람을 제외하면 모두 다른 곳으로 흩어진 상태다.

『수업 고수들』의 시계는 2015년에 멈추어 있다. 그 이후에도 실천 사례는 이어져 왔지만, 그 사례들은 고스란히 우리의 머리와 마음속에만 저장되어 있다. 인간은 망각의 동물이라고 했던가…. 시간이 지나면 잊힐 우리의 이야기를 기록하고 싶은, 아니 꼭 기록해야만 할 것 같은 의무감 비슷한 것이 생길 즈음, 이 책에 관한 구상도 시작되었다. 햇살처럼 흩어져 각자 다른 곳에서 다른 일상을 살아가고 있지만, 그래도 우리 안에 아직 살아 숨 쉬는, 찬란히 빛나는 그 무엇을 다시 꺼내 보고 싶었다.

그래서 제목에도 '마을로 걸어간 교사들'이라는 문구가 붙었다.『수업 고수들』이 시스템을 잘 갖춘 학교 교사들의 협업 사례담이라면, 이번엔 일반 학교에서도 실천할 수 있는 원동력에 관한 이야기라고 할 수 있을까. 물론 이러한 이야기가 가능할 수 있었던 데에는 시청과 교육청이 협업함

---

1.『수업 고수들, 수업·교육과정·평가를 말하다』, 2015, 살림터.

으로써 학교를 지원하는 가교와도 같은 역할을 해 왔다는 이야기도 빼놓을 수 없었다.

이번에는 제목에 '마을'을 내세웠다. 출판하기에 앞서 조심스러운 마음을 감출 수가 없다. '마을'이라는 말 앞에서 교사들이 내비치는 피로감을 이미 잘 알고 있기 때문이다.

그런데 '마을'이라는 말을 떠올릴 때마다, 학창 시절 함께 밥을 먹었던 한 친구와의 식사 장면이 떠오르는 건 참 모를 일이다. 그 친구는 반찬으로 싸 온 도시락 속에서 '뱅어포구이'를 한 젓가락 들고서 이런 말을 했다. "나는 뱅어포라는 게 뭔지 모르겠어. 뱅어포는 어떻게 생긴 거야?" 나는 친구의 말과 행동을 보며 웃지 않을 수 없었다. 그 친구는 '뱅어포'라는 단어를 놓고 표음 해석은 했지만 소리와 뜻을 연결 짓지는 못하고 있었는데, 절묘하게도 단어가 가리키는 사물을 코앞에 두고 있었던 것이다. 이 뱅어포 일화는 '마을교육과정'이라는 말을 입에 담을 때마다 내 머릿속에 떠오르는 장면이다.

많은 교사들이 말하곤 한다. 제대로 수업하라고 해서 노력하고 있는데, 더구나 요즘에는 생활 지도하는 것만 해도 버거운데, 여기에서 무얼 또 바라느냐고…. 그러나 언제부터인가 '마을'을 이야기하게 된 건 '수업'과 또 다른 무언가를 시도하라는 메시지가 결코 아니다. '마을'은 사업이 아닐진대, 어쩌면 그것은 '수업'의 또 다른 이름일지도 모른다.

2010년부터 시도하여 지속적으로 실천하고 있는 장곡중학교의 수업은 교사 주도의 수업으로부터 학생 중심의 수업으로 전환할 것을 요구했던 정책으로 이어졌다. 그뿐인가? 교과통합수업으로 대변되는 교육과정 재구성 역시 2010년도부터 시도해 왔던 노력들이 해를 거듭할수록 진화하며 발전해 온 것으로, 이제는 교육과정 재구성을 논할 때 빼놓을 수 없는 사례가 되고 있다. 그런데 교육과정을 재구성하다 보니, 학생들의 삶을 이야기하지 않을 수 없었다. 아이들의 삶과 배움을 이야기하면서 아이들이 살고 있는 터전을 이야기하지 않을 수 있을까? 이러한 고민으로부터 출발한 것이 바로 '마을교육과정'이었다.

앞서 이야기했던 '뱅어포 일화'로 다시 돌아가 보자. 수업하는 것도 힘들고 어려운데 마을 사업이 웬 말이냐는 물음 앞에서, 나는 어김없이 이 '뱅어포'가 떠오른다. 어쩌면 전국의 많은 선생님들의 관심 영역 속에 이미 '마을'은 들어가 있는 것일지도 모른다. 자신의 관심 대상이 '마을'이라는 것을 모르고 있을 뿐.

학교에서 선생님들과 이야기 나눌 기회가 있었다. '마을'이라는 말이 대단히 추상적일 뿐 아니라 경계가 모호하기에, 요즘에는 '큰 마을'과 '작은 마을'이라는 말을 쓰기도 한다는 점, 우리 학교 아이들에게 '큰 마을'은 시흥시, '작은 마을'은 장곡동 정도가 될 것이라는 점을 이야기했다. 이 별것도 아닌 말이 어떤 선생님의 마음속에는 작은 반향을 일으켰던가 보다. 월드카페를 돌며 이야기 나누는 시간에 그 선생님이 해 준 말이 아직도 잊히지 않는다.

"저는 지금까지 '마을'이라고 하면 '시흥시'만을 떠올렸어요. 그런데 '장곡동'이라는 작은 마을에 신경을 써야 한다면, 그건 할 수 있을 것 같아요. 우리 반 아이들이 살고 있는 곳이니까요."

선생님에게 '마을'은 주로 공문을 통해 접한 용어였으리라. 맥락 없이 주어지는 활자로서의 마을이라면 많은 교사들에게 고통이었을 것이다. 그러나 우리가 이야기하는 마을은 '죽은 마을'이 결코 아니다. 아이들이 살아 숨 쉬는 곳, 우리 아이들과 떼어 내려야 떼어 낼 수 없는 터전으로서의 마을이다. 듣도 보도 못했던 새로운 사업이 아니라, 우리가 그동안 관심 있게 지켜보고 있었던 우리 아이들에 관한 이야기이다.

이 책은 총 5막으로 구성되어 있다. 교육에 관한 계획은 배움의 장場 안으로 들어오면 한 편의 이야기로 재탄생하곤 한다. 배움의 실천적 활동은 사람의 일이기에 언제나 변용의 과정을 거치게 되고, 여기에 숨겨진 이야기가 덧입히면서 일화가 되곤 하는 것이다. 우리가 만들어 온 '이야기'를 강조하고 싶었기에 연극의 '막'과 '장'이라는 용어를 빌려 왔다. 각각의 막幕은 우리가 창작한 경구警句로 시작하며, 각각의 장場은 주로 우리가 함께 읽었던 책의 구절을 인용하며 시작한다.

1막은 '혁신교육에서 미래교육까지'라는 제목으로, 혁신학교를 시작하던 시절부터 지금까지 학교 혁신을 일구어 왔던 이야기를 담았다. 한 학교를 변화시키기까지 얼마나 많은 이들의 협업과 지원이 있었는지, 미래 사회의 비전을 위해서는 결국 교육에 눈을 돌릴 수밖에 없다는 것을 담담하게 이야기하고 있다.

2막부터 5막까지는 네 명의 교사가 그동안 몸담았던 학교에서 실천했던 '마을교육 사례담'이라고 할 수 있겠다. 각각 '마을과 사람', '마을과 생태', '마을과 역사', '마을과 축제'라는 제목을 달았다. 최대한 있었던 일을 객관적으로 서술하려고 노력했으며, 읽는 이에게 작은 보탬이라도 될 수 있도록 실제로 다루었던 계획서나 활동지 등을 첨부하여 안내하고 있다. 팩트를 다루기 위해 노력하면서도, 그 이면에 드러나지 않았던 숨은 노력들이나 관련된 일화, 실수담도 가급적 놓치지 않고 다루었다. 그마저도 결코 쉽지는 않았지만.

『수업 고수들』이 수업을 바꾸고 교육과정을 재구성해 보려는 교사들을 위한 지침서였다면, 이번에는 이른바 '마을교육과정'에 관한 지침서라고 할 수 있다. 한 가지 걱정되는 점이 있다면, '마을'이란 그 태생적 특성으로 인하여 모든 지역에 공통되게 적용할 수는 없으리라는 것. 지역과 상황에 맞게 변용하고 승화시키는 과정이 필요하다는 것이다. 여기에 덧붙여, 시흥시의 교사로서 마을을 이야기할 수 있었던 데에는, 교사뿐 아니라 다른 많은 이들의 협업과 지원이 있었기에 가능했다는 점이다. 이러한 협업과 지원이 결코 손쉽게 이루어진 것이 아니라는 점도 밝혀야겠다. 그러한 점에서, 이 책은 절박한 필요에서 출발한 이야기를 담고 있다는 점,

그리고 여기에는 상상도 못할 헌신과 열정이 보이지 않는 맥락 속에 살아 흐르고 있다는 점도 언급할 필요가 있겠다.

이 책의 출판에 도움을 주신 분들이 참 많다. 장곡중학교에서 함께 일하고 배우며 같은 꿈을 꾸었던 수많은 선생님들, 그리고 응곡중학교와 연성중학교의 선생님들도 따뜻한 시선과 동참을 통해 큰 도움을 주셨다. 현장에서 몸으로 부딪히며 느끼는 갈등과 어려움 등을 진솔하게 나누며, 이러한 고민을 함께 풀어내고자 했던 이들이 없었다면 이 책은 세상의 빛을 보지 못했으리라. 더불어 이 모든 일의 시작을 가능하게 해 준 경기도교육청 서용선 장학사님께도 감사의 말씀을 전한다. 기획 자체가 좌절될 뻔한 적도 있고, 집필 작업이 지지부진하여 여기까지 오는 데 오랜 세월이 걸렸다. 그 오랜 시간을 묵묵히 기다려 주신 살림터 정광일 대표님께도 감사의 마음을 전하고 싶다.

이 작고 보잘것없는 책 한 권이 어느 누군가에게는 '원'으로 작용하기를 소망해 본다. 사랑과 극복할 수 있는 지혜로 그려진 원. 그 속에 들어갈 수 있도록, 존재 자체를 초대하는 원이 되기를. 최근에 읽은 시 한 편을 인용하며 글을 맺는다.

> 그는 원을 그려 나를 밖으로 밀어냈다.
> 나에게 온갖 비난을 써부으면서.
> 그러나 나에게는
> 사랑과 극복할 수 있는 지혜가 있었다.
> 나는 더 큰 원을 그려 그를 안으로 초대했다.
>
> 에드윈 마크햄, 「원」

2020년 1월

백윤애, 박현숙, 이경숙, 이윤정

# 차례

소래산

호조벌

연꽃테마파크

물왕저수지

길방나무

월곶포구

오이도

갯골생태공원

옥구공원

노루우물

생금집

군자봉

# 1막

## 혁신교육에서
## 미래교육까지

우리가 가치 없다고 생각했던 것들을 다시 보는 순간,
흑백의 공간은 새로운 빛을 입고 우리에게 말을 건넨다.

# 혁신교육에서 미래교육까지

## 혁신학교에서 마을교육과정까지

지금 마을교육과정을 진행하고 있는 장곡중학교는 혁신학교를 시작할 때부터 현재까지 학교 혁신을 진행해 왔다. 그 과정에서 짚어 보아야 할 것이 몇 가지 있다. 그것들은 평범하던 장곡중학교를 혁신학교에서 미래학교까지 바라볼 수 있게 만든 동력이었다. 그리고 진화하는 현재의 모습 중 하나가 이 책에서 말하는 '마을교육과정'이며, 이 교육과정들은 장곡중학교뿐 아니라 시흥시의 많은 학교들이 학교의 상황과 특성에 맞게 운영하고 있다. 그렇게 되기까지는 교사들의 노력과 마을의 협력, 시흥의 행복교육지원센터와 같은 지원체계가 있었다.

### 1. 학교 혁신과 수업 혁신

지금 시점에서 학교 혁신을 한다면 교육과정부터 바꾸는 것이 좋을 것이다. 학교의 교육과정을 국가교육과정 및 교과서 중심에서 벗어나 지역과 삶을 담은 교육과정으로 만들어야 시대적인 흐름에 맞을 것이다. 그렇게 만들어진 교육과정이라면 교과서 중심으로 흘러가는 단선적인 운영이 아닌 문제해결형, 프로젝트형 수업이 자연스럽게 기획될 것이고, 교사 중심보다는 학생 중심 수업에 가까울 것이다.

2010년 학교 혁신을 시도했을 때 가장 시급한 것이 수업 혁신이라고 생각했다. 아직도 수업 혁신은 많은 학교들의 시급한 과제이지만, 당시에는 교육과정 재구성을 실제로 하고 있는 수준과 교사들의 인식은 그리 높지 않았고, 수업 그 자체도 아주 힘들었다.[1] 그래서 수업을 바꿔 보자는 제안은 교사들이 가장 힘들어하는 것을 함께 해결해 보려는 시도였다.

일반적으로 학교 혁신을 어떻게 할 것인가 논의할 때, 교육과정 혁신이 당연하다고 생각할 것이다. 그런데 학교가 처한 상황을 고려하고 구성원이 시급하게 느끼는 것을 먼저 개선해 나가면 구성원을 일의 주체로 참여시킴으로써 진행 과정에서 생기는 갈등을 최소화한다. 장곡중학교는 그 당시 수업에서 어려움을 느끼는 교사들이 많았기에[2] 혁신학교의 첫 목표를 수업 혁신으로 정했다. 2010년 교사 전체가 수업을 바꾸고, 수업 공개를 일상화하며 연구회 방식도 바꾸었다. 그때는 혁신학교끼리 네트워킹이 잘되던 시기였다. 학교 내 교사들 외에 다른 학교의 교사들도 공개된 수업을 함께 보고 연구회도 같이 했다.

대안학교가 아닌 일반 학교에서 수업 공개와 연구회[3]는 생소한 것이었다. 많은 학교들에서 '연구수업', 즉 동교과 교사들이 시간표를 조정한 후 한 사람의 수업을 보고 방과 후에 협의회를 하며 연구보다는 수업 평가를 하는 문화였다.

장곡중의 수업은 수업 혁신의 대명사로 일컬어졌고 전국에서 수많은 사람들이 몰려들어 수업을 보고 연구회를 함께하며 돌아갔고, 그들 중

---

1. 지금도 많은 교사들이 수업이 힘들다고 한다.
2. 당시 다른 학교들도 수업에 어려움을 느끼는 교사들이 많았다.
3. '배움의 공동체'의 틀을 가져와서 했다.

일부는 자신의 학교 수업을 바꾸기 시작했다.

## 2. 평가 혁신과 교육과정 재구성

수업이 바뀌자 그동안 해 왔던 평가가 불편해졌다. 수업이 교사가 교과서의 지식을 전달하는 것에서 학생 스스로 지식을 찾거나, 활동을 중심으로 친구들과 협력하며 배워 가는 것으로 바뀌면서 기존에 지식을 묻던 평가는 활동을 하며 느낀 것, 알게 된 것, 자신이 만든 새로운 생각을 묻는 것으로 변했다. 자연스럽게 정답을 고르는 평가에서 서술하거나 논술하는 방향으로 전환되었다.

수업이 바뀌면서 평가와 함께 자연스럽게 달라진 것은 교육과정이었다. 학생에게 지식을 전달하던 것을 넘어 학생 스스로 배움을 찾아가게 하자 성취기준이 잘 배열된 교과서가 불편했다. 배움은 '지식을 아는 것'이 아닌 '어떤 상황의 맥락에서 이해하거나 실행할 수 있는 힘'과 같은 것이므로, 맥락 없는 지식을 교육적으로 맥락 있게 만들어야 했다. 그러려면 맥락을 만들어 내는 교육과정에 대한 고민은 필연적이었다.

'교육과정의 주인은 누구일까? 교사가 일방적으로 교육과정을 만드는 것이 바람직할까?' 같은 고민부터 '교육과정의 목표이자, 우리가 바라는 민주시민은 어떤 시민일까? 어디서 밥을 먹고, 어디서 생활하는 시민일까? 그런 시민을 만들기 위해 학교는 무엇을 해야 할까?'라는 구체적인 고민까지 하게 되었고, 그에 대한 결론으로 마을이 보이기 시작했다. 정기 전보 속에서 다른 지역에서 출퇴근하며 수업을 하던 교사들에게 마을의 발견은 교육과정 재구성에 더 큰 짐 보따리가 얹어진 꼴이었다.

그렇지만 학생들은 마을에서 살고 있고, 마을의 주민이 될 가능성이 높았다. 그런데 정작 마을을 잘 몰랐고, 마을에 사는 사람들도 잘 몰랐다. 마을은 그저 일상생활을 하기 위해 잠을 자는 곳일 뿐이었다. 그리고 성장하면서 당연히 마을을 떠나서 사는 것이 당연하다고 생각한다.

마넌Manen[1990]은 생활세계의 기본적 실존체existentials를 '시간성', '공간성', '신체성', '관계성'으로 구분하였는데, 인간은 시공간이라는 조건 속에서 다른 사람과 관계를 만들면서 신체를 통해 어떤 경험을 하기 때문이다.[4] 그런데 지역과 아무런 관계를 갖지 않는 사람이 민주시민이 될 수는 없다. 알고, 비판하고, 실천하는 시민은 구체적인 시공이라는 조건 속에서 행동하며 그곳에서 함께 사는 사람들과 관계도 만들어 가기 때문이다.

듀이는 삶이 교육[5]이라고 하였다. 그 말은 삶을 살아가면서 만나는 다양한 문제를 해결하는 능력을 교육에서 키워야 하며, 이 능력을 듀이는 지력知力이라 하였다. 이런 말들을 통해 교사들은 아이들이 살아가는 삶의 현장을 교육과정에 담지 않는다면, 제대로 된 교육을 하는 것이 아니라는 것을 깨닫게 되었다.

삶의 현장인 마을이 교육과정으로 들어오지 않고 어떻게 삶을 살아가며 만나는 문제를 알 수 있으며, 어떻게 마을에서 실존하는 민주시민으로 자랄 수 있겠는가. 동네에서 잠만 자는 민주시민이 어디 있단 말인가? 이런 생각들은 적극적으로 마을을 교육과정 안으로 들어오게 하였다.

이미 그 이전부터 장곡중학교의 교육과정은 교육과정평가원의 '핵심역량 중심의 교육과정 재구조화 방안 연구'[6]에 국내 사례로 들어갈 정도로 교사들의 재구성 역량은 상당했다. 그 결과 2015년에는 전국의 교육과정 100대 학교 안에 들어갔으며, 『어! 교육과정 재구성? 아하! 교육과정 재구성』[7]과 『수업 고수들, 수업·교육과정·평가를 말하다』[8] 두 권의 책으로 출간할 정도로 재구성된 교육과정은 역량 중심 교육과정의 취지가 잘 펼쳐진 것이었다. 그런 바탕이 있었으니 무리 없이 교육과정을 마을로 확장

---

4. 이형빈(2014), 「학생의 수업 참여 및 소외 양상에 대한 현상학적 연구」, 『교육과정 연구』 재인용.
5. 존 듀이(2001), 『경험과 교육』, 엄태동 옮김, 원미사.
6. 한국교육과정평가원 연구보고 CRC 2013-17.
7. 박현숙·이경숙 공저, 맘에드림.
8. 김현정·박현숙·백윤애·손가영·이경숙·이윤정 공저, 살림터.

할 수 있었고, 다른 학교로 전근을 간 교사들은 마을을 교육과정에 담는 작업을 계속할 수 있었다.

### 3. 학습공동체와 마을교육공동체

2009년 경기도교육청의 혁신학교 기본계획서[9]부터 전문적 학습공동체 구축이 혁신학교 모델의 주요 동력으로 제시되었으나, 당시 장곡중 교사들은 전문적 학습공동체가 무엇인지 잘 몰랐다. 2009년부터 혁신학교를 준비하며 공부하던 교사들은 자신들이 하는 공부가 전문적 학습공동체라고 인지하지 못했던 것이다. 혁신학교를 진행하면서 그 이전에 교사로서 고민했던 것과는 차원이 다른 '모름'과 '불확실성'이 있었고, 그것을 '앎'으로써 '확실에 대한 신뢰'가 필요했다.

'전문적 학습공동체를 구축'하라고 도교육청에서는 근무 시간에 전체 교사들이 모여서 연수하는 프로그램을 만들면 연수 학점으로 인정하고 연수비도 지원했다. 교사들은 이 프로그램 안에 전체 교사들에게 필요한 연수와 혁신학교가 처음부터 해 오던 전체 수업 공개와 연구회를 넣었다.

그러나 이 '전문적 학습공동체'로는 '모름'과 '불확실성'을 해결할 수 없었다. 그래서 2009년부터 시작했던 독서토론을 계속할 수밖에 없었다. 학교에서 전체적으로 하는 수업 공개와 연구회만으로는 수업 혁신이 지속될 수 없었다. 잘 만들어진 교육과정도 수업이 바뀌지 않으면 시간이 지나면서 교과서 중심의 지식 전달로 바뀌거나, 학생들이 모둠 수업을 한다고 하면서 아무것도 안 하고 떠드는 난리법석 속에 지식 전달조차 제대로 되지 않을 가능성이 높다. 사립학교가 아닌 이상 순환하는 교사들의 수업을 일정 수준으로 높이려면 학교 전체 구성원을 대상으로 하는 수업 연구로는 부족하다. 그래서 2010년부터 한 달에 한 번 수업 동영상을 보

---

9. 2009년 7월 경기도교육청 혁신학교 추진 계획.

면서, 따로 수업을 보고 연구하는 모임을 했다. 2009년 시흥 관내 교사들과 했던 혁신연구모임도 계속하며 혁신교육의 방향을 공부했다. 2010년부터는 방학 때마다 특수 분야 직무연수를 신청해서 집중해야 한다고 판단한 분야인 배움중심수업, 교육과정 재구성, 마을교육과정 등을 정해서 3박 4일 동안 공부했다. 그러면서 교사 학습공동체의 필요성과 학교 안에서 교사 학습의 메커니즘이 어떻게 작동해야 시스템 속에서 전체 교사가 성장하는지, 학교 혁신으로 이어지는지 알게 됐다.

마을이 교육과정으로 들어온다는 것은 학교 범위가 확장되는 것이다. 마을이 학교가 되는 것을 의미한다. 마을의 자원들이 교육과정으로 활용되고, 사람들은 교사의 역할을 하게 된다. 그래서 교사학습공동체와 학부모·지역사회와의 협력이 필요했다. 지금까지의 교육은 학교와 그 구성원만으로 해결되었다면, 아이들의 삶을 고민하고 마을이 교육과정으로 재구성되면서부터 학부모와 지역사회와의 협력을 생각하게 되었다. 그러면서 협력은 나만 필요하다고 만들어지는 것이 아니라 상대방도 원해야 비로소 이루어진다는 것을 깨닫게 되었으며, 상대방이 바라는 것이 무엇인지 궁금했다. 상대방과 무엇을 주고받을 수 있을까 고민이 되었다.

지금까지 학교가 했던 협력은 학부모의 봉사를 바라는 것, 지역의 협조를 얻는 것이었다면, 마을이 교육과정으로 들어온다는 것의 진정한 의미는 학교가 지역의 한 구성체가 되어 학부모와 지역사회가 동등한 입장에서 주고받으며 함께 성장해야 협력이 지속가능하다는 것을 알게 되었다.

교사 입장에서 내가 가진 것을 내려놓는 것은 큰 손해를 입는 것처럼 느껴졌고, 그런 손해를 전체 교사들이 받아들일 수 있을까 하는 의구심도 들었다. 그렇지만 교사들은 학생의 삶을 생각하며 그들의 성장은 모두가 도와야 가능하다고 동의했다. 많은 교사들이 학생 개개인의 삶과 성장을 바라보았다.

자신이 태어난 곳에서 자라고 살다가 거기에서 죽는 것이 못난 삶인 가? 옛날에나 있을 법한 이야기인가? 4차 산업혁명 시대와는 동떨어진 이야기인가? 아무리 생각해도 자신이 태어난 곳에서 살다 죽는 것은 환경 파괴를 막고, 농어촌·중·소도시의 소멸을 막을 수 있으며, 4차 산업혁명 사회에서 기계와 경쟁하는 삶이 아닌 여유를 갖고 삶을 즐길 수 있는 지속가능한 삶을 지탱하는 것이라 판단되었다. 그러려면 학생이 행복한 밥벌이를 지역에서 할 수 있어야 했다. 그런데 지역에서조차 네트워킹이 없는 학생들이 어찌 마을에서 밥벌이를 구할 수 있으랴! 이런 깨달음으로 학교교육과정에 마을의 사람들과 자원들이 교과역량과 성취기준 도달을 위한 교재나 교구로 넘나들게 되었다. 그리하여 이제는 마을이 없이는, 이들을 연결해 주는 지원이 없이는 학교교육과정을 운영할 수 없게 되었다.

## 시흥혁신교육지구에서 마을교육공동체까지

### 1. 시흥혁신교육지구

경기도교육청은 2011년부터 2015년까지 5년간 한시적 사업으로 '지역 교육공동체 구축을 통한 건설적인 행·재정적 협력의 모델을 창출하고 공교육 혁신에 기여'하고자 혁신교육지구를 지정하여 운영해 왔다. 현재 혁신교육지구는 경기도를 넘어 국정과제로까지 되면서 전국적으로 140여 개의 지자체가 참여하고 있는 일반자치와 교육자치의 협치 사업으로 자리 잡고 있다.

평생교육법[10]에 의하면 지방 정부는 지역의 평생교육을 책임져야 한다.

---

10. 평생교육법 제2조 정의(2019. 1. 19. 시행) "평생교육"이란 학교의 정규교육과정을 제외한 학력보완교육, 성인 문자해득교육, 직업능력 향상교육, 인문교양교육, 문화예술교육, 시민참여교육 등을 포함하는 모든 형태의 조직적인 교육활동을 말한다.

우리나라 평생교육법에서 평생교육은 '학교의 정규교육과정을 제외한' 교육을 의미한다. 이 법에 의해 한 사람이 살아가는 동안 '교육'이 가장 중요한 시기인 청소년 시기에 지방 정부는 '미래를 책임질 시민'을 '교육부'에 맡기게 된다.

다른 나라의 지방자치와 교육자치의 상황을 상세히 알 수는 없지만, 유럽이나 미국, 일본의 경우도 지방자치와 교육자치가 분리되어 평생교육과 공교육이 따로 이루어지지 않는다. 교육이 두 가지 트랙으로 이루어지는 것은 교육의 일관적인 지원 체계로 보면 불편한 제도이다.

그러나 지방자치와 교육자치가 엄격하게 분리된 우리나라의 상황에서 지자체가 학교의 교육과정에 관여할 수 있는 방법은 거의 없었다. 특히 우리나라는 교육부-도교육청-교육지원청-학교로 이어지는 수직적인 관료 조직의 구조, 국가가 가지고 있는 교원양성커리큘럼, 국가교육과정, 국정 또는 검인정으로 발행되는 교과서라는 교육 체계는 지역성이 스며들 틈이 별로 없는 상황이었다.

이런 상황에서 경기도교육청이 2011년 3월부터 시작한 '혁신교육지구 사업'은 시흥시가 교육청과 협업으로 지역 학교의 공교육 혁신과 함께 지역성을 학교의 교육과정에 담아 시민을 키우는 일을 지원할 수 있는 계기가 되었다.

시흥시는 2011년 경기도교육청에서 혁신교육지구를 시작할 때 지정된 6개 지구 중 하나였다. 혁신교육지구 시즌 1이 2011년 3월부터 2016년 2월까지 진행되었는데, 시흥시의 총 72개 학교 중 23개 학교를 혁신교육지구로 지정하여 시범 사업으로 진행했다. 2011년의 시대적인 분위기에서 시흥의 72개 전체 학교를 대상으로 하기에는 당시 학교들이 받아들이는 '혁신교육'에 대한 부담감이 컸기에 어쩔 수 없는 선택이었다. 그래서 초등과 중등의 혁신학교들이 있던 지역을 벨트로 하여 23개 학교를 대상으로 혁신교육지구사업을 시작하였다.

혁신교육지구사업 예산은 총 60억 원이었는데, 시흥시가 48억 원, 경기도교육청이 12억 원을 분담했다. 총 사업비 중 60%는 전문 인력을 지원했고, 40%는 프로그램을 지원했다. 시즌 1에 지원되었던 전문 인력은 행정실무사, 상담사, 독서토론지도사, 수업 협력교사였으며, 별빛도서관을 운영하는 학교의 경우는 별빛도서관 사서와 학교의 요구에 따라 상담사 대신 교육복지사를 지원한 경우도 있었다. 프로그램으로 지원한 사업은 창의적 교육과정 운영을 위한 창의적 체험학습을 지원하였으며, 초등학교는 계절학교를 지원하였다. 또한 학교별 특색 사업을 운영할 수 있도록 하였으며, 원어민 교사를 배치하고, 학습부진아 멘토 학습 지원 등의 사업이 있었다. 학교급 간 예체능을 연결하여 중점 과정으로 운영하는 사업도 지원하였으며, 학생 자치 활동 지원과 동아리 활동을 활성화할 수 있도록 지원하였다.

시즌 1이 끝나 갈 무렵 우리나라 교육 환경에 큰 변화가 있었다. 자유학기제가 2016년 전면 시행을 앞두고 있었으며, 2015 개정 교육과정이 2017년부터 초등학교 1, 2학년 시행을 앞두고 있었고, 2022년 고교학점제가 시행된다는 발표도 있었다. 이른바 학교 홀로 교육이 불가능한 환경이 전개되기 시작했다. 시흥시는 이런 교육의 변화에 맞춰 혁신교육지구의 효율적인 운영을 위해 2015년 5월 '행복교육지원센터'를 만들어 교육청과 더욱 단단한 협업을 위한 시스템을 구축하였다.

## 2. 시흥행복교육지원센터

시흥행복교육지원센터는 학교 교육과정을 지원하기 위해 일반 행정과 교육 행정이 효율적으로 협업하기 위해 만들었다. 교육 사업을 기획할 때부터 지자체와 지역교육청이 협력해서 학교 교육과정을 지원할 수 있는 프로그램을 만들어 운영하고 있다.

지자체가 지역의 인적·물적 교육 자원을 발굴하면 교육지원청은 학교로 넣어 주는 역할을 하며 이 사이에 고용된 교사가 지자체의 프로그램을 교육과정으로 운영할 수 있게 컨설팅을 하여 학교가 쓸 수 있게 한다. 이 과정을 통해 마을의 교육과정은 발굴되고, 센터를 통해 잘 다듬어진 상태에서 학교 교육과정과 연계된다. 이렇게 학교는 국가교육과정의 공통성에 지역성이 더해져 시흥만의 교육과정이 각 학교에 펼쳐지게 된다.

### 구성원

시흥시 교육청소년과의 여러 팀 중 하나이며 센터장은 교육청소년과 과장, 센터팀장과 주무관 3명, 창의체험학교에 버스를 운전하는 기능직 1명, 기간제 2명, 교육지원청에서 파견한 교육행정직 1명, 시흥시에서 고용한 중등교사 1명으로 총 10명이 일을 하고 있다.

### 역할

학교와 지역사회의 인적·물적 자원을 프로그램으로 잘 짜서 학교의 교육과정을 지원한다. 지자체와 교육지원청이라는 상이한 기관이 융합적으로 공교육을 지원하기 위한 협력체제를 구성했다. 시흥 지역 학교의 전반적인 교육활동을 지원하고 있으며, 사업을 진행하는 과정에서 지자체의 부서가 진행하는 교육 사업들이 센터를 중심으로 들어오기 시작했다. 교육 지원을 위한 목적으로 지자체 내 부서 협력이 점점 커지고 상상력도 넓어지고 있다. 특히 지자체가 그동안 애를 쓰고 진행했던 평생교육 사업, 아동 여성 사업, 일자리 창출 사업, 마을 재생과 사회적 경제 등의 일들이 교육을 중심으로 연결되어 학교로 지원이 되고 있다. 이 일들은 마을과 학교를 넘나들며 배울 수 있는 마을교육과정으로 재구성이 가능할 수 있게 지원이 되며, 학교를 중심으로 마을이 배움과 성장이 지속되는 공동체가 되는 데 중요한 역할을 하고 있다.

## 3. 시흥혁신교육지구 시즌 II와 마을교육공동체

시흥은 혁신교육지구 시즌 II의 목표를 '마을교육공동체 구축'으로 합의하였다. 다음은 지자체와 교육청이 함께 세운 시흥혁신교육지구의 교육비전, 목표, 정책 방향과 실천 방향이다

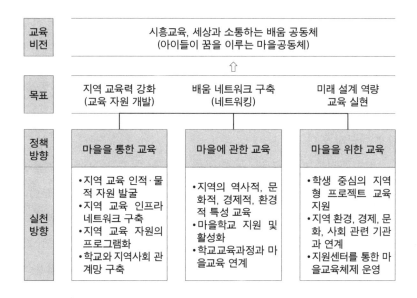

시흥혁신교육지구 시즌 II는 2016년 3월부터 2021년 2월까지이며, 학교와 지역의 상생, 마을교육공동체 구축이 목표다. 시즌I의 성과를 바탕으로 시흥시만의 공동체적인 강점을 반영하여 시흥행복교육지원센터 중심으로 학교와 교육지원청, 학부모, 지자체, 그리고 지역사회가 좀 더 유기적으로 소통하며 사업을 추진하고 있다.

시즌 II 사업의 특징은 첫째로, 정규 교육과정을 지원하고 있다. 혁신교육지구사업에서 가장 인기 있는 '시흥창의체험학교'는 시흥의 체험터를 시에서 지원하는 버스를 타고 학생들이 체험 활동을 하는 프로그램이다. '마을 연계 창의적 교육과정'은 마을의 다양한 자원을 활용하여 학교가 처한 환경에 맞게 교육과정을 재구성하여 운영하는 프로그램이며, '찾아

가는 마을교육과정'은 마을 교사들의 교육 콘텐츠가 국가교육과정의 성취기준과 재구성되어 진행되는 수업이다. '예술체육융합 프로젝트'는 음악 미술 체육 교과의 성취기준이 중심이 되어 다양한 과목이 창의융합 프로젝트 수업을 진행하는 프로그램이다. 이런 프로그램들은 시흥의 아이들이 학교와 교과서를 넘어 지역에서 다양한 활동을 하고, 예술적인 체험을 하며, 프로젝트형 수업과 창의융합 수업 속에서 삶을 살아갈 역량을 키울 수 있게 하는 것들이다.

이런 교육과정은 시흥의 아이들이 지역에 대한 이해를 높이고, 학생 중심 활동 수업이나 창의융합 수업을 가능하게 하므로 공교육 혁신을 자연스럽게 이끌게 한다.

두 번째 특징은 마을교육공동체 구축이다. 시즌 Ⅱ는 '마을을 통한, 마을에 관한, 마을을 위한 교육'이라는 정책 방향으로 진행되고 있는데, 학생들의 교육이 학교라는 울타리를 넘어 지역 전체가 학생들의 배움터가 되고, 마을 사람들이 교사가 되어 학교와 함께 아이들을 협육하고 있다. 지역의 주민을 지역 사람과 교사들이 협력하여 지역의 자원을 활용하여 키우는 교육을 시흥혁신교육지구에서 하고 있으니 이것은 우리나라 교육과정 목표인 '민주시민 양성'과도 잘 부합하며, 지역성이 학교 안으로 바로 들어가니 제대로 된 주민을 키우는 일이기도 하며, 그 과정을 통해 주민이 성장하고 있다.

이런 점은 4차 산업혁명 시대와 미래교육이라는 관점에서 볼 때 주민이 교육 사업을 통해 일자리를 찾고, 그곳에서 스스로의 성장을 경험하는 구조를 갖춰 가고 있다고 볼 수 있다.

세 번째 특징은 효율적이고 체계적인 협업이 만들어지고 있는 것이다. 2019년 시흥시의 87개 학교는 48개의 교육 사업을 통합공모 시스템을 통해 신청했다. 학교의 필요와 교육과정 재구성 역량에 따라 48개 사업은 학교교육과정의 구석구석에서 운영될 것이다. 학교가 이렇게 많은 사업을 신청하려면 계획서 하나하나를 내부 결재를 거쳐 결정하고 운영하는 구조로는 지원이 아니라 일폭탄일 수 있다. 그래서 시흥시는 홈페이지 하나에 48개 사업을 놓고 클릭 한 번으로 지원이 되는 시스템을 구축하였다.

학교를 지원하기 위해 시작한 시스템 구축이었는데, 일의 진행 과정에서 의도하지 않은 효과가 나타나기 시작했다. 시청의 각 부서에서 진행하던 교육 사업이 통합공모 시스템(우리는 원클릭 시스템이라고 부른다)으로 한곳에 모이자, 시흥시 교육 사업의 맵이 구체적으로 그려지게 되었다. 또한 중복 투자되던 곳, 비효율적인 사업, 더 확장해야 하는 사업 등 각각의 부서에서 '묻지마'로 진행하던 사업들이 실체를 드러내며 학교를 지원하기에 더욱 좋은 방안들이 나타나기 시작했다. 적어도 시흥시는 교육으로는 지자체 내 부서들의 협업이 효율적이고 체계적으로 진행되기 시작한 셈이다. 이렇게 되자 학교로 들어가는 지원이 더욱 섬세하게 변하기 시작했다. 박제된 협업이 아닌 살아 있는 협업이 이루어지고 있다.

교육으로 시작한 협업이 어떤 모습으로 어떤 분야로 확장될지는 짐작할 수 없다. 그러나 우리가 하는 일들이 미래 사회에 반드시 필요한 것이라는 것은 알 수 있다. 교육으로 성장하는 것은 학생뿐 아니라 거기에 관계하는 모두라는 것을 깨닫고 있다.


## 마을교육과정과 미래교육까지

### 1. 미래 사회를 바라보는 마을의 입장

미래 사회에 대한 예측은 학자마다 다르고, 어떤 경우는 상반되기도 한다. 다가오지 않은 미래를 그리는 것이기 때문에 어떤 사람의 예측이 완전히 맞아떨어지는 것은 아닐 것이고, 학자마다 다른 주장이 부분부분 맞는 것도 있을 것이며, 상반된 주장이 계층에 따라 지역에 따라 입장에 따라 동시적으로 펼쳐질 수도 있을 것이다. 그러므로 예측하는 것 자체가 무의미할 수도 있다.

그러나 다가오는 미래의 변화가 현재의 모습과 현저하게 다를 것이라고 생각될 때는 준비를 해야 한다. 이때 준비는 준비이면서 막연한 미래를 바라는 미래로 바꾸는 적극적 행동일 수 있다. 4차 산업혁명은 이전의 1차, 2차 산업혁명과는 판이하게 다른 양상으로 전개되고 있다. 1차, 2차 산업혁명이 생산 방식에 대한 변화라면 3차 산업혁명은 직접 생산에 관계하지 않지만 생산에 막대한 영향을 끼치는 동시에 네트워킹과 같은 보이지 않는 영역이 더 영향을 발휘하는 변화까지 진화되었다. 이에 이은 4차 산업혁명은 보이지 않는 영역뿐 아니라 알파고로 대두되는 지능 영역까지 아우르게 되어 예측 자체가 불가능할 수 있다.

불교에서는 성불을 하기 위해 번뇌를 끊은 무의 세계로 들어서야 함을 이야기한다. 불교에서 말하는 수많은 번뇌 중 하나로 '변하는 것에 대해 변하지 않아야 한다는 고정불변의 사고'에서 빚어지는 괴로움이 있다. 세상 모든 것이 변하는데, 심지어 그렇게 생각하는 자신도 나날이 변하는데, 변하지 않아야 한다고 생각하는 순간 인간사의 괴로움이 생긴다는 것이다. 세상 모든 것이 변하는 것이 섭리이고, 그것을 받아들이며 적응하는 것이 고통스럽지 않게 세상을 사는 것이라는 가르침을 종교가 준 것이라면 앞으로 미래는 변화를 인정하고 살아가는 지혜를 발휘할 때이다.

마을의 입장에서 순탄한 변화가 아닌 총체적 영향을 줄 미래에 대한 대비, 특히 지역 사람들이 먹고살 일자리 혹은 일거리에 대한 대비는 그 중 가장 중요한 일이다.

세계경제포럼인 Davos Forum의 '미래고용보고서'에서는 앞으로 5년간 주요 15개국에서 710만 개의 일자리가 감소하고, 200만 개의 새로운 일자리가 생긴다고 예상했다. 또한 세계경제포럼에서는 2027년 공유 경제의 시대가 열릴 것이라 예측하고 있다. 감소한 일자리보다 늘어난 일자리가 적고, 공유 경제로 경제 패턴이 바뀌면 사람들의 삶의 모습은 어떻게 달라지는지에 대해 구체적으로 상상하고 대처하는 것이 지역에 필요한 시점이다.

특히 지자체는 줄어든 일자리와 노동 시간을 시민들이 어떻게 활용할 수 있게 지원할 것인지에 대한 대비가 따라야 할 것이며, 공유 경제로 인한 삶의 변화와 이로 인해 생겨날 수 있는 문제도 미리 파악하여 대비하는 시스템을 갖춰야 할 것이다.

## 2. 줄어든 일자리와 늘어난 새로운 일자리, 공유 경제

줄어드는 일자리는 과거의 일자리이며, 새로운 일자리는 과거에는 없던 미래에서나 볼 수 있는 일자리일 것이다. 과거에 골목길에서 흔히 보던 '칼 갈아~'나 '망개떡~' 등은 최신 주방기구로 대체되었고, 야식 업체의 플랫폼 역할은 주문 앱으로 대체되었다. 칼을 가는 기술은 불필요해졌고, 갈 필요가 없는 칼을 생산하거나, 간단하게 칼을 갈 수 있는 도구가 만들어지고 있다. 더 나아가 과거처럼 그렇게 칼질이 많이 필요하지 않은데, 그 이유는 주방에서 음식을 만들고 있지 않은 문화 때문이다. 개인이 낮에 망개떡을 만들거나 주문해서 밤에 동네를 돌아다니며 파는 것이 아니라, 개인이 먹고 싶은 것은 어떤 것이든지 배달 앱을 통하면 집으로 음식이 오는 삶의 방식으로 바뀐 것이다.

'칼'과 '망개떡'의 변화에서 예측할 수 있듯, 미래에는 일자리만 줄어드는 것이 아니라 노동 시간도 줄어든다. 지금까지는 시간에 쫓겨 정신없이 살았다면 앞으로는 남아도는 시간을 어떻게 쓸 것인가가 중요한 시대이다.

망개떡 장사가 지나간 동네의 야식이 망개떡이었다면, 배달 앱을 통해 전해진 야식은 어느 집에서 무엇을 먹고 있는지 알 수 없을 뿐 아니라 누가 만들었는지, 어느 가게 음식인지, 어느 지역에서 배달되었는지도 알 수 없다. 망개떡을 먹느냐와 배달 앱의 음식을 먹느냐 사이엔 스토리를 알 수 있는 음식과 알 수 없는 음식이 있으며, 그 사이에는 '사회적 신뢰'의 문제가 등장한다. 공유 경제는 획일화가 아닌 집단지능을 통한 개인화이다.[11] 반복되는 것은 플랫폼으로 공유하고, 최소 비용으로 나의 욕구를 충족하는 것이다. 그런데 누군가와 공유한다는 것은 신뢰가 없으면 불가능하다. 공유의 플랫폼이 일상화된 삶은 삶이 속한 사회가 신뢰를 구축해야 하며, 이런 사회를 사는 사람들은 누구보다 민주시민이어야 할 것이다. 여기에 교육의 문제가 존재한다.

인간이 남는 시간을 보내는 것, 새로운 일자리에 적응하는 것, 사회적 신뢰를 구축하는 것, 민주시민이 되는 것. 이 모든 것이 교육과 연결되어 있다.

### 3. 결국 교육이다

'혁신교육'에서 시작해서 '미래교육'까지 시흥에서 일어난 일들과 학교 교육과정에 대한 일련의 흐름을 이야기했다. 일반적으로 '혁신'은 사회적으로 과거에는 없던 새로운 어떤 것을 추구하는 것이라 해석되지만, 우리나라 교육 현실에서 공교육의 모델을 찾자는 혁신학교나 공교육의 지역적인 혁신을 하자는 혁신교육지구는 교육의 본질을 추구하게 된다. 그리고 그것은 너무나 당연하게 우리나라 교육과정 총론에서 제시한 '민주시민 양성'으로 그 목표가 귀결된다.

사익의 추구를 위해 달리던 공교육이 '민주시민 양성'을 하자는 교육으로 방향을 전환하니 사람들은 '이게 무슨 혁신이냐? 과거 회귀 아니냐?' 하는 반응을 보였다. 지자체에서도 소수의 수월성 교육을 다수의 탁월성[12]으로 바꾸는 데 지역민의 설득과 공무원의 학습이 필요했다. 앞

---

11. 이민화, 『협력하는 괴짜』, 시그니처.
12. 사토 마나부의 '배움의 공동체'의 원리 참조.

으로의 교육도 미래 사회를 어떻게 만들어 갈지를 고민할 때 '민주시민'을 키우고, 우리 스스로가 '민주시민'이 되는 것이 반드시 필요하다.

소래산

호조벌

연꽃테마파크

물왕저수지

길방나무

월곶포구

오이도

갯골생태공원

옥구공원

노루우물

생금집

군자봉

# 2막

## 마을과 사람

길을 나선다.
상처투성이 발가락들 가만가만 움직여 본다.
가끔은 누군가 떨어뜨린 삶을 줍기도 할,
아픈 발목만큼
살아온 모든 생애에 대하여 감사했다.

# **1장** 밤새 훌쩍 자라난 옥수수처럼[1]

> 나는 삶 속에서 공백이라고 여겨지는 때를 사랑한다.
> (중략) 그리고 그러한 시절 속에 나는 성장했다.
> 마치 옥수수가 밤사이 훌쩍 자라 있듯이 말이다. 그리고 그러한 시간들은
> 애써 노력해서 얻어낸 것보다도 훨씬 값진 깨달음을 주었다.
> ─ 헨리 데이비드 소로, 『월든』 중에서
> (세실 앤드류스 외, 『우리는 소박하게 산다』에서 재인용)

## 농사체험, 그간의 기록

장곡중학교 1학년 학생들이 함께 만들어 가고 있는 농사체험활동의 역사는 2010년으로 거슬러 올라간다. 이는 주당 한 단위씩[2] 실시해야 하는 창체 수업을 의미 있는 것으로 내실화하고, 더 나아가서는 교실 속에 갇힌 수업을 극복하여 삶과 연계해 보고자 했던 교사들의 노력 덕분이었다. 괜찮은 텃밭을 알아보기 위해 직접 발품을 팔고 수소문을 한 끝에, 학교에서 멀지 않은 곳에 있는 제법 근사한 밭을 임대하여 출발한 것이 그 시작이었다.

사실 생각해 보면 우여곡절도 많았다. 농부의 아들로 태어나 어린 시절부터 농사짓는 일에 이력이 붙어 '농사'라면 전문가라고 할 수 있을 만한 선생님이 다른 학교로 전출하게 되었을 즈음, 장곡중학교의 교사들은

---

1. 〈밤새 훌쩍 자라난 옥수수처럼〉이라는 프로젝트 이름은 『우리는 소박하게 산다』에 실린 레베카 니일 굴드의 글, '밤새 훌쩍 자라난 옥수수처럼: 시간감각 되찾아 오기'에서 인용한 것이다. 논농사 체험을 하고 있는 지금은 프로젝트 이름을 〈익을수록 고개를 숙이는 벼이삭처럼〉으로 바꾸어 진행하고 있다.
2. 보통 한 학기는 17주로 이루어지므로 주당 1시간씩 수업을 하면 한 학기에 총 17시간의 수업을 하게 되는데, 이 17시간을 학교에서는 '한 단위'라고 부른다(물론 이수해야 하는 수업 일수와 시수가 정해져 있기 때문에, 실제로는 21주 이상을 운영하는 학교가 대부분이다).

고민하지 않을 수 없었다. 한마디로 농사에 '미친(?)' 선생님이 학교를 떠나게 되었는데, 그렇다면 이 선생님의 빈자리를 누가 메울 수 있을 것인가? 이 역할을 어느 누가 대신하여 우리 학교의 농사체험을 근사하고 훌륭한 것으로 자리매김할 수 있을까?

그러나 이러한 고민의 시작은 오히려 새로운 상상의 원천이 되었다고 회고한다. 학교에 먼저 근무했던 누군가가 그려 놓은 '작품'은 남은 교사들에게 탄탄한 밑그림으로 기능하면 충분하며, 그 밑그림에 멋진 색을 입히는 것은 남겨진 교사들의 몫이 아닐까 싶다.

"이제 우리 중에 이 일을 맡아 근사하게 해낼 사람은 누구일까?"

농사체험을 없앨 것인가 말 것인가를 이야기하는 자리에서 나왔던 질문이다. 선생님들은 우선 이 질문에서 '근사하게'라는 단어를 삭제하면 어떨까 생각해 보았다. 어린 학생들이 시도하는 활동이니 전문적인 농사꾼처럼 소출이 많아야만 의미 있는 것은 아니며, 오히려 농사짓는 과정을 통해 돈으로는 살 수 없는 배움을 얻는다면 그것으로 충분하지 않을까? 이렇게 생각하니 마음이 조금 편해졌고, 여기에서 더 나아가 다음과 같은 질문도 하게 되었다.

"농사짓는 법은 누가 가장 잘 가르칠 수 있을까?"

답은 너무나 명확했다. 그 당시에 농사를 가장 잘 가르칠 수 있는 사람이 적어도 교사가 아닌 것은 분명했다. 이렇게 하여 우리는 오랫동안 마을에서 공동체를 일구며 마을 활동을 해 온 어르신을 만나게 되었고, 2013년부터 이분과 동행하며 '함께하는 쌀 한 톨의 가치'를 공유할 수 있었다. 아이들과 함께 그려 온 농사체험활동은 해마다 빛깔을 조금씩 달리하며 현재까지도 이어지고 있으며, 이 글을 쓰고 있는 2016학년도에는 또 다른 누군가로부터 학교 근처의 논 600평을 임대하여 논농사에 도전하고 있다.

사실, 공립학교이기에 교사 구성원이 끊임없이 바뀌며, 더욱이 이들을 구성하고 있는 부분들, 이를테면 이들의 뇌세포나 생각까지도 시간의 흐름에 따라 변화될 수밖에 없다. 그런데도 한번 시작한 운동은 그 스스로 반복하는 힘을 내재하고 있다는 듯이, 일상에서의 작은 실천들이 모여 서로가 서로를 물들이며 보이지 않는 속도로 천천히 변화해 왔다. 한 명 한 명 실천적으로 만들어 온 이 과정을 우리는 이제 감히 '우리 학교의 문화'라고 부른다.

어느 누군가가 훌륭하게 일궈 놓은 다른 지역의 사례를 우리 지역에 그대로 가져오는 것은 위험천만한 일이다. 단언컨대, 문화란 어느 날 한꺼번에 모든 것이 달라지는 판타지가 아니기 때문이다. 똑같은 활동지로 수업을 해도 어제와 오늘의 수업이 다르고 이 반과 저 반의 상황에 따라 수업 설계가 달라지는 것처럼, 어떤 학교에서 대단히 성공적인 미담으로 내려오고 있는 사례를 자신의 학교에 무조건 도입하고자 했을 때, 마치 내 몸에 안 어울리는 옷을 입은 것처럼 어색할 수밖에 없다.


## 길은 마을로 통한다

사실 가만히 생각해 보면, 시간은 연속적인 것인데 인간은 시간을 분절적인 것으로 인식한다. 그래서 해가 바뀜을 기억하고 기념하며 마음을 추스르기도 하는 걸까…. 연속적으로 이어지는 이 시간을 '학교'라는 공간에서는 3월을 기준으로 분절하여 기억한다. 엄밀히 말하면 이제는 많은 학교의 교사들이 3월 이전부터 새로운 학기를 준비하는데, 해마다 2월 마지막 주쯤에 실시하는 '새 학기 교육과정 만들기' 연수가 그것이다.

학교를 옮기는 교사들의 거취가 확정되는 2월 말에 기존 교사와 전입 교사가 다 함께 한자리에 모여 새 학기를 만들어 간다.

2015학년도의 1학년 선생님들은 1년 동안 함께할 밑그림을 그리면서 '길은 마을로 통한다'라는 큰 주제를 정했다. 그런 다음, 몇 년 동안 축적해 온 교육과정 재구성의 사례들을 수정·보완하는 동시에, 이들 속에 숨어 있는 '마을'이라는 키워드를 새삼 발견해 냈다. 말하자면 '길은 마을로 통한다'라는 주제를 큰 기둥으로 삼고, 이 기둥으로부터 뻗어 나가는 곁가지에 각각의 프로젝트를 배치하여, 이 프로젝트들이 중층적으로 서로 연결되도록 기획한 것이라고 이해하면 좋을 것이다.

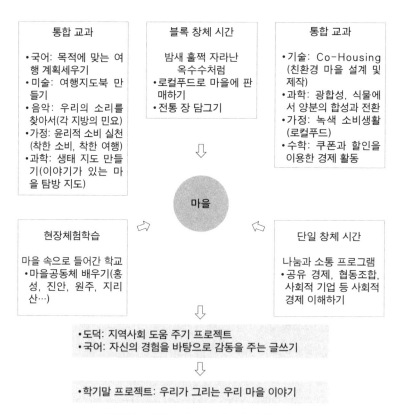

**통합 교과**

• 국어: 목적에 맞는 여행 계획세우기
• 미술: 여행지도북 만들기
• 음악: 우리의 소리를 찾아서(각 지방의 민요)
• 가정: 윤리적 소비 실천 (착한 소비, 착한 여행)
• 과학: 생태 지도 만들기(이야기가 있는 마을 탐방 지도)

**블록 창체 시간**

밤새 훌쩍 자라난 옥수수처럼
• 로컬푸드로 마을에 판매하기
• 전통 장 담그기

**통합 교과**

• 기술: Co-Housing (친환경 마을 설계 및 제작)
• 과학: 광합성, 식물에서 양분의 합성과 전환
• 가정: 녹색 소비생활 (로컬푸드)
• 수학: 쿠폰과 할인을 이용한 경제 활동

마을

**현장체험학습**

마을 속으로 들어간 학교
• 마을공동체 배우기(홍성, 진안, 원주, 지리산…)

**단일 창체 시간**

나눔과 소통 프로그램
• 공유 경제, 협동조합, 사회적 기업 등 사회적 경제 이해하기

• 도덕: 지역사회 도움 주기 프로젝트
• 국어: 자신의 경험을 바탕으로 감동을 주는 글쓰기

• 학기말 프로젝트: 우리가 그리는 우리 마을 이야기

**2015학년도 1학년 1학기 마을교육과정 조감도:**
이 조감도는 모든 활동을 마치고 난 후, 한 학기를 회고하며 그린 것이다.

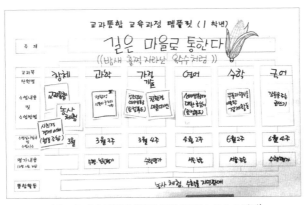

마을교육과정 템플릿 '밤새 훌쩍 자라난 옥수수처럼'
2015학년도 '새 학기 교육과정 만들기 연수' 때 1학년 선생님들이 함께 만든 템플릿

## 다시 시작하는 상상-수확물 판매의 꿈

이때 만든 템플릿을 들여다보면 감히 '수확물 지역 판매'까지 꿈꾸었던
교사들의 용감함(?)이 드러나 있다. 6년 동안의 경험과 노하우가 있으니
이제는 한 발 더 나아갈 수 있다고 생각했던 것이다.

사실 그때까지만 해도 판매를 위한 구체적인 계획이나 방법은 전혀 없
었다. 만약 모든 것을 계획대로 반드시 실행해야 한다는 강박이 있었다
면, 또는 추진하면서 부딪힐 수 있는 위험을 감수하기 싫다는 보신주의가
있었다면, 애초에 이러한 상상 자체가 불가능했을 것이다.

현재 대한민국의 교사 중에는 학창 시절부터 모든 것을 치밀하게 준비
했던 모범생이 많다. 따라서 야심차게 시도했던 프로젝트가 실패로 끝났
다고 생각하면, 크게 좌절하고 절망하는 경우가 많다. 그렇다면 교사들이
상처를 받지 않을 방법은 없을까? 이에 대한 해답은 여러 가지가 있겠지
만, 장곡중학교 선생님들의 크고 작은 도전 사례들을 바라보면 그야말로
'상처받지 않을 수 있는 용기'가 필요하다는 생각이 절실하게 든다.

기획하는 단계에서 꼭 필요한 뼈대만 거칠게 세우고, 실행하는 단계부터는 최대한 현실을 반영하기 위해 노력한다. 이때 반영하고자 하는 현실은 법적·제도적 테두리 안에서 온당한 것이어야 하므로, 최대한 합리적인 방안을 다각도로 모색한다. 이것은 물론 '배움'이라는 구심점을 향해 모인 구성원들의 따뜻한 협력과 집단 지성의 힘이 수년간 축적되어 있었기에 가능했던 일이다.

상처받지 않기. 어떤 이는 이것을 '회복 탄력성'이라 부르기도 했던가? 이것을 '무모함'이라고도 부르며, 때로는 다소 거창하게 '미래를 상상하는 일'이라고 표현하기도 한다.

2015학년도의 2월 풍경도 그러했다. '중등학교의 정규 교육과정 내에서 농사체험을 실시한다는 것 자체도 쉽지 않은데,[3] 수확한 농작물을 지역의 생협을 통해 판매하고 싶다고? 누가 그 일을 맡아 할 수 있을 것인가? 신선도가 생명인 농작물의 특성상 유통기간을 고려하지 않으면 안 되는데, 교사로서의 업이 따로 있는 선생님들이 수업과 행정업무를 하면서 동시에 이 일까지 해낼 수 있을까?'

그러나 이러한 모든 의구심은 마음속 한편에 고이 접어 두었다. '해 봐서 괜찮으면 계속하는 거고, 잘 안 되면 그다음 해에 보완하면 되지'라는 무모함, 그리고 '나 혼자 한 게 아니라 모두 함께 기획한 일이니 혼자서 책임지지 않아도 되잖아?'라는 안도감이 적절히 혼합된 상상력이었다고 나 할까….

이렇게 해서 우리는 결국, 일말의 치밀한 계획이나 경험도 없이 참으로 우연한 기회에 농작물을 판매하는 사고(?)를 치게 된다. 이에 대한 숨은 이야기를 꺼내기 전에, 우선 2015학년도의 농사체험 계획서를 소개한다.

---

3. 중등학교에서 블록수업을 추진하는 것이 왜 어려운지는 『수업 고수들, 수업·교육과정·평가를 말하다』 235쪽에 잘 나와 있다.

## 1학년 창의적 특색활동 계획
### -'농사체험활동'을 중심으로-

## 1. 목적
가. 농사체험활동을 통해 비교과 영역에 대한 활동 강화로 배움의 공동체가 추구하는 학생들의 인성과 창의성의 질적 향상에 기여할 수 있다.

나. 농사체험활동을 통해 생태에 대한 관심과 더불어 녹색 생활환경의 소중함을 배울 수 있다.

다. 직접 흙을 일구고 가꾸는 노작활동을 통해 보다 풍부한 인성 함양과 더불어 노작활동의 즐거움을 체험할 수 있다.

라. 농작물 재배를 통해 땀의 소중함과 결실의 보람을 느끼고 생명 존중을 체득함으로써 자존감을 회복하고 삶의 지혜를 터득할 수 있다.

마. 재배된 수확물을 협동조합의 형태로 판매해 봄으로써 사회적 경제에 대해 이해하고, 지역사회로 환원하고 나누는 실천활동을 통해 참여와 소통의 즐겁고 행복한 배움을 체득할 수 있다.

바. 농사체험을 포함한 창의적 체험활동과 교과 영역 간의 융합 수업(교과통합 프로젝트「밤새 훌쩍 자라난 옥수수처럼」,「마을로 들어간 학교」,「아낌없이 주고받는 너와 나」와 연계하여 진행)을 실시함으로써 실천적 삶을 지향하고, 농사체험에서 얻을 수 있는 기대 효과를 극대화할 수 있다(※교과통합 프로젝트 운영 계획은 별도로 수립함).

## 2. 기본 방침
가. 창의적 특색활동 시간으로 1학기 17시간을 운영한다.

나. 1학기에는 창의적 특색활동과 타 교과와의 융합 수업을 위하여 농사체험 6시간, 창체 수업 11시간을 운영한다.

다. 2학기에는 자유학기제 '선택 프로그램' 시간을 이용하여 농사체험 3시간을 운영한다.

라. 창의적 체험활동이 적용되는 1학년 모든 학생들이 참여한다.

마. 학교와 지역사회가 더불어 가꾸어 가는 공동의 교육 공간을 마련한다.

바. 농사체험활동 운영 활성화를 위한 소위원회(농사체험학습장운영위원회)를 구성한다.

사. 활동 전 교통안전교육을 실시한다.

## 3. 세부 추진 계획

가. 농사체험활동

1) 목적: 흙을 일구고 가꾸며 모종을 심고 농작물을 수확하는 일련의 과정을 통해, 노작활동의 즐거움을 체험하고 친환경적인 삶에 대해 고민해 볼 수 있다.

2) 농사체험학습장운영위원회 구성

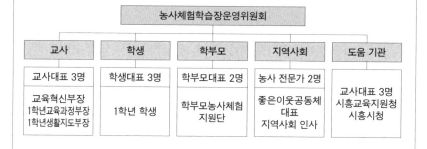

3) 운영 내용

가) 대상: 1학년 전체 213명(8학급)

나) 장소: 좋은이웃공동체 텃밭 농장(시흥시 정왕동 871-28)

다) 이동 방법: 버스 이용

라) 내용: 농작물 심고 수확하기, 생태 탐구, 수확한 작물 판매 및 기부 등

마) 일정 및 시간

- 1학기: 월, 목요일 2~4교시 3시간씩 2회 참여
- 2학기: 목요일 5~7교시 3시간씩 1회 참여

| 학기 | 일정 | 소요 시간 | 구분 | 장소 | 세부 활동 내용 |
|---|---|---|---|---|---|
| 1학기 | 10:00~10:10 | 10분 | 농사체험 활동 준비 | 교문 앞 | 1교시 후 바로 교문 앞 집합, 버스 탑승, 학부모 봉사단 확인 |
| 2학기 | 13:25~13:35 | | | | |
| 1학기 | 10:10~10:20 | 10분 | 버스 이동 | 버스 | 텃밭농장으로 이동 (질서 및 안전지도) |
| 2학기 | 13:35~13:45 | | | | |
| 1학기 | 10:20~12:10 | 110분 | 생태텃밭수업 농사체험활동 | 텃밭 농장 | 생태텃밭교실 수업-생태 및 농사 강의 경청, 모둠별 협력활동, 농사체험 |
| 2학기 | 13:45~15:35 | | | | |
| 1학기 | 12:10~12:20 | 10분 | 버스 이동 | 버스 | 학교로 이동 (질서 및 안전지도) |
| 2학기 | 15:35~15:45 | | | | |
| 1학기 | 12:20~12:45 | 25분 | 농사체험 관찰 보고서 작성 | 각 교실 | 그날의 체험활동이나 관찰한 농작물 상태 등을 모둠별로 작성, 소감 쓰기 |
| 2학기 | 15:45~16:10 | | | | |

바) 준비물: 체육복, 장갑, 모자, 농사체험 활동지, 개인 물

사) 활동 자료는 창의적 체험활동 담당 교사가 촬영한다.

아) 학급별 파일: 학년부에서 준비한 파일에 학급별 활동 자료 및 관찰보고
 서를 포트폴리오로 정리한다.

자) 교과통합 「밤새 홀쩍 자라난 옥수수처럼」과 연계하여 진행한다.

차) 우천 시: 텃밭농장에 마련된 원두막과 비닐하우스를 이용하거나 생태교
 육과 관련된 영상 수업으로 대체한다.


4) 학기별 활동 계획

| 학기 | 반 | 월 | 일 | 요일 | 활동 내용 | 담당 교사 |
|---|---|---|---|---|---|---|
| 1 학 기 | 1 | 3 | 30 | 월 | 텃밭 설계, 생태교육(생태화장실, 생태거름) | 이○○ |
| | | 5 | 28 | 목 | 잎채소 파종 | |
| | 2 | 4 | 6 | 월 | 텃밭 설계, 생태교육(생태화장실, 생태거름) | |
| | | 6 | 4 | 목 | 텃밭작물 생태관리(물, 잡초, 방제, 수확 등) | |
| | 3 | 4 | 9 | 목 | 열매채소 지지대 세우기, 고구마 심기 | |
| | | 6 | 8 | 월 | 텃밭작물 생태관리(물, 잡초, 방제, 수확 등) | |
| | 4 | 4 | 13 | 월 | 열매채소 지지대 세우기, 고구마 심기 | 조○○ |
| | | 6 | 11 | 목 | 텃밭작물 생태관리(물, 잡초, 방제, 수확 등) | |
| | 5 | 4 | 30 | 목 | 열매채소 지지대 세우기, 고구마 심기 | |
| | | 6 | 18 | 목 | 잎채소 파종 | |

| | | | | | | |
|---|---|---|---|---|---|---|
| 1학기 | 6 | 5 | 7 | 목 | 텃밭작물 생태관리(물, 잡초, 방제, 수확 등) | 백○○ |
| | | 6 | 22 | 월 | 감자 캐기와 웃거름하기 | |
| | 7 | 5 | 18 | 월 | 열매채소 지지대 세우기, 고구마 심기 | |
| | | 7 | 9 | 목 | 열매채소 모종 심기(고추, 토마토, 가지) | |
| | 8 | 5 | 21 | 목 | 텃밭작물 생태관리(물, 잡초, 방제, 수확 등) | |
| | | 7 | 13 | 월 | 감자 캐기와 웃거름하기 | |
| 2학기 | 1 | 9 | 3 | 목 | 고구마 캐기와 마늘 양파밭 만들기 | 이○○ |
| | 2 | 9 | 10 | 목 | 고구마 캐기와 마늘 양파밭 만들기 | |
| | 3 | 9 | 17 | 목 | 김장채소 설계와 밭 만들기 | |
| | 4 | 10 | 1 | 목 | 김장작물 일반관리(물, 웃거름, 방제, 솎음 등) | 조○○ |
| | 5 | 10 | 8 | 목 | 김장작물 일반관리(물, 웃거름, 방제, 솎음 등) | |
| | 6 | 10 | 22 | 목 | 배추 묶기와 겨울 작물 파종하기 | 백○○ |
| | 7 | 11 | 5 | 목 | 김장채소 파종하기(모종과 직파) | |
| | 8 | 11 | 12 | 목 | 김장채소 수확 및 갈무리 | |

5) 현장 지도 교사

| 구분 | 역할 | 담당 교사명 |
|---|---|---|
| 농사체험 | 농사체험 기획 및 진행<br>예산 지원, 지역사회 연계 | 이○○(예산 지원, 지역사회 연계),<br>백○○(교육과정), 이○○(기획 및 진행, 학년총괄) |
| 수업교사 | 농사체험 인솔 및 활동 지도<br>학급별 농사체험보고서 관리 | 이○○(1, 2, 3반), 조○○(4, 5반),<br>백○○(6, 7, 8반) |
| 보조교사 | 농사체험 인솔 및 활동 지원<br>차량 지원 | 1학년 학부모 봉사단 30명 |
| 담임교사 | 준비물 챙기기<br>교통안전 사전 지도 | 안○○(1반), 김○○(2반), 이○○(3반), 서○○(4반)<br>한○○(5반), 정○○(6반), 곽○○(7반), 김○○(8반) |

6) 부서별 업무 협조 사항

| 부서별 | 담당자 | 업무 내용 |
|---|---|---|
| 교육과정부 | 백○○ | 교육과정 운영 총괄 기획 |
| 교육혁신부 | 이○○ | 지역사회 협조 및 외부 기관 연락 |
| 1학년부 | 이○○ | 농사체험활동 기획 및 진행, 1학년 창의적 체험활동 담당 및 지원,<br>학생 안전지도, 학급별 농사체험활동보고서 자료 취합, 업무 조정 및<br>추진, 반성 평가회 진행, 학부모 봉사단 연락 |
| 교무기획부 | 안○○,<br>방○○ | 해당 학급 및 창체 담당 교사 수업 조정 |

나. 나눔과 소통 프로그램

1) 목적: 농사체험을 비롯한 창의적 특색활동을 교과 영역과 통합하여 진행
함으로써 농사체험에서 얻을 수 있는 효과를 극대화하고, 생태 및 지속가
능한 삶에 대한 고민을 통해 농작물을 협동조합의 형태로 판매하는 과정
속에서 사회적 경제 활동에 대한 이해를 도모할 수 있다. 뿐만 아니라 지
역사회와 연계한 활동들을 통해 마을공동체에 대해 고민해 볼 수 있다.

2) 운영 내용
가) 대상: 1학년 전체 213명(8학급)
나) 내용: 생태교육, 지속가능한 삶, 협동조합 등을 포함한 사회적 경제 활동,
마을 만들기 활동 등
다) 일정: 창의적 특색활동 34시간 중 농사체험활동을 제외한 나머지 시간
에 차시 순서대로 진행한다(1학기만 진행).
라) 학급별 파일: 농사체험 관찰보고서와 함께 포트폴리오로 정리한다.
마) 교과통합 「밤새 훌쩍 자라난 옥수수처럼」, 「마을 속으로 들어간 학교」,
「아낌없이 주고받는 너와 나」와 연계하여 진행한다.

3) 운영 계획
가) 교과통합 계획(「밤새 훌쩍 자라난 옥수수처럼」)

| 교과 | 교육활동 | (핵심) 성취기준 |
|---|---|---|
| 창체 | •교과통합의 목적과 방법 이해하기<br>•협동조합, 사회적 기업 등 사회적 경제에 대해 알기<br>•농사체험<br>•로컬푸드 판매하기(생활협동조합) | |
| 과학 | •광합성(식물의 구조와 기능)에 대해 알기<br>•식물에서 양분의 합성과 전환<br>•식물의 구성 | 9041-1, 9041-2, 9042,<br>9045, 9046-1, 9046-2 |
| 기술<br>가정 | •친환경 마을 설계 및 제작하기<br>•청소년의 소비생활(로컬푸드, 윤리적 소비) | 9132-1, 9132-2 |
| 영어 | •소비생활에 대한 글 읽기(로컬푸드, 윤리적 소비) | 9342-1, 9252-2 |
| 수학 | •쿠폰과 할인을 이용한 경제 활동(일차방정식의 활용) | 92023 |

| | | |
|---|---|---|
| 국어 | • '생태, 지속가능한 삶'과 관련된 독서 연계 활동<br>• 자신의 경험을 살려 감동을 주는 글쓰기(소감문 쓰기) | 2936-3 |
| 도덕 | • 우리 마을 도움 주기 프로젝트 | 911, 914, 922, 923, 924 |

나) 차시별 활동 계획

| 학기 | 차시 | 활동 내용 | 비고 |
|---|---|---|---|
| 1<br>학<br>기 | 1 | 교과통합의 목적과 방법 이해하기 | |
| | 2 | 마을 엿보기 | 교과통합「마을 속으로 들어간<br>학교」와 연계 |
| | 3 | 마을 여행 계획 세우기 | |
| | 4 | 생태교육 | 교과통합「밤새 훌쩍 자라난<br>옥수수처럼」과 연계 |
| | 5~6 | 사회적 경제 활동 이해하기 | |
| | 7~9 | 생태교육을 통한 지속가능한 삶 실천하기 | 교과통합「아낌없이 주고받는<br>너와 나」와 연계 |
| | 10~11 | 로컬푸드의 이해, 농작물 판매하기 | 교과통합「밤새 훌쩍 자라난<br>옥수수처럼」과 연계 |

## 4. 기대 효과

가. 학부모 및 지역사회와 함께하는 창의적 체험활동 프로그램으로 정착시
   킨다.

나. 농사를 체험함으로써 농사의 소중함을 깨닫고, 수확의 기쁨과 나눔의
   행복을 직접 느낄 수 있게 된다.

다. 진로 탐색 단계에서 향후 농사 관련 직업 및 사회적 경제 활동에 대한
   사전 교육으로 활용 가능하다.

라. 무농약, 친환경 재배를 통해 수확한 작물을 지역사회에 홍보 및 판매함
   으로써 장곡중학교의 특색사업으로 자리매김할 수 있다.

마. 교과통합으로 진행되는 현장체험학습과 연계함으로써 마을 만들기에 대
   해 고민해 보는 시간을 가질 수 있고, 배움과 나눔의 실천적 활동을 통해
   지역사회와 함께 성장하는 지역사회 학교로서의 역할을 충실하게 수행할
   수 있다.

## 나의 창체 수업 체험기

장곡중학교는 교정에 텃밭을 갖추고 있지 않다. 따라서 해마다 학교 근처의 괜찮은 밭을 구할 수밖에 없는데, 2015학년도에 임대한 텃밭은 학교에서 차를 이용하여 10여 분 정도 걸리는 곳에 있었다. 창체 교사인 내가 할 일은 그저 농사체험 활동지 챙기고, 봉사해 주시는 학부모님들과 운전해 주시는 어르신께 인사하고, 아이들 탑승 지도하는 정도였다.

이러한 농사체험기를 이야기하면, 농사일을 전혀 모르는 자기 같은 사람은 할 수 없는 일이라며 손사래를 치는 선생님들도 보았다. 그러나 농사에 문외한인 나 같은 사람도 많은 사람들의 도움과 협업 속에 농사체험수업을 할 수 있었다. 이는 조건만 갖추어진다면 어떤 교사라도 시도할 수 있다는 게 아닐까?

이에 대해 자주 거론되는 예를 하나 들어 볼까 한다. 주로 아프리카나 호주에서 발견된다는 흰개미 집단은 높이 3m 이상의 집을 짓고 무리 생활을 하는데, 이 집은 온도 조절 기능이 있을 뿐 아니라 이 속에서 애벌레를 위해 버섯까지 기른다고 한다. 개개의 개미는 이 모든 것을 가능하게 할 만한 지능이 없다. 그런데도 흰개미 집단은 역할이 다른 개미들의 상호작용을 통해, 개개인에게는 없는 특성을 전체 구조에서 자발적으로 보여 준다.

농사에 문외한이며 생태적 경험이 부족한 나 같은 사람이 농사체험수업을 진행할 수 있었던 것은 마치 흰개미 집단에서와 같은 자발적 협동 효과가 있었기 때문이 아닐까? 학교에 텃밭을 임대해 준 마을 사람, 아이들의 손길이 미치지 않는 날에도 텃밭을 보살핀 농사 전문가들, 아이들의 체험을 위해 함께 참여해 준 학부모 봉사단 어머니들, 아이들의 안전한 이동을 위해 버스 운전을 책임진 동네 어르신, 짬 날 때마다 텃밭을 찾아 부족한 것은 없는지 살피고 지원한 교장 선생님, 그리고 때로는 귀여운

투정을 부리면서도 열심히 밭을 일구고 가꾼 1학년 아이들…. 이들 모두가 만들어 낸 자발적 협동은 단언컨대, 개개인이 가지고 있는 능력의 총합 이상이었다.

S #01

몹시 무더웠던 2015학년도 6월 22일도 그러했다. 이날은 6반 아이들과 함께 농사체험을 하기로 한 날이다. 앞의 계획서에서 소개한 것처럼 1학기에는 반별로 2회씩의 체험을 하게 되어 있어, 6반 아이들은 이번이 두 번째 체험인 셈이었다. 1교시가 끝난 쉬는 시간에 6반 교실로 가서 체육복 갈아입고 준비하라고 했더니,

"왜 우리 반만 이렇게 더운 날 나가서 고생해야 돼요?"

목소리가 굵게 팬, 한 남학생이 한 말이다. 아이들은 지난번 체험때 잡초 뽑고 땅에 검은 비닐로 멀칭mulching 작업하느라 무척 힘들었기에, 몹시도 더운 날 진행하게 된 두 번째 체험이 불만스럽기도했을 것이다.

그런데 이날은 무더워서 고생은 했을지언정 수확의 기쁨을 맛볼 수 있었다. 이날 캐온 감자가 초대형 포대로 네 포대쯤 된 것 같다. 처음에는 힘들어하던 아이들도 캐면 캘수록 무엇인가가 딸려 나오는 모습에 들떠 있었다.

"선생님! 이 감자 좀 보세요. 하트 모양이에요. 이건 기념으로 제가 가져갈 거예요~"

감자 캐기

무에서 유를 창조하는 건 사람을 흥분시키기에 충분한 것일까. 그러나 아이들이 흥분하면 할수록 나의 마음 한구석엔 걱정거리가 쌓였다. '학기 초에 우리가 계획했던 수확물 판매의 꿈은 어떻게 하지? 이 감자들을 어디에 보관해야 하나? 오래되어 싹트기 전에 팔아야 하는데? 동네 생협에 무턱대고 들고 가면 이게 뭐냐고 깜짝 놀랄 텐데? 죽이 되든 밥이 되든 생협에 전화를 걸어 볼까?' 걱정은 하면 할수록 불어나는 눈덩이 같아, 머릿속에는 그저 '감자 네 포대, 감자 네 포대…'라는 다섯 글자만 맴돌았다.

아무래도 빠른 시일 안에 감자를 팔 수 있을 만한 여건은 안 될 것 같아, 이날은 그냥 비닐봉지에 소량의 감자를 담아 6반 아이들에게 나누어 주었다. 집에 가서 맛있게 요리해 먹으라는 당부와 함께.


## S #02

그로부터 한 달쯤 지났을까. 1학기 농사체험의 마지막 날이 다가왔다. 아침부터 하늘에선 비가 꽤 내렸던 것으로 기억한다. 원래 비가 많이 오는 날은 농사체험 대신 교실에서 '공유 경제'를 주제로 한 활동을 진행하기로 되어 있었다.

그런데 "비 맞으며 수확하는 것도 아이들에겐 색다른 체험이 될 거다, 아이들이 입을 일회용 우비도 준비해 주겠다"며 우리를 설득하는 교장 선생님 덕분에 8반 아이들 모두가 고맙게도 비를 맞으며 감자를 캐 주었다. 아니나 다를까, 무더위를 이기고 캐는 것보다 몸은 덜 피곤했다.

주문해 놓은 우비 찾으러 우왕좌왕하느라 늦게 도착한 데다, 다 캐고 난 후 아이들 발에 묻은 진흙 씻어 내고 정리하느라, 정작 감자 캘 시간은 충분하지 못했다는 게 함정! 그러나 이날 비가 왔다는 핑계로 그냥 교실에서 수업했다면 땅 속의 감자들은 빛을 보지 못하고 그대로 썩어 버렸으리라.

비가 왔기 때문에 이날 수확한 감자에는 진흙이 잔뜩 묻어 있었다. 농사 지도를 해 주시는 강사님의 당부대로, 학교까지 운반해 온 감자는 햇빛이 들지 않는 지하실 계단과 바닥에 신문지를 깔고 하나하나 부려 놓았다. 이렇게 말리는 작업을 '큐어링 curing'이라고 하는데, 비가 올 때 캤기 때문에 이 과정을 거치지 않으면 썩거나 퍼렇게 변해서 못 먹게 된다고 한다. 이때까지만 해도 수확한 감자를

비 오는 날 감자 캐기

판매할 수 있으리라곤 꿈에도 생각하지 못했다. 그저 애써 캐 온 감자를 못 쓰게 만들면 안 된다는 생각에, 8반 아이들과 함께 말리는 작업을 했을 뿐.


S #03

가까운 곳에서 들려온 반가운 소식 하나. 2학년부에서 위안부 할머니들을 위한 '나비 기금' 모금을 위해 알뜰 벼룩시장을 연다고 했다. 학기말 프로젝트로 진행할 모양이었다. 벼룩시장이 열리는 날이 감자 캐 온 날로부터 일주일쯤 후였으니, 이렇게 좋은 기회가 또 있을 것 같지 않았다.

"아하! 잘 포장해서 벼룩시장에 내놓으면 되겠구나!"

당시에 1학년 창체 수업을 함께 담당했던 1학년 부장교사와 이야기를 나누며, 참 좋은 아이디어라고, 우린 정말 똑똑하다고 자화자찬하며 얼마나 좋아했는지 모른다. 평생 장사라고는 해 본 적도 없는

교사들이 모여서 아이들의 수확물을 판매하겠다고 큰소리를 쳤으니, 이제 와서 생각해 보면 이 얼마나 대책 없는 계획이었던가 싶지만…. 그 당시에는 이게 최선이었다.

한꺼번에 많이 살 사람은 없을 테니 소포장을 해야겠다고 판단했다. 지퍼백을 여러 묶음 사서 감자를 포장하고, 지퍼백 겉면에는 단일창체 시간에 아이들이 그린 농사체험 로고와 상품 설명서를 라벨지에 출력해서 붙였다. 이렇게 해서 포장한 수십 봉지의 감자는 2학년부에서 기획한 알뜰 벼룩시장의 수많은 판매대 중 하나에 진열하게 된다. 쉬는 시간의 아주 짧은 틈을 이용해 진열을 마치고 난 후에는 그다음 수업 때문에 부랴부랴 교실에 들어가야만 했다. 그때까지만 해도 '진열=판매'라고 생각하며 다 팔릴 거라고 막연하게 믿었으니, 지금 생각하면 순진하기 짝이 없다. 학교에서 반나절 운영한 알뜰시장에 감자를 내놓고, 더욱이 구매자는 순전히 학생들이었으니 이게 잘 팔릴 리가 없지 않나….

감자 큐어링하기(왼쪽 위), 감자 판매대(왼쪽 아래), 소포장한 감자(오른쪽)

장곡 로컬푸드 로고
(장곡중학교 1-6 최○○)

그런데 웬걸! 수업을 다 마치고 교무실에 돌아와 보니 책상 위에 감자 한 봉지가 덩그마니 놓여 있다.

"어? 이게 왜 여기에 있어요?"

물어보니 다른 선생님들 자리에도 마치 반가운 손님인 듯, 한 봉지 한 봉지 놓여 있는 게 아닌가. 나중에 알고 보니 시흥교육지원청의 류○○ 교수학습과장님이 이 소식을 듣곤, 소리 소문도 없이 사비를 털어 전량을 매입해 주신 것이었다.

그때의 일을 회고하면, 지금도 나는 한 편의 로맨틱 코미디를 시청한 것 같은 느낌에 미소를 짓게 된다. 원래 장사란, 나의 것을 내놓고 남의 돈을 가져와야 하는 건데, 우리는 우리 물건을 가지고서 우리끼리 서로 돈을 나눠 가진 셈이니 엄밀한 의미로 따지면 판매라고 할 수 없을지도 모른다. 그러나 우리가 목표로 정했던 '판매'는 애초부터 물질적인 것만은 아니었다. 물론 적자보다는 흑자가 더 기분 좋은 법이겠지만, 우리는 아이들 마음속에 돈으로는 결코 살 수 없는, 훨씬 더 값진 선물을 남겨 주었으리라 믿기 때문이다.

앞서 농사체험을 나갔던 어떤 반 아이들이 감자 씨를 심었을 테고, 8반 아이들이 비를 맞아 가며 감자를 수확해서 말렸고, 6반 아이들은 로고를 만들고 포장하는 작업을 도왔으며, 이렇게 포장된 감자는 누군가의 선의로 완판되었을 뿐 아니라, 그렇게 해서 나누어진 감자는 우리들의 저녁 밥상 위를 맛있게 장식했다. 또한 그 수익금은 2학년 아이들이 1년 동안 우리의 아픈 역사를 배우며 다녀올 '위안부 할머니들을 위한 수요집회'의 현장에서 소중하게 전달될 것이었다.

그리하여 이제는 당당하게 말할 수 있다. 우리도 농작물을 판매해 본 경험이 있노라고. 그 농작물은 우리가 함께 만들었던, 그러므로 세상에서 단 하나뿐인 선물이었노라고.


## 변화무쌍한 시간표에 숨겨진 집단적 상상력

장곡중학교의 교실 게시판에는 시간표가 붙어 있지 않다. 일반적인 학교라면 일주일 단위의 고정된 시간표가 게시되어 있는 경우가 많은데, 시간표가 너무 자주 바뀌기 때문에 학급에 붙여 놓을 필요를 못 느꼈다. 이럴 바에는 차

농사체험활동을 위해 일주일에 한 번씩 돌아오는 창체 수업을 세 시간의 블록으로 묶어 운영한 사례

라리 기본 시간표를 없애고 매일매일 시간표를 새로 짜는 게 좋겠다는 우스갯소리가 나올 만큼, 장곡중학교의 시간표는 바람 잘 날이 없다. 시간표가 자주 바뀌는 이유는 크게 두 가지다. 교육과정을 실질적으로 재구성하다 보면, 긴 호흡으로 수업해야 할 경우가 자주 생겨 블록수업에 대한 욕구가 커질 수밖에 없다. 우리 학교의 블록수업은 그야말로 '심심치 않게' 생긴다. 또 하나의 이유는 외부로부터 끊임없이 들어오는 지원 요청 때문에 교사들의 출장이 만만치 않다는 점이다.

이렇게 시간표를 자꾸 바꾸다 보면 교사들도 피곤할 수밖에 없다. 그런데도 수년간 이런 시스템을 유지하는 이유는 분명히 있다. 아이들과 함께하는 다양한 교육 활동을 펼쳐 냈을 때 느꼈던 감동과 보람, 그리고 교육적 파급 효과를 한번 맛본 교사는 이 맛을 절대로 포기할 수가 없기 때

문이다. 사실 피곤한 것으로 따지면 학생들이 더할지도 모른다. 시간표가 고정되어 있어야 준비물이나 숙제 등을 미리 계획하거나 준비하기가 더 쉽기 때문이다. 그래서 장곡중학교에서는 2015학년도부터 시간표를 알려 주는 스마트폰용 어플을 교사뿐 아니라 학생용으로도 배포하여 사용하고 있다. 그다음 날의 시간표는 어플을 이용해서 확인하고, 아침에 등교하면 각자의 휴대폰은 담임교사에게 맡겨야 하므로, 그날그날의 시간표는 담당하는 학생 한 명이 칠판에 적어 게시한다. 이렇게 학생용 어플을 사용하고 나서부터는, 시간표가 너무 자주 바뀌어 힘들다는 민원이 조금은 줄어들었다.

수많은 블록수업과 그로 인한 시간표의 잦은 변동…. 너무 과하면 학교 전체 구성원의 피로도가 높아지겠지만, 한 학년에 한두 번 또는 1~2주 정도의 블록수업은 한번 시도해 볼 만하다. 이를 위해서는 물론 학년의 교사들이 서로 협업할 수 있는 의지와 능력이 있어야 하고, 서로의 관계가 원만해야 하며, 이를 통해 얻을 수 있는 보람에 대한 믿음이 있어야 할 것이다. 이러한 것들은 어느 날 한순간 갑자기 생기지 않는다. 독서 토론을 통해 학교교육의 방향과 철학을 정하는 시간을 갖거나, 서로의 수업을 보며 따뜻한 나눔과 성찰의 시간을 갖는 일들, 이에 더하여 고정 관념을 넘어서는 작업을 아주 조금씩이라도 시도해 보는 학교들이 늘어나기를 희망한다.

## 2장 학교 담장을 넘어선 배움 -마을 벽화 탄생기

일상적인 것 너머의 낯선 차원으로 몸을 던지려면
우리의 시야는 열려 있어야 할 뿐 아니라
상상력으로 가득한 춤사위는 활발하고 생생하게 유지해야 한다.
앞으로도 비는 계속 내리고 땅에 박은 듯한 길은 생기겠지만
그럼에도 우리는 계속 노래하고, 춤추고, 새로운 발걸음을 옮겨야 한다.
- 닉 수재니스, 『언플래트닝-생각의 형태』 중에서

## 생각보다 덜 필요하다

장곡중학교의 창의적 체험활동(일명 창체)[4] 수업은 1학년과 3학년은 주당 1단위, 2학년은 주당 2단위로 구성되어 있다. 학교에서 이수해야 하는 총 수업시수는 1년간 1,122시간인데, 교과별로 이수해야 하는 시수 역시 교과별 단위에 따라 정해져 있기 때문에, 대부분의 학교들은 총 1,122시간보다 조금 여유 있게 수업시수계획을 세우곤 한다. 천재지변 등의 예상치 못했던 변수가 생길 것을 대비하는 것이다. 장곡중학교도 예외는 아니어서, 2015학년도에도 약 1,160여 시간의 시수계획을 확보해 두었다.

장곡중학교의 학년별 교육과정 재구성 작업에서 '창체' 수업은 '약방에 감초'와도 같은 역할을 해 왔다. 앞에서 이야기한 것처럼 농사체험활동을 위한 사전·사후 교육이라든지 농사체험의 기반을 다지는 '사회적 경제'를 주제로 한 수업을 진행한다든지 등등, 아이들의 활동이 일회적인 것으로 끝나지 않게 해 주는 윤활유와 같은 역할을 하기 때문이다. 2학년에서 이

---

4. 창의적 체험활동은 국가 수준의 초·중등 교육과정에서 교과 이외의 활동을 말한다. 창의적 체험활동은 자율활동, 동아리활동, 봉사활동, 진로활동의 4개 영역으로 구성되며, 영역별 이수 시수에는 제한이 없으나 모두 합해서 총 306시간 이상의 수업을 이수하게끔 되어 있다.

러한 창체 수업을 어떻게 일주일에 2시간씩 운영하게 되었는지에는 약간의 설명이 필요할 것 같다.

장곡중학교의 편제표를 보면, 국어와 영어 수업을 기준시수보다 한 단위씩 감축해 운영하고 있다. 학교가 자율적으로 교과(군)별 시수를 20% 범위에서 증감해 운영할 수 있기 때문이다. 그런데 국어와 영어는 이른바 '주요 과목'이라고 통칭하며 많은 시간을 투자해 가르쳐야 할 것만 같은 교과로 여기곤 하는데, 이는 어디까지나 고정 관념에 불과하다. 많이 가르친다고 해서 결코 많이 배우는 것은 아니다. 더욱이 교과통합수업이 수시로 일어나는 상황이라면 하나의 교과에서 한 단위 정도를 감축한다고 크게 지장을 주지는 않으며, 교육과정을 의미 있게 재구성한다면 주어진 시수 내에서 목표하고자 하는 성취기준을 충분히 달성하면서도 다채로운 운영이 가능하다는 것을 실천적 경험을 통해 알고 있기 때문이다.

많은 시간을 투자한다고 해서 더 잘 배우는 게 아니라는 사실은 이미 세계적으로도 임상을 통해 입증된 바 있다. 교육 목표만 국가가 정해 주고, 그것을 달성하기 위한 교육과정과 방법은 단위 학교에 맡기는 북유럽 국가들의 경우, 우리보다 더 많은 시간을 투자해 수업하지 않는데도 단언컨대 아이들은 더 잘 배우고 있다. 대한민국 학생들의 하루 평균 공부 시간이 8시간 가까이 된다는 것과 OECD 국가 중에서 대한민국 학생들의 행복도가 가장 낮다는 것은 연관이 없어 보이지 않는다.

다시 장곡중학교의 편제표로 돌아와 보면, 두 개의 교과에서 감축한 한 단위씩의 수업은 소멸시켜 버리는 것이 아니라, 학교스포츠클럽 시수로 변경하여 사용하고 있음을 알 수 있다. 학교스포츠클럽은 전국의 모든 학교에서 반드시 실시해야 하는 수업으로, 연간 136시간을 이수해야 한다. 이 제도가 도입되면서부터 대부분의 학교들은 창체 시간을 활용하거나 순증(주당 수업시수를 늘리는 것)이라는 방법을 사용하여 스포츠클럽을 이수하곤 한다.

'학교스포츠클럽 활동'의 시간은 ① 교과(군)별 시수의 20% 범위에서 감축하거나, ② 창의적 체험활동 시수를 순증하여 확보한다. 다만, 여건이 어려운 학교의 경우 ③ 68시간 범위에서 기존 창의적 체험활동 시간을 활용하여 확보할 수 있다.

장곡중학교는 위와 같은 지침 중 ①과 ③의 방법을 혼용하여 학교스포츠클럽을 운영하고 있다. 즉, 국어와 영어 교과에서 감축한 한 단위씩의 시수를 각각 2학년과 3학년의 스포츠클럽 시간으로 확보하고, 일부 학년은 창의적 체험활동 시간을 활용하여 확보하는 것이다. 스포츠클럽 시간은 1·2학년은 연간 34시간, 3학년은 연간 68시간을 이수하기로 결정했다. 1학년은 창의적체험활동 시간을 활용하여, 2학년은 교과 시간을 감축하여, 3학년은 창의적체험활동 시간(34시간)을 활용하고 교과 시간(34시간)을 감축하여 스포츠클럽을 운영하게 되었다. 3학년의 경우에는 교과 감축뿐 아니라 창의적 체험활동 시간까지 활용하여 확보하고 있는 셈이다(2015학년도 편제표의 Ⓐ와 Ⓑ 참고).

그러다 보니 2학년은 다른 학년에 비해 활동해야 하는 창의적 체험활동 시수가 상대적으로 많아졌다. 연간 이수해야 하는 306시간의 창의적 체험활동 일부를 학교스포츠클럽 시수로 사용하거나 학급자치시간(자율활동) 및 봉사활동 등의 시간으로 사용하고 나면, 남는 창의적 체험활동 시간은 얼마 되지 않는다. 따라서 1학년은 주당 1시간의 창체(창의적 특색활동)가, 3학년은 주당 1시간의 창체(진로활동)가 가능할 뿐인 데 비해, 2학년은 교과 시간 감축만으로도 학교스포츠클럽 시수 확보가 가능했으므로 상대적으로 창체의 여유분이 많아진 것이다.

2014학년도에는 2학년의 창체 시간 중 한 단위만 창의적 특색활동으로 운영하고, 나머지 한 단위는 동아리 활동으로 운영한 적이 있었다. 1년 동안 운영해 본 결과, 우선은 2학년 담당 교사들이 어려움을 호소해 왔다.

다른 학년은 안 하는 동아리를 왜 2학년에서만 해야 하는지에 대한 공유와 설득의 과정이 부족했기 때문이었는데, 이를 통해 구안자와 실행자 간에는 반드시 의견 수렴과 협의의 과정이 필요하다는 것을 절실히 깨닫게 되었다. 그리하여 2014학년도 업무 평가를 통해 의견을 수렴하는 과정을 거치면서, 2학년의 경우에는 창의적 특색활동을 주당 2시간으로 편성하는 것이 가능한지를 모색해 보았다. 그렇게 했을 때 예상치 못한 변수가 생겨날 가능성은 없는지 등을 다각적으로 검토한 후, 2015학년도에 2학년 부장을 맡게 될 교사의 의견을 적극 수렴하여 2학년 교육과정에 변화를 꾀하게 된다.

2019년 현재의 편제표는 조금 더 복잡해 보이지만, 전체적인 맥락은 2015년과 대동소이하다. 더 복잡해 보이는 이유는 수년 전부터 전국적으로 실시해 온 자유학년제 및 연계자유학년제의 편제가 반영되었기 때문이다. 이 외에도 다소 다른 점을 찾는다면, 3학년이 이수해야 하는 스포츠클럽 68시간 중, 교과 감축으로 마련한 34시간을 체육 교과에서 담당하기로 했다는 점뿐이다. 제대로 된 스포츠클럽을 운영하려면 전문적인 인력(체육 관련 학과를 전공한 외부 강사 등)이 수업하는 것이 가장 좋은데, 예산 부족 등의 이유로 체육교과 외의 일반교과 교사(대개 그 학기의 총 수업시수가 적은 교과의 교사)가 담당하는 일이 많아졌다. 이렇게 되면 수업의 질은 당연히 낮아질 수밖에 없다. 2019년의 편제표에는 이러한 문제에 대한 고민의 흔적이 반영되어 있다.

## 가. 2015학년도 1, 2, 3학년 교육과정 편제 및 시간 배당 기준

| 구분 | | 기준시수 | 이수시수 | 1학년(2015) | | 2학년(2014) | | 3학년(2013) | |
|---|---|---|---|---|---|---|---|---|---|
| | | | | 1학기 | 2학기 | 1학기 | 2학기 | 1학기 | 2학기 |
| 교과(군) | 국어 | 442 | 408 | 68 | 68 | 68 | 68 | 68 | 68 |
| | 사회 - 사회 | 510 | 510 | | | 51 | 51 | 34 | 34 |
| | 사회 - 역사 | | | | | 34 | 34 | 51 | 51 |
| | 사회 - 도덕 | | | 51 | 51 | | | 34 | 34 |
| | 수학 | 374 | 374 | 51 | 51 | 68 | 68 | 68 | 68 |
| | 과학/기술·가정 - 과학 | 646 | 646 | 68 | 68 | 68 | 68 | 51 | 51 |
| | 과학/기술·가정 - 기술·가정 | | | 68 | 68 | | | 68 | 68 |
| | 체육 | 272 | 272 | 51 | 51 | 51 | 51 | 34 | 34 |
| | 예술 - 음악 | 272 | 272 | 34 | 34 | 17 | 17 | 17 | 17 |
| | 예술 - 미술 | | | 17 | 17 | 34 | 34 | 17 | 17 |
| | 영어 | 340 | 306 | 51 | 51 | 51 | 51 | 51 | 51 |
| | 선택 - 한문 | 204 | 204 | | | 51 | 51 | | |
| | 선택 - 중국어 | | | 51 | 51 | | | | |
| Ⓐ 학교스포츠클럽 활동 | | | 68 | | | 17 | 17 | 17 | 17 |
| 교과(군) 소계 | | 3060 | 3060 | 510 | 510 | 510 | 510 | 510 | 510 |
| 창의적 체험활동 | 자율활동 / 동아리활동 / 봉사활동 / 진로활동 | 306 | 255 | 34 | 51 | 51 | 51 | 34 | 34 |
| Ⓑ | 학교스포츠클럽 활동 | | 51 | 17 | | | | 17 | 17 |
| 창의적 체험활동 소계 | | 306 | 306 | 51 | 51 | 51 | 51 | 51 | 51 |
| 학교스포츠클럽활동 소계 | | 136 | 119 | 17 | | 17 | 17 | 34 | 34 |
| 자율과정 | 진로탐색 | | 170 | 34 | | | | | |
| | 동아리 | | | | | | | | |
| | 예술체육 | | | 51 | | | | | |
| | 선택 | | | 85 | | | | | |
| | 기타 | | | | | | | | |
| 수업시수 총계 | | 3366 | 3366 | 561 | 561 | 561 | 561 | 561 | 561 |
| 학기당 과목 수 | | | | 10 | 10 | 10 | 10 | 11 | 11 |
| 체육, 예술 과목 수 | | | | 3 | 3 | 3 | 3 | 3 | 3 |
| 학기별 체육+스포츠클럽 시수 합계 | | | | 68 | 34 | 68 | 68 | 68 | 68 |

## 나. 2019학년도 1, 2, 3학년 교육과정 편제 및 시간 배당 기준

| 구분 | | | 기준시수 | 이수시수 | 1학년(2019) 1학기 시수 | 1학기 자유학기활동 | 1학기 계 | 2학기 시수 | 2학기 자유학기활동 | 2학기 계 | 2학년(2018) 1학기 시수 | 1학기 연계자유학기활동 | 2학기 시수 | 2학기 연계자유학기활동 | 3학년(2017) 1학기 시수 | 1학기 연계자유학기활동 | 2학기 시수 | 2학기 연계자유학기활동 |
|---|---|---|---|---|---|---|---|---|---|---|---|---|---|---|---|---|---|---|
| 교과(군) | | 국어 | 442 | 408 | 51 | 17 | 68 | 51 | 17 | 68 | 51 | 17 | 51 | 17 | 68 | | 51 | 17 |
| | 사회 | 사회 | 510 | 510 | | | | | | | 51 | | 51 | | 34 | | 34 | |
| | | 역사 | | | | | | | | | 34 | | 34 | | 51 | | 51 | |
| | | 도덕 | | | 51 | | 51 | 34 | 17 | 51 | | | | | 34 | | 34 | |
| | | 수학 | 374 | 374 | 68 | | 68 | 34 | 17 | 51 | 51 | 17 | 68 | | 68 | | 68 | |
| | 과학/기술·가정/정보 | 과학 | 680 | 646 | 51 | 17 | 68 | 51 | 17 | 68 | 68 | | 51 | 17 | 34 | 17 | 51 | |
| | | 기술·가정 | | | 68 | | 68 | 51 | 17 | 68 | | | | | 51 | 17 | 51 | 17 |
| | | 정보 | | | | | | | | | 17 | | 17 | | | | | |
| | | 체육 | 272 | 306 | 51 | | 51 | 34 | 17 | 51 | 51 | | 51 | | | | 51 | |
| | 예술 | 음악 | 272 | 272 | 34 | | 34 | 34 | 17 | 34 | 17 | | 17 | | 17 | | 17 | |
| | | 미술 | | | | | | | | | 34 | | 34 | | 17 | | 17 | |
| | | 영어 | 340 | 306 | 51 | | 51 | 34 | 17 | 51 | 51 | | 51 | | 51 | | 51 | |
| | 선택 | 한문 | 170 | 204 | | | | | | | 34 | | 34 | | | | | |
| | | 중국어 | | | 51 | | 51 | 34 | 17 | 51 | | | | | | | | |
| ⓐ | 학교스포츠클럽 활동 | | | 34 | | | 0 | | | 0 | 17 | | 17 | | | | | |
| 교과(군) 소계 | | | 3060 | 3060 | 476 | 34 | 510 | 357 | 153 | 510 | 476 | 34 | 476 | 34 | 476 | 34 | 476 | 34 |
| 창의적 체험활동 | | 자율활동 | 306 | 306 | 10 | | | 10 | | 16 | 30 | | 33 | | 13 | | 16 | |
| | | 동아리활동 | | | | | | | | | | | | | | | | |
| | | 봉사활동 | | | 4 | | | 4 | | 1 | 4 | | 1 | | 4 | | 1 | |
| | | 진로활동 | | | 3 | 17 | 20 | | 17 | 17 | | 17 | | 17 | 17 | | 17 | |
| ⓑ | 학교스포츠 클럽 활동 | | | | 17 | | 17 | | 17 | 17 | | 17 | | 17 | 17 | | 17 | |
| 창의적 체험활동 소계 | | | 306 | 306 | 34 | 17 | 51 | 17 | 34 | 51 | 34 | 17 | 34 | 17 | 51 | | 51 | |
| 학교스포츠클럽활동(순증) | | | – | 0 | | | 0 | | | 0 | 0 | | 0 | | 0 | | 0 | |
| 자유학년제 | 자유학기활동 | 주제선택활동 | – | 85 | | 34 | | | 51 | | – | | – | | – | | | |
| | | 진로탐색활동 | | 51 | | 17 | | | 34 | | | | | | | | | |
| | | 예술체육활동 | | 34 | | | | | 34 | | | | | | | | | |
| | | 동아리활동 | | 51 | | | | | 51 | | | | | | | | | |
| 연계자유학년제 | 중점연계형 자유학기활동 | 주제선택활동 | – | 68 | | | | | | | 34 | | 34 | | 34 | | 34 | |
| | | 진로탐색활동 | | 34 | | | | | | | 17 | | 17 | | 0 | | 0 | |
| | | 예술체육활동 | | 0 | | | | | | | 0 | | 0 | | 0 | | 0 | |
| | | 동아리활동 | | 0 | | | | | | | 0 | | 0 | | 0 | | 0 | |
| 자유학기 활동 소계 | | | – | 323 | | | 51 | | | 170 | – | 51 | – | 51 | – | 34 | – | 34 |
| 수업시수 총계 | | | 3366 | 3366 | 510 | 51 | 561 | 391 | 170 | 561 | 510 | 51 | 561 | 51 | 527 | 34 | 527 | 34 |
| 학교스포츠클럽활동 소계 | | | – | 102 | 17 | 0 | 17 | 0 | 17 | 17 | 17 | 0 | 17 | 0 | 17 | 0 | 17 | 0 |
| 학기당 과목 수 | | | | | | | 7 | | | 7 | 8 | | 8 | | 8 | | 8 | |
| 체육, 예술 과목 수 | | | | | | | 3 | | | 3 | 3 | | 3 | | 3 | | 3 | |
| 학기별 체육+스포츠클럽 시수 합계 | | | | | 68 | 0 | 68 | 34 | 34 | 68 | 68 | 0 | 68 | 0 | 68 | 0 | 68 | 0 |

# 교육과정은 주어지는 것이 아니라 함께 만들어 가는 것

학교에서 이수해야 하는 총 수업시수가 정해져 있으므로, 대부분의 학교들은 총 1,122시간보다 조금 여유 있게 수업시수계획을 세운다. 장곡중학교도 보통 40~60시간의 여유분을 확보해 두곤 한다. 그런데 대부분의 일반 학교에서는 여유분으로 확보하는 그 시간을 모두 교과 수업으로 채워 넣는다. 이에 비해 장곡중학교에서는 초과되는 시간 중 10시간 정도만 교과 수업으로 할당하고, 나머지는 오롯이 창체 수업으로 진행을 한다.

창체 수업이 정규 교육과정 속으로 들어온 이후, 교육의 주체인 학생과 교사들은 이 수업을 어떻게 생각하고 있을지 궁금하다. 중학교 창의적 체험활동은 '남과 더불어 살아가는 태도의 확립, 자신의 진로에 대한 탐구, 자아의 발견과 확립' 및 '학생의 자주적인 실천 활동을 중시하여 학생과 교사가 공동으로 협의하거나 학생들의 힘으로 활동 계획을 수립하고 역할을 분담하여 실천'하게 하는 데 중점을 두는 교육과정이다.

일반적인 학교 현장에서 과연 이러한 목표에 맞는 창체 수업을 진행하고 있는지 돌아볼 필요가 있다. 보통은 총 수업시수가 적은 교사가 창체 수업을 맡게 되는데, 이때 창체 수업을 교사 개인이 책임지게 되면, 심한 경우에는 자기 교과의 진도를 창체 시간을 통해 보충하려고 하는 파행적 운영까지도 생겨날 수 있다. 처음에는 의욕적으로 진행하고자 했던 교사 조차도 시간이 지나면서 활동의 콘텐츠 고갈 및 학생들의 무반응 등으로 지치게 되고, 점점 의미 없는 시간 때우기 식의 창체 시간이 되어 버리기 쉽다.

장곡중학교 교사들이 창체 수업의 제한된 콘텐츠를 극복할 수 있었던 데에는 몇 가지 요인이 있는데, 첫째는 창체를 교과통합수업의 핵심 축으로 보았다는 것이고, 둘째는 창체 수업을 교사 개인에게만 맡기지 않았다는 것이다. 학년별로 교과통합수업을 진행하다 보면, 어떤 특정 교과에서 책임지기 힘든 범교과적인 영역이 있거나, 또는 그때그때의 상황이나 여건상 해당 교과에서 감당하기 어려운 경우가 생긴다. 예를 들어 학급별 체험활동을 가기 전에, 학생들이 자기 반의 체험활동 일정을 짜거나 학생들의 의견을 수렴하는 활동을 교육과정 내에 넣고 싶은 경우, 이러한 활동을 진행하기에 가장 적절한 과목은 '사회' 시간이 아닐까? 그런데 해당 학년에 사회 교과가 없다면? 혹은 있더라도 사회 시간에 수업해야 할 내용이 많이 남아 있어서, 도저히 시간 확보가 힘들다면? 이러한 경우에 아주 유용하게 사용할 수 있는 시간으로 장곡중학교는 '창체' 시간을 활용한다. 그런데 더 중요한 것은 이러한 창체 시간을 교사 개인에게 그냥 맡겨 버리지 않는다는 것이다. 동학년 교사들이 같은 교무실에 모여 있기 때문에, 교과통합수업의 기획을 모든 교사들이 함께 협의하면서 결정하고, 그러다 보니 너무나도 자연스럽게 창체 수업도 함께 기획한다. 보통은 학년부장을 중심으로 해서 수업 기획에 대한 협의가 이루어지고 나면, 한 사람이 활동지를 만들고, 그 활동지에 대한 의견을 공유한 후 최종적으로 수정한 활동지를 가지고 각 반의 창체 담당 교사가 실제 수업을 진행하게 되는 것이다.

## 해를 거듭하며 진화해 온 2학년 교육과정

2013학년도에는 2학년 창체 시간을 모두 모아 블록타임으로 묶어 한 학급씩 외부로 나가 봉사활동을 실시했다. 학교에서 멀지 않은 노인종합복지회관에 가서 기본 교육을 받은 후, 회관 안팎을 청소하고 급식 봉사를 하는 등 그야말로 봉사를 하고 오는 것이었다.

그렇게 1년 동안 운영한 후, 한 해의 활동을 돌아보는 시간에 나온 의견은 그다지 긍정적이지만은 않았다. 아이들이 봉사의 의미와 목적을 충분히 체감하지 못한 상태에서 나가기 때문에, 진지한 태도로 임하기보다는 다소 가벼운 마음으로 일회적인 외부 체험을 하고 오는 것 아닌가 하는 회의가 들었다.

당시 2학년 선생님들은 봉사활동의 장소와 방식을 달리해야 한다는 데 일단은 의견을 모았다. 그렇다면 어떤 방식의 봉사활동이 있을까? 중학생이 할 수 있는 봉사활동으로는? 선생님들이 아무리 머리를 맞대고 고민해 봐도, 교실 속에서 수업하는 일을 생업으로 삼고 있는 교사들의 경험은 한계가 있을 수밖에 없었던 모양이다. 뾰족한 수가 없어 고민하고 있을 때, 누군가가 '사회참여봉사'라는 반짝이는 제안을 한다.

"광화문에서 수요일마다 수요집회가 열리잖아. 거기 갔다 오자."

처음에 이 제안 앞에서 여러 선생님들이 의아해했다. 봉사활동이라고 부르기엔 너무 생소하다는 생각 때문이었다. 대부분의 교사들이 '봉사활동'이라고 하면 학생들의 생활기록부에 기록해 주는 봉사 내역을 연상한다. 인간은 자신이 경험한 만큼만 느낀다고 했던가. 교사들이 진정 해야 할 일은 미래를 상상하는 것인데, 현실이라는 거대한 끈에 발목이 붙잡혀 정말 중요한 상상은 못 할 때가 많다는 생각을 다시 한번 하게 된다. 가장 익숙하기 때문에 그 이상의 것을 상상하는 것은 그만큼 어려우며, 그래서 익숙해 보이는 것도 낯설게 바라보는 일이 필요한 법인가 보다.

아무튼 처음에는 봉사활동으로 적절치 않다고 생각했던 선생님들도 결국에는 고개를 끄덕였다. '봉사'라는 것이 원래 대가를 바라지 않고 남을 위해 애쓰는 것인 만큼, 위안부 할머니들의 고통에 공감하고 아픈 역사가 되풀이되지 않기를 바라는 마음으로 집회에 참석한다면, 그것 역시 훌륭한 봉사활동이 된다는 데 의견을 모으게 된 것이다.

단편적으로 흩어져 있던 창체 수업을 블록타임으로 묶어 운영해 왔던 그동안의 노하우를 십분 활용하고, 아이들의 봉사활동을 훨씬 더 의미 있게 내실화하기 위한 집단지성의 힘이 모여, 2014학년도부터는 2학년 교육과정도 새로운 밑그림으로 다시 태어났다.

### 2014학년도 2학년 창의적 특색활동 개요

| | 기간 2014년 3월~2014년 12월 | | | | | | | | | |
|---|---|---|---|---|---|---|---|---|---|---|
| | 감성교육 | | | | 봉사체험 활동 | | | | | |
| 세부<br>운영<br>계획 | • 창의적 특색활동 중 봉사체험을 제외한 시간에 감성교육 프로그램 진행<br>• 감성교육 프로젝트 교재를 활용하여 영상물과 활동지로 창의적 체험활동 담당 교사가 진행 | | | | • 학급별로 4시간씩 2회, 연간 총 2회 실시<br>• 1학기(환경정화봉사):학부모 보조교사 3~4명, 시흥봉사센터의 문화해설사와 함께하는 갯골생태공원 봉사활동 실시<br>• 2학기(사회참여봉사):학부모 보조교사 3~4명과 함께 위안부 할머니 수요집회 참여 봉사 | | | | | |

| | 학기 | 실시주 | 내용 | 실시주 | 내용 | 환경정화봉사 | | 사회참여봉사(수요집회) | | |
|---|---|---|---|---|---|---|---|---|---|---|
| 활동<br>내용 | 1학기 | 1주 | 자기 성찰 | 6주 | 자존감 | 학기 | 실시일 | 활동 반 | 학기 | 실시일 | 활동 반 |
| | | 2주 | 감정 이해 | 7주 | 동기, 강화 | 1학기 | 5/20 | 1, 6, 8반 | 2학기 | 10/8 | 1, 2반 |
| | | | | | | | 5/21 | 2, 7반 | | 11/5 | 3, 4반 |

2013학년도에 대한 반성은 분명히 2014학년도 운영의 밑거름이 되었다. 특히 2학기에 진행한 수요집회의 현장은 우리가 다음 세대에게 무엇을 남겨 주어야 할 것인가에 대한 실마리를 제공하는, 감동적인 순간으로 기억되었다. 앞서 2013학년도의 봉사활동이 그 의미와 목적을 충분히 공유하지 못한 채 일회성 체험으로 끝나 버린 게 아닌가 하는 우려가 있었다면, 2014학년도의 사회참여봉사는 확실히 그 의미가 남달랐다.

처음에는 중학생들이 접하기에 조금 무겁고 어두운 주제일 수도 있다고 걱정하는 사람들이 있었다. 그러나 2013학년도에 어르신을 위해 봉사활동을 하러 나갔을 때 간혹 보였던 가벼운 행동들이 광화문에서는 어느새 사라지고 없었다. 오히려 선생님들이 시키지 않았는데도, 자기들끼리 의논하여 위안부 할머니들을 돕기 위한 기금 모금 활동을 추진하기까지 한다. 이는 귀감이 될 만한 행동으로 인정받아, 2015학년도에 처음 실

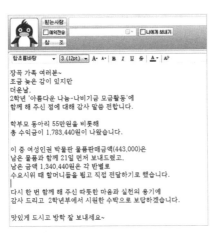

장곡 가족 여러분~
조금 늦은 감이 있지만
더운날,
2학년 '아름다운 나눔-나비기금 모금활동'에
함께 해 주신 점에 대해 감사 말씀 전합니다.

학부모 동아리 55만원을 비롯해
총 수익금이 1,783,440원이 나왔습니다.

이 중 여성인권 박물관 물품판매금액(443,000)은
남은 물품과 함께 21일 먼저 보내드렸고,
남은 금액 1,340,440원은 각 반별로
수요시위 때 할머니들을 뵙고 직접 전달하기로 했습니다.

다시 한 번 함께 해 주신 따뜻한 마음과 실천의 용기에
감사 드리고 2학년부에서 시원한 수박으로 보답하겠습니다.

맛있게 드시고 방학 잘 보내세요~

2015학년도 나비기금 모금활동이 끝난 후
2학년 부장교사가 보내온 메시지

시한 학년 말 알뜰시장 '아름다운 나눔-나비기금 모금활동'의 기반이 되기에 이른다.

이는 아무런 맥락 없이 어느 날 갑자기 광화문에 갔다 오는 단순 체험이 아니었기 때문에 가능했던 일이다. 아이들은 2학년 교육과정 속에서 역사 교과를 처음으로 만나게 되는데, 역사 시간 및 창체독서 시간을 통해 우리의 아픈 역사를 왜 기억해야만 하는지를 1년간 지속적으로 배운다. 이러한 일련의 과정은, 어떠한 체험을 하더라도 전후의 교육과정 속에 의미를 담아 지속적으로 '녹여 내는' 일이 왜 중요한지를 다시 한번 깨닫게 해 준다. 이 '녹여 내는' 과정은 마치 자신의 작품에 혼신의 힘을 다하는 장인의 손길처럼 쉽지 않은 과정이지만, 이 과정을 거치지 않은 결과물은 너무나도 쉽게 탄생하는 기성품처럼 허무하게 소비되고 말면 그뿐이다. 광화문에 가서 집회에 참석하고 오는 것은 1년 중 단 하루뿐이지만, 그 하루의 체험이 일회적인 것으로 끝나지 않을 수 있도록 전후의 교육과정 속에서 애를 쓰는 모습은 이처럼 수제품을 만드는 과정을 연상케 한다. 수제품은 만들기 어렵지만 두고두고 가치를 인정받듯이, 학년을 중심으로 모인 교사들이 교육과정을 빚어내는 작업은 학생들의 활동에 철학적 깊이와 다채로운 색감을 덧입히는 과정이다.

2014학년도에도 목마름이 없지는 않았다. 1학기에 중점적으로 진행했던 환경정화활동에 대해서도 수정·보완을 요구하는 목소리가 있었다. 학교에서 멀지 않은 갯골생태공원에 가서 실시하는 환경정화활동에 대한

반성은 왜 나왔을까? 어쩌면 학생들이 그들의 삶과 직접적인 연관이 없다고 생각했기 때문은 아닐까? 학교 근처의 공원, 자기들의 삶의 터전인 마을을 깨끗하게 하는 일이 보람 있는 활동인 것은 분명하지만, 그 목표와 방법을 스스로 기획하게 한다면 필요성까지도 자연스럽게 체득할 수 있지 않을까?

2015학년도는 이러한 질문에 대한 답을 찾아가는 과정이었다. 학교 밖 마을에 대해 아이들보다 결코 더 잘 안다고 할 수 없는 교사들이 봉사활동을 일괄적으로 기획하고, 그것을 아이들에게 던져 주어 실행하라고 했던 기존 패러다임에서 벗어나 보자는 것. 조금은 무모해 보이고, 또 조금은 걱정스러워 보이지만, 학생들이 자기들의 봉사활동에 대한 기획부터 실천까지를 스스로 해 보게끔 하자는 것이었다. 이렇게 A부터 Z까지를

| 2013<br>지역사회<br>봉사활동 | 2014<br>감성을 겸비한<br>사회적 실천인 되기 | 2015<br>감성을 겸비한<br>사회적 실천인 되기 |
|---|---|---|
| • 노인종합복지회관에 가서 봉사활동 실시 | • 감성교육 프로그램을 통해 봉사활동의 참의미 깨닫기<br>• 시흥 갯골생태환경해설사와 함께하는 환경정화활동<br>• 위안부 할머니들과 함께하는 수요집회 | • 나를 돌아보기: 감성교육 프로그램을 통해 봉사활동의 참의미 깨닫기<br>• 지역사회와 만나기: 시흥시 문화관광과 학예사로부터 듣는 우리 마을 이야기, 시흥시 종합봉사센터 및 주민자치센터와 연결한 지역사회 봉사활동<br>• 우리나라 세상과 만나기: 위안부 할머니들과 함께하는 수요집회 |

← 주당 2단위의 창체 수업 운영 →

← 학년 철학 세우기 '아름다운 동행' →

← 창체독서 및 역사 교과와 연계 →

← 창체를 중심으로 한 블록타임 수업 시도 →

⇧

수업을 중핵에 둔 '학년 중심'의 시스템
기본시간표를 탄력적으로 운영하는 '협의의 문화'

스스로 실천해 보아야만, 활동의 전 과정에 더 적극적으로 참여할 뿐 아니라 그 의미도 피부로 느낄 수 있게 된다는 것을 교사들은 이미 경험을 통해 알고 있다. 물론 중학생이 스스로 기획하는 것인 만큼, 어쩌면 어른인 교사들의 치밀한 기획력에는 못 미칠 수도 있다. 나이 어린 학생들이 가질 수밖에 없는 경험의 한계로 인해, 예상하지 못했던 변수와 더 자주 마주칠 수도 있다. 그러나 그러한 도전과 실패의 경험 또한 그 무엇과도 바꿀 수 없는 소중한 기억으로 자리 잡을 것이었다. 그리하여 2015학년도의 1학기에 실시했던 봉사활동은 '창의적 자원봉사 프로젝트'라는 이름으로 출발하여, 각 반 각 모둠의 활동에 오묘한 빛과 색깔을 더하고 있었다.

## 마치 '우연성의 음악'처럼 – 마을 벽화 탄생기

옛날에는 지휘자가 명령하면 연주자들은 그대로 따르기만 했다. 그러나 '우연성의 음악'은 모두가 동등하게 함께 협력하여 만들어 나가는 음악이라고 한다. 음악에 우연적인 요소를 도입한 '4분 33초'라는 작품으로 유명한 존 케이지John Cage는 "그것이 가능한지는 모르겠지만 내가 도달하고자 하는 것은, 내가 이상적이라고 생각하는 것은, 아무도 누구에게 무엇을 하라고 명령하지 않고도 모든 것이 완벽하게 이루어지는 것이다"라고 말했다.

시흥시 장곡동에서 사람들이 가장 많이 오가는 골목의 어느 구석을 살펴보면, 한 귀퉁이에 소담한 벽화가 그려져 있다. 2015학년도에 장곡중학교 2학년 학생들이 그린 벽화인데, 오다가다 이 벽화를 들여다볼 때면 가끔 '우연성의 음악'이 연상되곤 한다. 누구도 명령하거나 강요하지 않았는데도, 참여한 모든 사람들의 땀과 관심이 모여 만들어진 벽화이기 때문일까.

2015학년도부터 2학년 교육과정에 창체 수업이 주당 2단위로 정해지면서, 어쩌면 거칠고 수고스러울 수도 있는 그 과정을 당시 2학년 부장교사는 오히려 좋아했다. 정규 교육과정 속에서 다양한 상상과 실험을 할 수 있으리라는 것이었다. 조금은 여유가 생긴 창체 시간을 활용, 우선은 학생들이 장곡동을 탐색할 시간을 준 후 자기들이 마을에 기여할 수 있는 봉

### 2015학년도 2학년 창의적 특색활동 개요

| | | | 기간 2015년 3월~ 12월 |
|---|---|---|---|
| 세부<br>운영<br>계획 | [1단계]<br>나를 돌아보기 | 3월 | • 창의적 특색활동 중 봉사체험을 제외한 시간에 감성교육 프로그램 진행<br>• 감성교육 프로젝트 교재를 활용하여 영상물과 활동지로 창의적 체험활동 담당 교사가 진행 |
| | [2단계]<br>지역사회와<br>만나기 | 4~5월 | • 시흥시 문화관광과 학예사로부터 듣는 우리 마을 이야기<br>• 시흥시 종합봉사센터, 주민자치센터와 연결한 지역사회 봉사활동 |
| | [3단계]<br>우리나라<br>세상과<br>만나기 | 6~12월 | • 일본 위안부 문제에 대한 우리나라 역사 배우기(창체 시간에 관련 책 읽기, 역사 교사가 활동지 제작)<br>• 위안부 수요집회에 직접 참여하여 역사의 현장에 서보기<br>• 전쟁과 여성인권 박물관 견학으로 전쟁 없는 평화로운 세상에 대한 시각 기르기 |
| | 독서활동 | 3~12월 | • 교과통합 프로젝트 수업과 연계한 독서 프로그램을 통해 학생들의 학습 이해를 높임 |

**활동 내용**

**[1단계] 나를 돌아보기**

| 학기 | 실시주 | 내용 | 실시주 | 내용 |
|---|---|---|---|---|
| 1학기 | 1주 | 자기 성찰 | 6주 | 자존감 |
| | 2주 | 감정 이해 | 7주 | 동기, 강화 |

**【3단계】우리나라 세상과 만나기**

| 일정 | 1차 | 2차 | 3차 | 4차 |
|---|---|---|---|---|
| | 9/21 | 9/28 | 10/26 | 11/2 |
| 반 | 1, 5반 | 2, 6반 | 3, 7반 | 4, 8반 |
| 학생 수 | 52 | 52 | 52 | 52 |
| 지도 교사 | 윤○○<br>안○○ | 윤○○<br>황○○ | 윤○○<br>최○○ | 윤○○<br>최○○ |
| 지원 | 학부모 봉사단(2명) | | | |

**[2단계] 지역사회와 만나기**

① 현장체험학습 지역 학습 및 일정 짜기(3차시)
② 마을 만나기 활동: 오이도 생생발굴체험(2차시)
③ 창의적 지역사회 자원봉사 프로젝트(17차시)

| 월 | | 일자 | 학급 | 내용 |
|---|---|---|---|---|
| 3월 | 1 | 21일 | 5교시(1, 5)<br>6교시(3, 6) | 자원봉사<br>기본 교육 |
| | | 22일 | 5교시(4, 7)<br>6교시(2, 8) | |
| 4월 | 2 | 4일~8일 | 1, 2, 5,<br>7, 8반 | 우리 마을<br>둘러보기 |
| | | 11일~15일 | 3, 4, 6반 | |
| | | 18일~22일 | 1~8반 | 우리 마을<br>계획 짜기 |

사활동으로 어떤 것이 있을지를 스스로 기획해 보는 기회를 주는 것으로 수업의 방향을 잡았다.

한 학급을 총 5개의 모둠으로 나누어 활동하도록 했다. 마을을 탐색하는 것도, 봉사활동을 기획하는 것도 모둠을 단위로 실시했는데, 그러다 보니 한 학급의 창체 담당 교사는 한 명뿐이라는 난관에 부딪혔다. 5개의 모둠이 모두 같은 곳을 탐색할 수는 없는 일이니, 결국 1개의 모둠은 창체 담당 교사가 맡고, 나머지 4개의 모둠은 학부모 봉사단 어머님들께 인솔을 부탁했다.

모둠별로 흩어진 아이들은 다양한 장소를 찾아 다양한 봉사거리를 구안했다. 이때 찍은 사진들을 모아 보면, 가장 많이 실시한 봉사활동은 역시 '쓰레기 줍기'였다. 어쩌면 가장 흔해 보일 수 있지만, 아이들은 느낀 바가 새삼스러웠던 모양이다. 장곡동을 돌아다니면서 우리 동네에 이렇게 쓰레기가 많다는 것을 처음 알았다는 아이들도 있었고, 쓰레기를 싹 다 줍고 한 바퀴 돌고 오니 다시 쓰레기가 한가득 쌓인 걸 보고 문제가 심각함을 깨달았다는 아이들도 있었다. 이 외에도 노인정 방문하기, 어린이집에 가서 아이들 돌보기 등의 활동이 많았고, 조금 특별하게는 거리에서 직접 만든 피켓을 들고 홍보 활동을 펼치고 돌아온 아이들도 있었다.

그러다 2학년 한 반의 어느 모둠 아이들은 남들과 조금 다른 생각을 해낸다. 장곡동에 사는 할머니 한 분을 도와 드리자는 데 의견을 모은 것이다. 폐지를 주우며 어렵게 사시는 이 할머니는 장곡동 사람이라면 으레 알 만한 분이었던 모양이다.

"우리, 할머니가 끌고 다니시는 리어카에 예쁘게 색칠을 해 드리면 어떨까?"

아이들은 좋은 생각이라며 서로를 기특해했을 것이다. 그런데 실제로 봉사활동을 실천하기로 한 날 이들은 우왕좌왕했다. 아는 것이라고는 할머니의 얼굴뿐, 할머니의 이름도 사시는 곳도 알고 있는 사람이 아무도 없었던 것!

결국 할머니가 모습을 보일 가능성이 가장 높은 곳, 즉 ○○마트 앞, 빈 박스를 접어서 보관하는 곳 앞에서 할머니가 나타나실 때까지 무작정 기다렸다고 한다. 학교에 있어야 할 교복 입은 아이들이 마트 앞에서 하염없이 서성이고 있으니, 이 모습을 지켜본 사람들은 궁금했을 것이다. 그런데 그곳에서 기다리고 있는 아이들의 사연을 들은 마트 사장님 왈,

"아, 그 할머니? 나도 잘 알아. 어? 근데 그 할머니 리어카 없는데?"

다른 모둠에서는 생각조차 해내지 못한 봉사인지라 무척 들떠 있었을 아이들에게 '리어카가 없다'는 정보는 예상치 못했던 엄청난 난관이었을지 모른다. 계획대로 진행하지 못한다고 해서 큰일이 나는 일도 아니었고, 기록으로 남는 수행평가도 아니었으나, 아이들은 기대가 컸기에 실망하지 않을 수 없었다. 계획은 수포로 돌아가는 듯했지만, ○○마트 사장님은 리어카 대신 마트 앞 공영 주차장 벽에 벽화를 그려 볼 것을 제안하고, 아이들은 그 제안을 즉석에서 받아들였다. 더욱이 그 모둠의 아이들을 인솔한 학부모가 대학 시절 디자인을 전공한 분이었다는 건 참으로 묘한 우연의 일치가 아닐 수 없다. 벽화 그리기 제안 앞에서 이 어머니는 잠시 고민하셨다고 한다.

'벽화 디자인이라면 시안 정도는 내가 해 볼 수 있는데…. 아이들이 스스로 기획하고 실천해야 하는 건데, 내가 나서도 괜찮을까? 괜히 선생님한테 혼나는 건 아닐까?'

2015학년도 학부모회장(김○○)이 제작한 마을 벽화 디자인 시안

이렇게 고민하고 있을 때, 참으로 고맙게도 그 반의 창체 담당 교사가 우연히 그 앞을 지나가다가 이 이야기를 듣게 된다. 학부모의 이러한 고민 앞에서 그 누가 안 된다고 선을 그을 수 있을 것인가? 오히려 좋은 아이디어라고, 고마운 생각이라고, 한번 해 보시라고 권유하는 선생님의 말에 힘을 얻게 되고, 그렇게 해서 장곡동 한 귀퉁이를 장식할 디자인 시안이 세상에 빛을 보게 된다.

더욱 재미있는 일 하나 더! 우연하게도 이분의 남편은 인테리어를 전공하신 분이라는 사실이다. 어머니의 디자인 시안은 선생님들의 의견 수렴 과정을 거쳐 확정되고, 아버지의 현장 실측을 거쳐 밑그림 작업이 착착 진행되었다. 당시 장곡중학교에는 '희망그리기반'이라는 미술 동아리가 있어서, 교내 곳곳에 벽화를 그려 본 경험이 있는 학생들이 있었다. 토요일이 몇 번쯤 지났을까, 화창한 어느 날 동아리 학생들의 손길을 거쳐 벽화는 완성되었다. 이때 벽화 그리는 현장을 지나가던 주민 중에는 덧칠해 보기를 희망하는 사람들도 있었다. 만약 프로젝트를 기획하거나 주관한 사람이 전문가적인 자존심을 내세워 완성도 높은 결과물을 중요시했다면 거절할 수도 있었다. 그러나 결과물보다도 함께하는 과정이 중요하다는 사실에 모두가 암묵적으로 동의했었기에, 모두의 땀과 정성이 모여 세상에서 하나뿐인 작품이 탄생한 것이다. 어떠한 강요도 없이, 심지어 일말의 치밀한 계획도 없이 탄생한 이 마을 벽화는 오랜 시간 다져 온 협동적 학교문화가 만들어 낸 집단적 창발 효과의 전형을 보여 준다.

장곡중학교의 교사들은 아직도 이때를 '퍼포먼스'와 같은 경험으로 기억하고 있다. 아이들의 아이디어가 좌절될 뻔하다가 우연에 우연을 거듭하며 탄생한 이 마을 벽화에 얽힌 이야기는 마치 오래 두고 들어도 재미있는 사랑방 할머니의 옛날이야기처럼 흐뭇한 미소를 짓게 한다.

공영주차장 앞 빈 벽                     실측하는 모습

밑그림 그리기                          채색하기

완성된 벽화                   '아름다운 동행, 장곡동' 인증 마크

## 감성(EQ)을 겸비한 사회적 실천인 되기

### 1. 목적

가. 2학년 '아름다운 동행, 행복한 배려'의 가치를 2학년 모두가 실천할 수 있는 프로그램을 마련함으로써 학생들의 인성과 창의성의 질적 향상에 기여할 수 있다.

나. '나-지역사회-우리나라-전 세계'로 연결되는 나와 세상 만나기 활동을 통해 2학년 '아름다운 동행, 행복한 배려'의 가치를 몸소 실현할 수 있는 기회를 갖는다.

다. 나와 너, 그리고 나와 우리, 세상을 연결시킬 수 있는 감성교육을 통해 자신을 되돌아보고 나와 세상의 관계를 생각해 볼 수 있다.

라. 지역사회에 대한 이해를 높이고 지역사회 봉사활동을 실천함으로써 마을공동체의 책임 의식을 높일 수 있다.

마. 전쟁과 여성인권 박물관, 위안부 할머니를 위한 수요집회에 참여함으로써 우리나라 역사에 대해 비판적 시각을 기를 수 있고, 전쟁 없는 평화로운 세상에 대한 올바른 시각을 지닐 수 있다.

바. 교과통합 프로젝트와 연계한 독서 프로그램을 통해 학생들의 학습 이해를 높일 수 있다.

### 2. 기본 방침

1) 감성을 겸비한 사회적 실천인이 되기 위한 3단계 프로그램

| 단계 | 구분 | 시기 | 세부 활동 |
|------|------|------|----------|
| 1단계 | 나를 돌아보기 | 3월 | • 학교폭력 예방 감성교육 프로젝트 교재를 활용하여 감성교육 실시<br>• 학생들의 삶을 돌아볼 수 있는 활동지 제작 |
| 2단계 | 지역사회와 만나기 | 4~5월 | • 시흥시 문화관광과 학예사로부터 듣는 우리 마을 이야기<br>• 시흥시 종합봉사센터 및 주민자치센터와 연결한 지역사회 봉사활동 |

| 3단계 | 우리나라 세상과 만나기 | 6~12월 | •일본 위안부 문제에 대한 우리나라 역사 배우기(창체 시간에 관련 책 읽기, 역사 교사가 활동지 제작)<br>•위안부 수요집회에 직접 참여하여 역사의 현장에 서 보기<br>•전쟁과 여성인권 박물관 견학으로 전쟁 없는 평화로운 세상에 대한 시각 기르기 |
| *독서활동 | | 3~12월 | •교과통합 프로젝트 수업과 연계한 독서 프로그램을 통해 학생들의 학습 이해를 높임 |

2) 단계별 세부 계획

가. 1단계 나를 돌아보기

① 목적: 감동을 주는 영상물을 매개로 함께 이야기하는 감성교육을 통해 마음과 몸이 일치되어 긍정적이고 적극적인 봉사활동의 기반을 만들기 위함이다. 학생의 감성 인지 능력을 키워 부정적인 사고와 감정을 함께 공유하고 발산하여 스스로를 돌아볼 수 있다.

② 운영 방침

- 창의적 특색활동 중 독서활동(17), 마을 만나기 활동(2), 봉사활동교육(1), 사회참여 활동(11)을 제외한 나머지 시간에 차시 순서대로 감성교육 프로그램을 진행한다.
- 감성교육 프로젝트 교재를 활용하여 영상물과 활동지로 창의적 체험활동 담당 교사가 진행한다.

③ 연간 운영 계획

| 학기 | 실시 주 | 감성교육 내용 | 비고 |
|---|---|---|---|
| 1학기 | 1주 | 자기 성찰 | 지역사회 봉사활동으로 1학기에 못한 내용은 2학기에 연이어 실시할 수 있도록 함 |
| | 2주 | 감정 이해 | |
| | 3주 | 감정 치유 | |
| | 4주 | 사랑, 용서 | |
| | 5주 | 나눔, 배려 | |
| | 6주 | 자존감 | |
| | 7주 | 동기, 강화 | |
| | 8주 | 도전, 성취 | |
| | 9주 | 리더십 | |
| | 10주 | 창의성 | |
| | 11주 | 사회적 책임 | |

나. 2단계 지역사회와 만나기

① 목적: 봉사활동의 의미를 이해하고, 다양한 봉사활동에 능동적으로 참여하는 공동체 의식을 갖춘 바람직한 민주시민을 양성한다. 지역 공동체의 일원으로 참여하는 봉사활동을 생활화하여 사회적 책임을 분담하고 호혜 정신을 기른다. 봉사활동을 통해 서로 협력하는 자율적인 태도를 기름으로써 삶의 보람을 체득할 수 있게 한다.

② 운영 방침

- 시흥시 봉사센터, 주민자치센터, 시흥시청 문화관광과와 연계하여 함께 진행한다.

- 주민자치센터와 연계하여 자원봉사 기본 활동 교육 1시간을 받은 이후 꾸준히 지역사회 참여 활동을 진행한다.

③ 자원봉사 기본, 활동 교육 반별 운영 계획

| 날짜 | 해당 반 | 기타 |
|------|---------|------|
| 3월 16일(3교시) | 6, 5반 | 두 분 강사님이 각 반에서 1시간씩 교육 |
| 3월 16일(4교시) | 2, 9반 | |
| 3월 17일(5교시) | 3, 10, 8반 | 세 분 강사님이 각 반에서 1시간씩 교육 |
| 3월 17일(6교시) | 1, 7, 4반 | |
| 당일 창체 담당 교사 시간표에 따라 해당 반은 수정 가능함. 창체 담당 교사 임장 지도 | | |

④ 마을 역사·문화 이야기 듣기 반별 운영 계획

| 날짜 | 해당 반 | 기타 |
|------|---------|------|
| 3월 23일 | 1, 4반 | 시흥시청 문화관광과 학예사의 협조로 이루어질 예정 |
| 3월 24일 | 2, 7반 | |
| 3월 25일 | 3, 5반 | |
| 3월 27일 | 6, 9반 | |
| 3월 30일 | 7, 10반 | |

다. 3단계 우리나라/세상과 만나기

① 목적: 건전한 집단 활동을 통한 현장체험학습의 기회를 제공하여 공동체 의식을 높인다. 역사적 사실에 대한 비판적 시각을 기르고 한국인으로서 역사의 아픔에 대하여 함께 공감한다. 역사적 현장에 직접 참여하고 발언

할 기회를 부여함으로써 사회적 책임에 대한 의식을 높인다. 전쟁 없는 평화로운 세상에 대한 올바른 시각을 기른다.

② 운영 방침
- 위안부 수요시위 참가 전 역사 교사가 제작한 활동지로 사전 교육(5차시)
- 수요집회에서 자신만의 목소리를 표현하는 피켓 만들기(2차시)
- 위안부 할머니들과 함께 수요시위 참가 및 전쟁과 여성인권 박물관 관람
- 각 반별 한 명 이상의 학부모 참여로 안전한 체험학습에 기여하고, 학교 교육과정에 함께 참여함

③ 반별 운영 계획

| 반 | 1반 | 2반 | 3반 | 4반 | 5반 | 6반 | 7반 | 8반 | 9반 | 10반 |
|---|---|---|---|---|---|---|---|---|---|---|
| 일정 | 6월 10일 | 6월 24일 | 7월 15일 | 8월 26일 | 9월 16일 | 9월 30일 | 10월 28일 | 11월 11일 | 11월 25일 | 12월 16일 |
| 지도 교사 | 한○○ | 한○○ | 한○○ | 안○○ | 안○○ | 김○○ | 김○○ | 우○○ | 노○○ | 노○○ |

④ 세부 일정 및 학생 준비물

| | 9:30 | 홍대입구역 집합(지도교사 인솔) |
|---|---|---|
| 세부 일정 | 09:30~9:50 | 전쟁과 여성인권 박물관으로 이동(마을버스 8, 15) |
| | 9:50~10:50 | 박물관 관람 |
| | 10:50~11:30 | 광화문 일본대사관으로 이동 (마을버스-2호선 전철, 시청역에서 하차, 도보 15분) |
| | 11:30~12:00 | 사전 준비(착석 및 자유발언 준비) |
| | 12:00~13:00 | 수요집회(자유발언) |
| | 13:00~13:30 | 광화문역으로 이동 |
| | 13:30 | 광화문역에서 해산 |
| 준비물 | | 준비물: 피켓, 개인 돗자리, 점심값, 왕복 차비 (박물관 관람비 2,000원은 학교에서 지원) |

⑤ 예산 사용 계획

| 내역 | 세부 내역 | 금액 |
|---|---|---|
| 피켓 만들기 준비물 | 2,000원(우드락)×8장×10반 500원(색지)×20장×10반 | 260,000원 |
| 박물관 관람비 | 2,000원×311명 | 622,000원 |
| 학부모 식비 및 관람비 | 10,000원×20명 | 200,000원 |
| (추가) 학부모 여행자 보험 | 5,000원 ×20명 | 100,000원 |
| 총 예상 경비 | | 1,182,000원 |

⑥ 유의 사항

가. 사전 안전교육을 실시하여 체험활동 시 사고를 예방할 수 있도록 한다.

나. 반별로 사전에 모둠을 구성하여 이동 시 이탈하는 일이 없도록 한다.

다. 학부모 봉사단의 참여로 반별 학생 지도를 함께 한다.

라. 일정 시작 및 종료 상황을 학교 및 학부모님께 실시간 보고한다.


라. 창의적 체험활동 독서 프로그램

① 운영 목표: 교과통합 프로젝트 수업과 연계한 독서 프로그램을 통해 학생들의 학습 이해를 높일 수 있다.

② 운영 방법: 창의적 체험활동 영역 중 독서활동 주 1시간 확보

③ 기간: 2015. 3~2015. 12

④ 대상: 2학년 10개반

⑤ 과목: 창의적 체험시간(주 1회)

⑥ 활동 내용

| 학기 | 주제 | 차시 | 활동 내용 | 활동 도서 |
|------|------|------|-----------|-----------|
| 1학기 | 동학농민운동 알기 | 1~2 | 독서를 위한 배경지식 쌓기 (동학농민운동 알기) | 필독<br>- 『살아 있는 한국사 교과서 2』/ 전국역사교사모임 / 휴머니스트<br>- 『한국사 카페 2』/ 장용준 / 북멘토<br>- 『서찰을 전하는 아이』/ 한윤섭 / 푸른숲주니어<br>- 『이야기 동학농민전쟁』/ 송기숙 / 창비 |
| | | 3~4 | 동학농민운동 배경의 도서 읽고 감상 정리하기 | 권장<br>- 『녹두장군(1, 2, 3)』/ 송기숙 / 이가서<br>- 『용선생의 시끌벅적 한국사 8』/ 금현진 / 사회평론<br>- 『한국사 맞수 열전』/ 장용준 / 북멘토<br>- 『왜 동학농민운동이 일어났을까?』/ 성주현 / 자음과모음<br>- 『동학농민운동 가까이』/ 서찬석 / 어린른이 |
| | 5.18 광주민주항쟁 알기 | 5~6 | 독서를 위한 배경지식 쌓기 (5·18 광주민주항쟁 알기) | 필독<br>- 『살아 있는 한국사 교과서 2』/ 전국역사교사모임 / 휴머니스트<br>- 『방울새는 울지 않는다』/ 박완규 / 푸른책들<br>- 『누나의 오월』/ 윤정모 / 산하<br>- 『지식e』/ 북하우스<br>- 『난 아프지 않아』/ 「명령」/ 이경혜 / 북멘토 |
| | | 7~8 | 5·18광주민주항쟁 배경의 도서 읽고 감상 정리하기 | 권장<br>- 『붉은 방』/ 임철우<br>- 『망월(상, 하)』/ 김성재 / 길찾기 |

| | | | | |
|---|---|---|---|---|
| 1<br>학<br>기 | 위안부<br>문제<br>알기 | 9 | 위안부<br>문제에 관련한<br>배경지식 쌓기 | **필독**<br>- 『모래시계가 된 위안부 할머니』/ 이규희 / 푸른책들<br>- 『두 할머니의 비밀』/ 이규희 / 주니어 김영사<br>- 『꽃반지』/ 탁영호 / 고인돌<br>- 『살아 있는 한국사 교과서 2』/ 전국역사교사모임 /<br>  휴머니스트 |
| | | 10~12 | 위안부 문제와<br>관련한 독서하기 | |
| | 역사<br>알기 | 13 | 다양한 역사적<br>배경을 담은<br>도서 알아보기 | 선사시대~역사시대를 배경으로 한 다양한 문학 도서 |
| | | 14 | 도서 탐색 및<br>도서 목록 작성하기 | |
| | | 15~17 | 다양한 역사적<br>사실을 바탕으로<br>한 소설 읽기 | |
| 2<br>학<br>기 | 나의<br>미래<br>탐색 | 1 | 가치관 알기 | |
| | | 2 | 도서 탐색 및<br>도서 목록 작성하기 | |
| | | 3~6 | 책 속에서<br>삶의 가치관 찾기 | |
| | | 7 | 나의 가치관 세우기 | |
| | | 8~10 | 인문학 도서로<br>알아보는 세상의<br>변화 알기<br>인문학 도서로<br>알아보는 달라지는<br>직업의 세계 알기 | |
| | | 11 | 도서 탐색하기 및<br>도서 목록 작성하기 | |
| | | 12~15 | 진로 탐색을 위한<br>직업, 인물 도서 읽기 | |
| | | 16~17 | 나의 진로<br>로드맵 북 만들기 | |

## 아름다운 나눔-나비기금 모금활동

### 1. 목적
가. 2학년 창·체 '그녀들의 이야기' 수요시위 참가 활동과 연계된 학기말 프로젝트

### 2. 기본 방침
가. 프로젝트 수업의 목적을 분명히 하고 이를 교사 및 학생 모두가 공유하여 진지하게 임한다.

나. 창·체 담당 교사가 해당 일정을 진행 및 지도한다.

다. 모금활동이 끝난 후에는 반별 수요집회 참여 시에 전달해 드린다.

라. 가장 호응이 좋은 부스와 활동은 마을축제에 참여한다.

마. 사후 평가회를 통해 이후 학교 계획 및 교육과정에 발전적으로 반영한다.

### 3. 운영 계획
가. 주제: '아름다운 나눔'-나비기금 모금활동

나. 대상: 2학년 10개반 288명

다. 세부 활동 계획

| 일시 | 2015년 7월 20일 월요일 4~5교시 |
|---|---|
| 장소 | 장곡중학교 2학년 교실, 중앙현관, 농구장, 등나무 그늘 등 장곡중 각 지역 |

| | 임장 지도 | 수업 내용 |
|---|---|---|
| 4교시 | 담임교사 | 학급별 바자회 → '나비기금' 모금 부스 제작<br>점심식사: 12시 10분부터 마치고 바자회 시작 |
| 점심시간 | 담임교사, 교과담당 교사 | 1, 3학년 대상 바자회 모금 활동(장곡중 곳곳에서) |
| 5교시 | 교과담당 교사 | 2학년 대상 바자회 모금활동 이후 뒷정리 |

## 4. 반별 부스 진행

| 부스 주제 | 운영 반 | 장소 | 세부 내용 |
|---|---|---|---|
| 음악이 있는 카페<br>(2개반) | 3반, 5반,<br>학부모 봉사단 | 농구장 | 아이스티, 바나나 초코 아이스크림,<br>팝콘 등 |
| 교사 애장품<br>판매 부스 | 6반 | 중앙현관 | 전교 교사 대상 애장품을 기증받아 판매 |
| 여성인권 박물관<br>판매 부스 | 1반 | 중앙현관 | 희망나비, 노트, 연필, 클리어파일 등 |
| 농구 | 4반 | 농구장 | 농구 슛을 이용한 기부 활동 |
| 나눔 장터 | 2반,<br>학부모 봉사단 | 중앙현관 | 전체 2학년 학생들 물품을 기증받아 판매 |
| 체험 카페 | 7, 8반 | 농구장에서<br>등나무 통로 | 1) 팔찌 등 공예품 만들기 체험<br>2) 손수건에 패턴 찍기 체험 |
| 복불복 카페 | 9, 10반 | 구령대<br>등나무 쪽 | 추억의 뽑기 놀이를 이용한 물품 판매 |

농구 슛을 이용한 기부

나눔 장터

교사 애장품 판매 부스

1학년 학생들이 수확한 감자 판매

학부모 봉사단

판매 수익금을 할머님께 전달하는 학생들

## 3장 마을의 삶을 찾아가는 여행

마을교육과정: 학교와 지역사회를 기반으로 하는 학습생태계 안에서
학생들이 타자와의 상호작용, 관계, 맥락적 경험 등을 통해 주도적으로 배우고,
앎과 삶을 통합하여 배움을 실천하는 교육과정
— 조윤정 외, 〈학습생태계 확장을 위한 마을교육과정의 개념과 실천 방안〉
(경기도교육연구원) 중에서

17년째 살고 있는 집에서 가장 가까운 중학교로 옮기고 나서 2015 개정 교육과정이 처음 적용되는 1학년을 맡았다. 낯선 새 교과서를 들여다보면서 이제 막 중학생이 된 이 아이들과 소통할 수 있는 게 무얼까, 혹은 이 아이들에게 국어 시간의 배움이 어떤 의미가 있을까 고민했던 것 같다.

중학교 1학년 아이들과의 수업은 즐겁기도 하지만 엉뚱한 곳으로 튕겨 나갈 때가 참 많다. 아이들에게 '마을'이라는 주제가 그다지 관심거리라고 보기 어렵다. 남학생 두 명만 모이면 머리를 맞대고 게임에 열중한다. 일상의 대화뿐 아니라 수업 시간에 모둠활동을 하면서도 자주 게임의 세계로 대화의 방향을 선회하는 경우들이 생긴다.

학교교육과정만으로는 더 이상 아이들의 미래를 이야기할 수 없다는 위기를 느끼면서 아이들이 살고 있는 마을을 들여다보기 시작했다. 그들의 삶의 공간인 마을이 어쩌면 가장 큰 배움터이자 역사이기에 같은 삶의 공간을 공유하고 있는 우리, 우리가 살고 있는 마을의 이야기를 나누어도 좋겠다 싶었다. 나 홀로 교과 내 재구성을 하면서 슬쩍슬쩍 마을 이야기를 얹어 보았다. 어쩌면 아이들의 '삶 속으로' 들어가는 길을 찾아 나

선 건지도 모르겠다.

마을과 사람. '삶은 사람과의 만남입니다.' 신영복 선생님의 생의 마지막 메시지처럼 삶은 사람이고 사람이 사는 곳이 마을이고 우리 아이들은 이 마을에서 나고 자라고 있다. 늘 삶을 만나는 수업을 꿈꿔 온 내 국어 수업의 중심에 '마을'을 둘 수밖에 없는 이유이기도 하다. 2학기 1단원에 진로 탐색과 연결된 '면담하기' 수업을 우리 마을에서 살고 있는 사람들로 잇거나 하면서 조금씩 마을 이야기를 담았던 내용을 모아 보았다. '마을'을 주제로 한 교과 내 재구성이라고 하면 적절할까. 중학교 1학년 아이들에게 '마을'을 통해 자기 삶을 찾아가는 길을 열어 주고 싶었다.

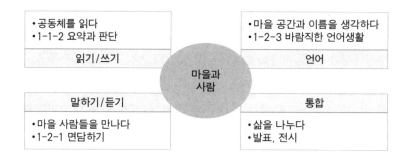

## 공동체를 읽다

| 대단원 | 1. 요약과 판단 |
|---|---|
| 소단원 | (1) 요약하며 읽기 |
| 성취기준 | [9국02-03] 읽기 목적이나 글의 특성을 고려하여 글 내용을 요약한다. |

1. 수업을 고민하며

마을의 기본은 공동체 문화로부터 출발한다. 소위 아파트 문화와 스마트폰 세대인 우리 아이들에게 공동체를 어떻게 이야기할까 막막했다. 그래서 읽기로 했다.

2015 개정 교육과정에서 제시하는 국어과 교과역량을 살펴보면 '실제적인 삶의 맥락에서 학습자 간 상호 협력을 통해 문제를 해결하는 학습 과제를 제시, 학습자가 과제를 해결하는 과정에서 교과 역량을 함양하도록 교수·학습을 운용'하라고 되어 있다. '실제적인 삶의 맥락'과 '상호 협력을 통한 문제 해결'은 국어 교사로서 늘 내 수업에서 꿈꾸는 그림판이다. '생각열기-학습활동-삶 속으로'가 내 수업의 기본 디자인이기도 하다.

이 단원의 기본 목표는 글을 요약하며 읽는 능력을 길러 주기 위한 것이다. 핵심 내용을 간추려 이해하는 능력은 현대 사회를 살아가는 데 매우 중요하다. 해서 일상의 삶에서 넘쳐 나는 수많은 정보 속에서 읽기 목적이나 글의 특성을 고려해 다양한 글을 요약하며 읽는 것.

이러한 활동을 바탕으로 결국 우리 아이들이 일상생활 속에서 자기 자신에게 필요한 자료나 정보들을 정확하게 얻을 힘을 키울 수 있고, 또한 삶을 살아가면서 일어나는 다양한 문제들을 직면했을 때 스스로 해결해 낼 역량을 키울 수 있으리라 믿었다. 이 수업의 바탕 또한 아이들과 더불어 아이들이 살고 있는 이곳, 마을의 삶을 찾아가는 여행으로 밑그림을 그렸다. 요약하며 읽기 자료를 '공동체'로 제시하여 마을 이야기를 풀어도 좋을 것 같았다.

## 2. 요약의 기초를 다지다

늘 그렇듯이 '요약이 뭘까', '요약이 왜 필요할까'라는 질문으로 수업의 시작을 열었다. 교과서 속 텍스트를 바탕으로 요약하는 연습을 했다. 어떻게 요약하는지 방법도 배웠다. 이 수업을 시작하면서 아이들에게 던졌던 질문을 나에게도 던졌다. 너, 왜 요약하니? 꼭 요약을 해야 하니?

요약의 바탕은 '읽기'이다. 뭔가를 읽거나 보거나 경험해야 요약이라는 활동이 수반된다. 결국 '읽는다는 것'이 중요했다. 이야기 글, 설명이나 주장이 담긴 글 등 다양한 글을 읽고 그 글의 목적이나 특징에 맞게 내용을 요약하고 중심 내용을 간추릴 수 있도록 기초 작업이 필요했다. 교과서 텍스트를 중심으로 요약하는 방법-선택, 삭제, 일반화, 재구성 등-을 배우고 정리하는 활동을 하면서 몇 번의 반복적인 활동이 갖는 힘을 다시 한번 느낄 수 있었다. 처음에 문단과 문장도 구분하지 못하던 아이들이 조금씩 중심 문장을 찾아 밑줄을 긋고 더듬더듬 자신의 언어로 재구성하여 주제를 찾아 말할 때, 모둠별로 머리를 맞대고 중심 문장을 찾아 헤매면서 토닥거릴 때, 정답이 없는 국어 수업에서 정해진 답만을 찾던 아이들의 눈빛이 조금씩 여유로워짐을 느낄 때 나도 함께 성장하는 경험을 할 수 있었다.

### 3. 요약하며 삶을 만나다

교과서 속에 담긴 설명문 하나와 짧은 논설문 외에 좀 더 다양한 글을 만나게 해 주고 싶었다. 좀 어려우면서도 이 아이들이 살아갈 삶에 뭔가 소중한 씨앗 하나를 던져 줄 수 있기를 바라며 두 개의 글을 골랐다. 설명문 「내 이름은 공동체입니다」,<sup>장성익, 풀빛, 2015</sup> 칼럼 「앉을 권리」.<sup>손아람, 한겨레신문,</sup> <sup>2017. 11. 1</sup> 글을 읽고 요약한다는 것은 결국 내 삶을 바라보는 또 하나의 시선을 갖는 것이다. 짧은 글이든 긴 글이든 뉴스든 드라마든 누군가의 이야기든 무수히 만나는 삶의 이야기들은

넘쳐 나고 그 속에서 우리는 우리의 삶을 재구성하고 짜깁고 선택하면서 살아가기에 어떤 글 한 편을 만나는가의 문제는 중요할 수밖에 없다.

특히나 글 읽기를 별로 좋아하지 않는 스마트폰 세대의 이 아이들이 만나야 할 글이 내게는 무척 중요했다. 공동체를 꿈꾸는 삶과 당연한 것에 대한 문제 제기를

통한 아이들의 눈높이를 높일 수 있는 텍스트를 고르고 골랐다. 다음은 그 수업 활동지 내용이다.

| 활동명 | | 다양한 글 읽고 요약하기 |
| --- | --- | --- |
| 주제 | | 다양한 글을 읽고 목적과 특성에 맞게 요약할 수 있다. |
| 수업의<br>흐름 | 1차시 | □ 설명하는 글-「내 이름은 공동체입니다」<br>• '공동체'에 대해 자유롭게 말하기<br>• 주어진 글을 읽고 중심 문장을 찾아보기<br>• 글의 구성 단계에 따라 각 문단별로 중심 내용 요약하기<br>• 중심 내용을 한 문장으로 요약하기<br>• 삶 속으로-'우리 마을에 어떤 공동체가 생기면 좋을까' 써 보기 |
| | 2차시 | □ 주장하는 글 읽고 요약하기-읽기 자료 칼럼 「앉을 권리」<br>• '앉을 권리'란 어떤 사람들의 입장일까?<br>• 핵심 단어 찾기<br>• 처음-중간-끝으로 요약해 보기<br>• 중심 내용을 한 문장으로 정리하기<br>• 삶 속으로-'앉아서 일할 권리'에 대한 나의 생각을 근거를 들어<br>써 보기 |

「내 이름은 공동체입니다」를 읽고 자유롭게 '공동체'가 뭘까 이야기를 나누었다. 특히 '우리 마을에 어떤 공동체가 생기면 좋을까'라는 활동에서는 각자 원하는 마을공동체를 먼저 고민하고 나서 모둠별로 공유하면서 가장 괜찮은 공동체를 선정하게 하였다. 그런 다음 모둠별로 발표한 후 투표를 해서 가장 마음에 드는 공동체를 선정하였다. 마을극장, 마을청소년쉼터, 마을무료간식매점 능 다양한 공동체가 제시되었다. 이 과정에서 아이들에게 자연스럽게 공동체라는 게 무엇인지 피드백되었으며, 우리 마을의 공동체 문화를 돌아보는 또 다른 경험을 할 수 있었다.

▶삶 속으로◀ 이 글을 읽고 우리 마을에 어떤 '공동체'가 생기면 좋을까 이야기해 보자(10문단 참고).

우리 마을의 마을학교나 행사도 공동체의 한 종류라는 것을 알게 되었다. 이 글을 통해 우리 세상에 공동체가 많다는 것을 느꼈고, 좋은 공동체가 많이 만들어져서 서로 돕고 좋은 영향을 주고받으며 살았으면 좋겠다.

　무료로 간단한 간식을 주는 매점-학교가 끝나고 배가 고플 때, 간식이 먹고 싶을 때 항상 '돈'을 내고 먹어야 하는데, 돈이 없을 때에도 먹을 수 있게 해 주는 무료 매점이 있었으면 좋겠다. 돈이 없어 집에서 먹으려 해도 학원 시간 때문에 못 먹는 경우가 종종 있기 때문이다. 이런 '무료 매점'이 생긴다면 학생들이 조금 더 기운 낼 수 있지 않을까 싶다. 다만, 한 사람당 먹을 수 있는 간식량이 제한되어야 할 것이다. 안 그러면 매점의 간식들이 바로 없어질(?) 수 있기 때문이다.

　신문 칼럼 「앉아서 일할 권리」를 읽고 요약하는 일이 쉽지 않았다. 글이 어려웠고 모르는 단어도 많아 힘들게 읽어야 했다. 필리버스터, 입법 해적질, 관례적 비용, 산업안전보건법, 바 스툴… 전체 글의 흐름 속에서 작가가 무엇을 말하고 있는지 요약해 보는 활동이어서 살짝살짝 아이들이 질문하면 아이들에게 되려 그 질문을 던졌다. 필리버스터는 뉴스를 본 아이들이 이야기를 해 주었고, 한자 풀이도 했다. 특히 '바 스툴'은 직접 그림으로 보여 주었더니 '아하~', '알아요!' 하는 아이들이 많았다. 그 와중에도 아이들은 일상생활에서 만났던 편의점, 패스트푸드점에서 일하던 직원들이 왜 늘 서 있는가에 대해 아무런 고민이 없었던지라 많이 놀라워했다.

　그리고 고민하기 시작했다. 우리 마을에 있는 패스트푸드점에서, 혹은 우리 옆집 언니가 아르바이트를 하는데 그냥 늘 보던 풍경이라 당연하게 생각하고 살아왔던 삶의 모습이 노동과 인권이라는 관점에서 얼마나 문제가 많은지 이해하는 과정이 이 수업의 가장 큰 의미였다. 다음은 그 읽기 자료이다.

## 앉을 권리

작가들은 엉덩이로 일하고 걸으면서 쉰다고 한다. 사무직도 대개 앉아서 일한다. 건강에 좋다며 의자 없는 사무실 열풍이 불었던 적도 있다. 저지방 요구르트를 찾는 대식가처럼 배부른 소리다. 서 있는 건 괴롭다. 필리버스터를 서서 해야 하는 이유다. 국제적인 의회 규범이다. 앉을 수 있다면 누구든지 하루 종일 시간을 질질 끌 수 있다. '입법 해적질'을 벌일 만큼 보호가 절실한 가치를 증명하기 위해 지불하는 관례적 비용인 셈이다. 그 정도 비용이 아깝다면 그 정도 가치가 아닌 것이다.

발언대 뒤에서 앉을 권한은 의장에게만 주어진다. 그래서 '체어맨'이라고 부른다. 국내 최장 필리버스터 기록은 테러방지법을 저지하려던 이종걸 의원이 세웠다. 울먹거리는 목소리로 말을 마친 뒤 그는 의자를 향해 비틀비틀 걸어갔다. 12시간 31분! 벅찬 감동을 느꼈을 것이다. 패스트푸드점 아르바이트생들이 매일 느낀다는 그 기분 만이다. 학생들은 패스트푸드점 아르바이트를 질색한다.

내 또래는 차라리 이삿짐을 나르거나 막노동을 뛰었다. 지구상에 존재하는 모든 시급직을 경험한 듯한 내 친구는 창문과 에어컨 없는 사무실에서 열사병에 걸리고, 하루 종일 전화를 돌리다 손가락에 물집이 잡히고, 고장 난 전동셔터 버튼을 누른 마지막 사람이란 이유로 넉 달치 봉급을 차압당하기도 했지만, 여전히 가장 힘들었던 직장으로 서서 일했던 패스트푸드점을 꼽는다. 일주일을 못 버티고 '앉는 알바'를 검색해 만화방으로 옮겼다. 같이 시작했던 아르바이트생과 함께. 과거엔 첫 주 봉급이 없는 패스트푸드점이 많았다. 들를 때마다 아르바이트생이 바뀐다. 백화점 명품관 직원들은 구두까지 신고 서 있다. 휴게실 바닥에 골판지를 깔고 누워 쉰다는 경험담을 들은 적이 있다. 항공기 승무원들은 하늘에서도 서 있다. 오직 승객과 대화할 때만 한쪽 무릎을 바닥에 꿇고 앉는다. 일단 대화가 시작되면 접대의 규칙이 바뀌어 눈높이를 손님보다 낮게 돼야 한다.

스웨덴 가구 매장 이케아의 계산대에서 너무 쉬운 해답을 찾았다. 바 스툴. 완벽한 발명품이었다. 다리가 네 개 달렸고 상판은 편평한 60센티미터 높이의 물건. 그 발명품의 이름이 바 스툴인 이유는 길쭉한 판자를 뜻하는 '바'가 있는 곳을 어디든 따라다니는 의자라서다. 그것이 존재하는 이유는 없는 것보다 편하기 때문이다. 이케아의 계산대 직원들은 거기 앉아서 일한다. 일을 하는 더 편리한 방법을 권장하는 영리한 사람들이 사는 나라의 문화다. 더 영리해서 더 선진국이 될 수 있었다. 산업안전보건법은 노동자의 신체적 피로를 줄일 수 있는 환경 조성을 사업자의 의무로, 그 시책 마련을 국가의 의무로 규정한다. 근로기준법은 노동환경 기준이 산업안전보건법의 규정을 따르도록 명시하고 있다.

정부는 모든 사업자가 노동자 수대로 의자를 구비토록 하고 거기 앉아서 일할 권리를 보장하는 시책을 마련해야 한다. 부득이하게 앉아서 일할 수 없는 직종에는 적어도 두 시간마다 앉아서 휴식할 권리를 보장해야 한다. 반대할 명분이 있는가? 필리버스터로 증명해 보라.

〈한겨레신문〉, 2017-11-01

이 글을 요약하기 과정에 따라 간략하게 요약한 후 「삶 속으로」에 제시된 글쓰기를 하였다. 글 읽는 것도 글 쓰는 것도 별로 좋아하지 않는 중학교 1학년 아이들에게 매시간 주어지는 수업 활동지는 고역일 것이었다. 그럼에도 불구하고 끊임없이 쓰게 하였다. 다만 욕심부리지 않았다. 자유롭게 자신들이 느끼고 생각한 것들을 풀어낼 수 있었으면, 글쓰기를 귀찮

아하지 않았으면 하는 국어 교사의 바람은 '한 줄 정도, 혹은 세 줄 이상 써 보렴', '네 의견을 쓰고 근거를 꼭 제시해 보렴' 정도였다.

아이들은 먼저 모둠별로 자신이 쓴 글을 바탕으로 이야기를 나누었는데 그 풍경이 참 재미있었다. 자신의 미래라고 별로 생각해 보지 않았던 패스트푸드점 직원들의 삶을 도덕 시간에 배운 전태일 이야기까지 연결망을 펼치는 생각들을 나누면서 고개를 끄덕거리는 아이도 있고, 점점 이마가 깊어지는 아이도 보였다.

아이들이 쓴 글을 모둠별로, 혹은 전체적으로 공유했다. 앉아서 일할 권리가 무엇인지, 왜 필요한지 조금씩 이해해 가는 모습들을 통해 다시 한번 어려운 텍스트라 할지라도 아이들에겐 얼마든지 풀어낼 힘이 있음을 확인하는 순간이었다.

▶삶 속으로◀ 이 글을 읽고 '앉아서 일할 권리'에 대한 나의 생각을 근거를 들어 써 보자.

내 생각에 '앉아서 일할 권리'는 꼭 필요한 권리 같다. 아무리 돈을 받더라도 장시간 서서 일하는 것은 매우 힘들기 때문이다.

내가 일할 때는 스웨덴처럼 노동자의 권리가 보장되는 노동환경이 되었으면 좋겠다. 전태일이 노동자의 권리를 보장해 달라고 투쟁하던 때에 비해서 별로 나아진 게 많이 없는 것 같다. 사람들이 알바라고 무시하지 말고 노동자이니까 그에 맞는 대우를 해 주었으면 좋겠다.

## 4. 수업 활동지 예시

공동체를 읽다 (중학교 1학년 국어) 활동지      요약하며 읽기

| 읽기 1 | 단원 | 2. 요약과 판단 (1) 요약하며 읽기 |
| | 주제 | 설명하는 글을 읽고 요약하기 |

[생각열기] '공동체' 하면 떠오르는 것들을 자유롭게 말해 보자.

[학습활동] 주어진 한 편의 글을 읽고 글의 내용을 요약해 보자. → 「내 이름은 공동체입니다」

1. 글을 읽으면서 각 문단별로 중심 문장을 찾아 밑줄을 긋거나 핵심 단어를 표시해 보자.

2. 1번 활동을 바탕으로 다음과 같이 중심 내용을 찾아 정리해 보자.

| 구분 | 문단 | 중심 내용 |
|---|---|---|
| 처음 | | |
| 중간 | | |
| 끝 | | |

3. 2번 활동을 바탕으로 글 전체를 짧게 요약해 보자.

4. 모둠 친구들과 요약한 글을 돌려 보면서 내가 요약한 글과 비교해 보자(내가 요약한 글에 보완이 필요한 경우 다른 색깔 펜으로 보완해 보자).

[삶 속으로] 이 글을 읽고 우리 마을에 어떤 '공동체'가 생기면 좋을까 이야기해 보자(10문단 참고).

| 읽기 2 | 단원 | 2. 요약과 판단 (1) 요약하며 읽기 |
| | 주제 | 설명하는 글을 읽고 요약하기 |

[생각열기] '앉을 권리'란 뭘까? 어떤 사람들의 입장일까?

[학습활동] 〈읽기 자료 2-신문 칼럼〉을 핵심 단어나 중심 문장을 찾아 밑줄을 그으며 읽어 보자.

1. 글을 읽으면서 찾은 핵심 단어나 중심 문장을 옮겨 적어 보자.

2. 1번 활동을 바탕으로 글 전체를 아래와 같이 요약해 보자.

| 문단 | 중심 내용 |
|---|---|
| 1문단 | |
| 2문단 | |
| 3문단 | |
| 4문단 | |

3. 2번 활동을 바탕으로 이 글에서 주장하는 바를 찾아 한 문장으로 정리해 보자.

[삶 속으로] 이 글을 읽고 '앉아서 일할 권리'에 대한 나의 생각을 근거를 들어 써 보자.

# 마을 공간과 이름을 생각하다

| 대단원 | 3. 바람직한 언어생활 |
|--------|---------------------|
| 소단원 | (1) 어휘의 체계와 양상 |
| 성취기준 | [9국04-05] 어휘의 체계와 양상을 탐구하고 활용한다. |

## 1. 나를 성장시키는 마을의 공간을 찾아서

'구라'가 표준어라고 우기는 아이들 틈에서 당황했던 날들이 있었다. 물론 지금도 40% 정도의 아이들은 '구라'가 우리말이라고 당당하게 말한다. 그렇게 알고 있다. 모국어의 태생적 습득만큼이나 중요해진 영어, 글로벌 인재 육성을 위해 온갖 영어 중심 교육이 화려하게 한세상을 살고 있다. 어쩌면 고유어가 더 낯선 아이들 세상에서 고유어, 한자어, 외래어, 외국어 등 우리가 쓰는 어휘들의 여러 모습을 살펴보면서 아이들이 살고 있는 마을 속 이름들을 함께 찾아보고 싶었다.

먼저 '공간'을 생각하는 시간을 갖는 게 좋을 것 같았다. 거창하게 '나를 성장시키는 마을의 공간을 찾아서'라는 주제를 달고 1차시 활동지를 만들었다. 의외로 아이들은 우리 마을의 관광 명소나 이름난 곳을 제시하였다.

## 2. 우리 마을에는 어떤 이름들이 살고 있을까

마을에는 많은 이름들이 살고 있다. 우리가 살고 있는 아파트부터 무수한 간판들이 달린 건물들, 벽들. 어휘의 체계와 양상 수업 중 고유어, 한자어, 외래어, 외국어 등을 구분하고 정리하면서 아이들의 삶의 공간인 우리 마을의 이름들을 찾아보고 구분하는 활동을 기획하였다. 이 활동은 모둠활동으로 진행했으며, 마을의 범위를 정해 주어야 했다.

먼저 우리 마을에 살고 있는 어휘들을 찾아 나섰다. 모둠별로 마을의 공간을 그려 보고 우리 마을에 살고 있는 어휘들을 찾아 통으로 쓰게 하였다. 그러고 나서 다음 표와 같이 분류하였다. 이 활동에서 아이들이 힘들어한 것은 구분이 모호한 어휘들이 많다는 점이었고, 외국어가 이렇게나 많이 있다는 사실에 놀라워했다.

| 우리 마을에 살고 있는 어휘 찾기 | ⇨ | 세 가지 어휘 체계로 구분하기 마음에 드는 어휘 고르기 | ⇨ | 바꾸고 싶은 어휘 찾아서 고쳐 보기 | ⇨ | 활동 소감 나누기 |

| 구분 | 우리 마을에 살고 있는 어휘들 | 느낌 |
|---|---|---|
| 고유어 | 한아름, 참이슬, 바른손, 나분들, 연꽃마을, 토시래, 맹꽁이책방, 콩닭콩닭, 가위소리 | 고풍스럽다, 부드럽다, 이름이 예쁘다 |
| 한자어 | 예향분식, 대우, 관곡지, 월대봉, 법륭사, 양지서점, 박재성내과 | 어렵다, 딱딱한 느낌 |
| 외국어 | 아트스토리, 파리바케트, 뚜레쥬르, 롯데리아, 커피 스토커, 토스피아, 크린토피아, 세븐일레븐 | 쓰기 힘들다, 간지 난다 |
| 섞어 쓴 것 | 청춘 핫도그, 애플김밥, 국민체육센터, K스타태권도, 초콜릿 PC방, 찰칵 스튜디오 | 구분이 힘들다 |

**마을 공간과 이름을 생각하다 (중1 국어) 활동지**　　　　　**나를 성장시키는 마을의 공간을 찾아서**

[생각열기] 지금까지 살아오면서 내가 힘들 때 생각나는 곳이나 찾아가는 곳이 있다면?

[배움나눔]

1. 우리 마을에 있는 공간들을 찾아보자.

2. 1에서 찾은 공간 중 가장 내가 좋아하거나 의미 있다고 생각하는 공간을 골라 보자. 그리고 그 이유가 뭘까 함께 생각해 보자.

| 공간 | |
|---|---|
| 이유 | |

3. 2의 공간을 다른 도시의 친구에게 소개하는 글을 쓴다면 어떤 내용을 담아야 할까?

4. 자, 내가 좋아하는 우리 마을의 공간을 다른 도시의 친구에게 소개하는 편지를 써 보자.

[삶 속으로] 친구들의 편지를 듣고 우리 마을에서 새로 발견한 공간이나 가 보고 싶은 공간은?

## 3. 내 마음에 쏙 드는 어휘 고르기, 단 고유어일 것

"야, 영어로 된 것은 안 된다고~."
"왜 안 돼? 나는 내 마음에 쏙 드는구먼. 간지 나잖아?"
"국어 샘이잖아. 국어 시간엔 우리말을 써야지."
"에그, 촌스러운 그 말이 왜 마음에 드는데?"

모둠활동 중에 나눈 대화들이다. 이 활동은 아이들에게 교사의 의도가 너무 빤히 보여서 오히려 재미있었다. 아이들의 토닥거리는 대화 속에서 교사의 수업 의도가 고스란히 잡혔으니 교사는 뒷짐 지고 아이들이 그려 가는 그림판을 보고만 있어도 되었다. 물론 "샘, 영어는 왜 안 돼요?"라고 묻는, 눈치 없는 아이들은 꼭 있기 마련이다. 교사는 대답할 필요가 없다. 왜? 아이들이 다 대답해 주니까. "야, 넌 아직도 모르니?"

다음은 우리 아이들이 찾은, 우리 마을의 예쁜 이름들이다. 왜 마음에 드는지 그 이유도 찾아보라고 했더니 아주 훌륭한 이름 평들을 남겼다.

- **콩닭콩닭** 튀긴 닭을 파는 가게 이름. 귀엽다. 참신하다, 우리말을 살려 써서 좋다, 재미있다, 두근두근한 느낌을 잘 살린 것 같다, 심장이 뛰는 소리를 빗대어 표현한 것이 제일 독특해서.
- **토시래** 토실토실하다, 족발집과 잘 어울리는 것 같다.
- **참이슬** 아파트 이름. 말이 예쁘다, 단어가 주는 느낌이 청아해서.
- **가위소리** 미용실. 가게 이름이 특이하고 예쁘다.
- **아낌없이 주는 나무** 나무 공예를 하는 공방 이름. 공방과 잘 어울린다, 『아낌없이 주는 나무』라는 동화책이 떠올라 낯익고 신선하다, 아낌없이 준다는 게 마음에 들었다.
- **은가비 어린이집** '은가비' 뜻은 잘 모르지만 낱말 자체가 예뻐서 어

린이집이랑 잘 어울리는 것 같다, '은은한 가운데 빛을 바라다'라는 의미를 가지고 있는데 말의 어감이 예쁘고 어린이집의 따뜻한 분위기가 풍긴다.
- 커피 하루 '하루'라는 단어는 정겨운 느낌이 나고 '커피'라는 단어가 친근해서 두 단어를 섞은 것이 좋다.
- 연꽃마을 '연성'이라는 한자를 풀어 쓰면 연꽃마을이라는 뜻이란다, 멋있고 또한 연꽃은 내가 좋아하는 꽃이어서, 연꽃이 이쁘고 마음을 편하게 해 주는 단어인 것 같다, '마을'이라는 단어에 같이 살아가는 공동체로 따뜻한 느낌이 나서 좋은 것 같다.
- 한아름 마트와 잘 어울리는 느낌이 들어서
- 바른손 문구점 이름. 뭔가 따뜻한 느낌이 든다, '바른 손'이라니 굉장히 올곧고 올바른 말 같다.

4. 바꾸고 싶은 어휘, 고유어로 바꿀 것

모둠별로 바꾸고 싶은 어휘를 하나 골라 가장 잘 어울리는 우리말로 바꾸는 활동을 하였다.

| 원래 이름 | | 바꾼 이름 |
|---|---|---|
| 애플 김밥 | ⇨ | 아삭 김밥 |
| 커피 스토커 | ⇨ | 커피 콩바라기 |
| DC마트 | ⇨ | 잡동사니 가게 |
| 아트 스토리 | ⇨ | 미술 이야기 |
| 아파트 | ⇨ | 오순도순집, 어울림집 |
| 국민체육센터 | ⇨ | 어울림 운동마당 |
| 초콜릿 PC방 | ⇨ | 달콤한 오락실 |
| 참이슬 북카페 | ⇨ | 참이슬 책마루 |
| 치킨 매니아 | ⇨ | 튀긴 닭고기를 좋아하는 사람들 |

모둠별로 전체적으로 공유한 후에 우리 반 최고의 이름을 선정하였다.

모둠별로 칠판에 원래 이름과 바꾼 이름을 적게 한 다음 그 이유를 설명하게 하였다. 이어서 공개 투표를 실시한 결과 아이들이 뽑은 이름들이다.

| 원래 이름 | | 바꾼 이름 | 선정 이유 |
|---|---|---|---|
| 초콜릿 PC방 | ⇨ | 달콤한 오락실 | 달콤한 오락실이라니! 매력 있고 끌린다. 왠지가 보고 싶다. |
| 참이슬 북카페 | ⇨ | 참이슬 책마루 | '카페'라는 외래어보다는 옛날에 차를 마시던 '마루'라는 이름이 더 생생해서. 책이랑 마루를 붙인 것이 기발하다. 전통 가옥에서 책 읽던 공간인 마루를 이용해 북카페를 책마루로 바꾼 것이 정말 참신하다. 발음도 귀엽다. |
| 치킨 매니아 | ⇨ | 튀긴 닭고기를 좋아하는 사람들 | 이름이 길지만 매력적이다 |

5. 소감 나누기, 우리 마을에 이런 이름들이?

이 활동을 마무리하면서 문득 우리 아이들이 고유어에 대한 생각이 조금은 변화했다는 느낌이 왔다. 무조건 촌스럽다, 구시대적이라는 편견을 스스로 깨고 있음을 알 수 있었다. 그리고 적어도 우리 아이들이 집으로 돌아가는 길에 마을에 걸린 간판을, 어느 공간의 이름표를 몇 번을 쳐다보면서 오늘 국어 수업을 되새김질할 것이라는 확신이 들었다.

▶삶 속으로◀  우리 마을에 살고 있는 어휘들을 함께 배우면서 느낀 점을 구체적으로 써 보자.

• 마을에는 정말 다양한 어휘들이 공존하며 어울리고 있다는 사실을 알았다. 조금 더 고유어가 우리 마을에 많이 들어왔으면 좋겠다는 생각을 하였다.
• 우리 마을 속에 수많은 단어가 있다는 것을 알게 되었다. 우리 마을에 있는 외래어 이름들을 우리말로 바꾸는 활동이 재미있었다.
• 이렇게 많은 어휘들이 우리 마을에 살고 있는지 몰랐다. 생각했던

것보다 훨씬 더 많은 외국어 간판들에 놀랐다.

- 우리 마을에는 고유어보다 다른 어휘들이 더 많이 있는 걸 알게 되었다.

- 고유어가 훨씬 매력이 있다. 우리 마을에 고유어를 더 살리는 가게들이 많아졌으면 좋겠다. 그런 가게들을 사람들이 자주 애용했으면 좋겠다.

- 우리 마을에 살고 있는 어휘들에 대해 잘 알게 되었다. 그리고 각 모둠들이 생각보다 어휘를 잘 바꾸어 발표하여 재미있었다. 평소에 관심이 없었는데 자세하게 찾아보고 알아보니까 신기하고 좋았다.

- 우리 마을에 무슨 가게가 있는지 잘 몰랐는데 이번 시간을 통해 좀 알게 되었다. 우리 마을을 엄청 자세하게 알아본 것 같다.

- 외래어를 고유어로 바꾸어 쓰려니까 딱히 대체할 단어를 찾지 못해서 어려웠다. 그럼에도 불구하고 창의적이면서도 재미있게 바꾸려고 노력했더니 외래어보다는 우리 고유어가 훨씬 더 낫다는 생각이 들었다.

- 우리 마을의 이름을 조사하면서 생각보다 외국어나 외래어가 많아서 놀랐다. 그리고 의외로 어휘를 바꾸는 것도 상당히 어려웠다. 그만큼 우리가 외래어와 외국어를 많이 쓴다는 뜻이니 고유어를 자주 쓰도록 노력해야겠다.

- 생각보다 우리 마을에는 한자어나 외국어가 많이 살고 있어서 안타까웠다. 우리 고유어로 바꾸는 활동을 해 보니 그렇게 어렵지는 않았고, 바꾼 말들이 더 정겹고 예뻤다. 작은 노력만 있으면 되는데… 마을의 이름들을 고유어로 바꾸자는 건의를 해도 좋을 것 같다. 그리고 우리말을 아끼는 노력이 중요할 것 같다.

- 우리 마을에 살고 있는 예쁘고 아름다운 어휘들을 되짚어 보면서

몰랐던 말들을 알 수 있게 되어 기뻤다. 순우리말을 찾아보면서 마음이 따뜻해지는 것 같았다.

## 6. 수업 활동지 예시

| 마을 공간과 이름을 생각하다 (중학교 1학년 국어) 활동지 2 | 우리 마을에 살고 있는 이름들 |

1. 우리 마을에는 어떤 이름들, 어떤 어휘들이 살고 있을까? 모둠별로 자유롭게 찾아 써 보자.

2. 위에서 찾은 이름들을 다음 세 가지 어휘 체계로 구분해 보자.

| 구분 | 우리 마을에 살고 있는 어휘들 | 느낌 |
|---|---|---|
| 고유어 | | |
| 한자어 | | |
| 외래어 | | |
| 외국어 | | |
| 섞어 쓴 것 | | |

3. 가장 마음에 드는 어휘를 찾아보고, 그 이유도 써 보자.

| 가장 마음에 드는 어휘 | 이유 |
|---|---|
| | |

4. 모둠별로 바꾸고 싶은 어휘를 골라 고유어나 쉬운 한자어로 적절하게 바꾸어 보자.

| 바꾸고 싶은 어휘 | | 우리가 바꾼 어휘 |
|---|---|---|
| | ⇨ | |

5. 다른 모둠의 발표를 듣고 가장 마음에 드는 어휘를 골라 보고, 그 이유도 생각해 보자.

6. 우리 마을에 살고 있는 어휘들을 함께 배우면서 느낀 점을 구체적으로 써 보자.

# 마을 사람들을 만나다

| 대단원 | 1. 진로 탐색을 위한 국어 활동 |
|---|---|
| 소단원 | (2) 면담하기 |
| 성취기준 | 목적에 맞게 질문을 준비하여 면담한다. |

### 1. 면담 준비에서 면담하기까지

지금 우리들이 살고 있는 삶의 공간으로서의 마을은 무척 중요한 공간이다. 그런데 초등학교 때는 교육과정과 각종 체험활동으로 마을 속을 휘젓고 돌아다니던 아이들이 중학생이 되면 마을과 뚝 끊어지는 느낌을 지울 수 없다. 수업 속에서 마을을 다루더라도 실제 마을과 연계된 활동을 직접 수행할 기회가 별로 없다.

공동체를 읽고, 마을의 공간과 이름을 생각해 보면서 면담하기 단원을 마을과 연결 지어 보기로 했다. 아이들의 삶의 공간이 여기 마을인 것처럼 아이들이 10년, 20년 뒤에도 살고 있을, 살아갈 공간으로서 이 마을에 살고 있는 사람들을 만나는 일이 중요했다.

대부분 '면담하기'는 진로 탐색과 연결되어 직업을 찾아가는 수업이 진행된다. 여기에서 두 마리 토끼를 잡기로 했다. 우리 마을에 살고 있는, 우리 마을 사람들의 직업군을 찾아 조사하여 발표하는, 우리 마을 사람들을 찾아가는 면담하기 활동으로 말이다. 가상의 인터뷰가 담긴 교과서 내용을 배우면서 '우리 마을에 살고 있는 사람들을 찾아서'라는 주제를 바탕으로 마을 사람들과 만나는 시간을 기획한 것이다.

먼저 이 수업 기간을 한 달 정도로 잡았다. 모둠별로 면담을 하고 발표하는 것을 목표로 성취기준에 맞게 수업을 진행하였다.

면담 대상자 선정 및 질문을 준비하면서 몇 가지 기준을 제시하였다.

첫째, 우리 마을에 살고 있는 사람을 선정할 것.
둘째, 우리 마을에 직장이 있는 사람을 선정할 것.
셋째, 우리 마을과 관련된 질문을 두 가지 이상 준비할 것.

아이들이 가장 힘들어했던 부분은 아무래도 '면담 대상자 선정'이었다. 마을에 살고 있는 사람이면서 우리 마을에서 직장 생활을 하는 사람을 대상으로 하랬더니 학교 선생님들을 붙잡고 늘어지거나 속 편하게 부모님을 하겠다고 하는 것이다. "학교 선생님들은 우리 마을에 사시니?", "아니요", "부모님들은 직장이 우리 마을에 있니?", "아니요"… 우리 마을 가까운 곳에서 삶을 꾸리며 살고 있는 사람들이 아이들에겐 뜬구름 잡는 것처럼 황당했을까 싶을 정도로 답답했다.

"교문 밖에 나서면 너희들 잘 가는 분식집 있지? 분식집 운영하시는 그분들 어디 사시니?"

"우리랑 같은 동에 사시는데요. 아~ 저기 길 건너편 약국에 계시는 약사님도 우리 아파트에 살아요."

"그럼 약사님 면담하면 되겠네. 연꽃테마파크 카페에 우리 앞집에 사시는 할머니가 일하고 계셔요."

"우와~ 좋다! 우리 학원 샘은요??"

"댁이 어디신데?"

"인천이요."

"안 된다고!"

교실마다 모둠마다 면담 대상자를 정하면서 주로 이런 수준의 대화를 반복해야 했다. 면담 대상자를 자기들끼리 다섯 번이나 바꾼 모둠도 있었다.

면담 질문지에 담긴 마을과 관련된 질문들은 주로 이 마을에 언제부터 살았는지가 가장 많았다. 그다음은 우리 마을의 인상을 묻는 질문이었는데, 대체적으로 시골스러운 분위기의 자연친화적 환경이 참 좋다는 응답이 많아 아이들에게도 공감이 가는 점이 인상 깊었다. 어려운 점, 문제점을 묻는 질문도 꽤 있었는데, 불편한 대중교통이 압도적으로 많았다. 이웃 간의 정을 나눈다거나 마을 공동체적 삶의 모습이 좋다거나 등을 바랐던 것은 아니지만 질문의 내용이나 수준이 어쩔 수 없어서였을까, 도식적인 답변이 많아 아쉬움으로 남았다.

게다가 요즘 아이들은 바쁘다. 바빠도 너무 바빴다. 그 바쁜 아이들 4명이 모여 뭔가를 하는 일이 이렇게 어려울 줄 미처 몰랐다. 그래도 한 달여의 시간을 넉넉하게 마련한 것이 그나마 그 바쁜 아이들이 시간을 쪼개고 쪼개어, 맞대고 맞대어 맞춘 덕분에 겨우 발표수업을 진행할 수 있었다. 기다림의 미학. 모둠별로 다 완성할 때까지 기다려 주었더니 대충 때우려고 했는데 그럴 수가 없었던 아이들은 그 기다림만큼 자신들의 역량을 보여 주었다.

다음은 면담에 대한 이해에서부터 면담 준비하기, 면담하기 과정으로 이어지는 수업 활동지 예이다. 교과서에 담긴 실제 면담 내용은 생략하였다.

1. 면담이란?

2. 면담은 왜 할까?

3. 내가 좋아하는 스타와 면담할 기회가 생긴다면?
1) 누구와 면담하고 싶은지 떠올려 보자.
2) 면담하기 위해 준비해야 할 것은?
3) 면담할 때 질문하고 싶은 내용 세 가지를 뽑는다면?
　　① 
　　② 
　　③ 

4. 짝꿍에게 궁금한 점 세 가지를 질문으로 만들어 질문해 보자.

| 짝꿍 이름 | |
|---|---|
| 질문 1 | |
| | 답변 |
| 질문 2 | |
| | 답변 |

5. 우리 삶에서 면담이 필요한 경우를 생각해 보자.

1. 우리 모둠에서 할 면담의 목적과 대상을 정해 보자.

| 면담 주제 | 우리 마을에 살고 있는 사람들을 찾아서 |
|---|---|
| 면담 목적 | |
| 면담 대상 | |

2. 면담 대상자에게 면담을 요청하는 글을 써 보고, 만날 약속도 정해 보자.

3. 면담 목적에 맞게 다양한 질문을 만들어 보자.

4. 모둠별로 각자의 역할을 정해 보자.

| 모둠원 | 면담 시 각자의 역할 및 할 일 |
|---|---|
| | |
| | |
| | |
| | |

| 수행평가1 모둠별 면담 질문지 – 우리 마을에 살고 있는 사람들을 찾아서 |||
|---|---|---|
| 모둠원 | 1학년 (　)반 (　)모둠 이름(　　　　　　　　　　　　) ||
| 역할<br>나눔 | 면담 시 각자의 역할 및 할 일 | 담당자 |
|  | • 모둠장, 전체 활동 관리 |  |
|  | • |  |
|  | • |  |
|  | • |  |
| 면담 주제 | 우리 마을에 살고 있는 사람들을 찾아서 | 면담 목적 |
| 면담 대상자 |  | 면담 장소 |
| 선정 이유 |  ||
| 질문하기 | • 면담 열기 |  |
|  | 1. |  |
|  | 2. |  |
|  | 3. |  |
|  | 4. |  |
|  | 5. |  |
|  | 6. |  |
|  | 7. |  |
|  | 8. |  |
|  | • 면담 마무리 |  |
| 사전 자료<br>조사내용 |  ||

## 2. 발표, 나의 미래를 만나다

　면담을 하는 일 자체가 용기가 필요한 것이다. 사람을 만나는 일, 그것도 어른을 만나는 일이 얼마나 부담스러웠을까! 게다가 미리 치밀하게 준비하고 허락을 구하고 실제 면담을 진행하고 면담한 내용을 정리하여 발표하고… 그 쉽지 않은 과정과 여러 명이 마음을 모아 해내야 하는 순간순간들이 중학교 1학년 아이들에겐 충분히 힘들었을 일이다. 하지만 서툴게, 때론 아웅다웅 다투면서 한 달을 '면담'이라는 글자를 어깨에 메고 살았던 아이들은 자신들이 준비했던 면담 내용을 발표하는 시간을 통해 또 다른 배움과 성장의 순간을 나눌 수 있었다.

가장 감동적이었던 것은 한 달 내내 이 핑계, 저 핑계로 못하겠다는 말을 입에 달고 살던 아이들이 막상 몇 번씩 발표를 미루면서 기다렸더니 결국은 해내는 것이었다. 물론 냉정한 평가의 잣대가 필요했던 수업이었다면 할 수 없었을 기다림의 시간들. 학급별로 8개의 모둠이 다 발표를 할 수 있을 때 하자고 했던 약속이 우리 아이들을 가능하게 했던 열쇠였다.

발표 내용에 꼭 들어가야 할 것들을 제시했다.

| 발표 내용 | 1) 면담 대상자 소개 및 선정 이유<br>2) 면담 준비 과정<br>3) 면담 장소<br>4) 면담 질문과 내용(우리 마을 관련 질문 포함)<br>5) 면담을 마친 소감<br>6) 가능한 경우 사진 자료 추가 |
|---|---|

발표할 파워포인트 자료를 미리 받아서 1차 점검을 했다. '발표 자료로서 가치가 있나'라는 부분에서 공통적으로 가장 많이 수정했던 것은 글자 크기였다. 교실에 걸린 TV 화면을 통해 아이들이 발표하는데 '모든 아이들의 시선에 그 내용이 보이겠나'라는 점에서 재수정을 했던 모둠이 가장 많았다.

모둠별 활동의 의미가 무색하게 철저하게 업무 분담을 한 아이들에게 웃지 못할 일이 발생했다. 발표 자료가 오타투성이였던 것이다. 공교롭게도 파워포인트 제작을 맡은 아이가 맞춤법이 좀 서툴렀던 모양이다. 모둠의 다른 아이들이 한 번만 확인해 주었어도 수정했을 맞춤법이 날것으로 발표 자료로 제작된 것이었다. 4명을 불러서 확인했더니 아이들 얼굴이 빨개졌다. 물론 발표 자료를 제작한 친구를 배려하면서 어떻게 해야 할까 되물었더니 다시 수정해 오겠다고 하였다. 다음은 모둠별로 진행한 면담 발표 장면과 아이들이 만든 발표 자료이다.

# 국어 시간 ● 의류검사원을 면담하다

**국어 면담하기**
우리 마을에 살고 있는 사람들을 찾아서

**의류검사원 권○○**

연성중학교 1학년 4반 5모둠
허○○ 이○○ 박○○ 강○○

**면담 준비 질문 목록**

Q1. 의류검사원이 하는 일
Q2. 이 일을 하시게 된 계기
Q3. 이 일을 하려면 필요한 능력
Q4. 이 직업에 보람을 느낄 때
Q5. 이 직업이 힘들 때
Q6. 우리 마을에 살면서 좋은 점

---

**면담을 위한 자료 조사**

* 의류검사원이란

옷의 견본을 검사하여 실과 직물 등의 제품이 제대로 만들어졌는지 확인하는 일을 함. - 인터넷 백과사전

---

👕 **첫 번째 질문** 👕

Q. 주로 무슨 일을 하시나요?

A. 옷에 관한 품질 관리를 해요.

---

👖 **두 번째 질문** 👖

Q. 이 일을 하시게 된 계기는 무엇인가요?

A. 어릴 때부터 옷에 관심이 많았어요. 또 옷을 보면 내 마음대로 만들고 싶다는 생각이 들었어요. 감리대학교를 의상 디자인 쪽으로 가게 되면서 옷에 관한 길 배웠어요.

---

👔 **세 번째 질문** 👔

Q. 이 일을 하려면 어떤 능력을 갖추어야 할까요?

A. 능력은 여러 가지가 있는데 일단 경력이 필요할 거 같아요. 대학교에서 디자인과나 소재과 마련 과를 나와서 다양한 경력을 쌓아야 한다고 생각해요.

---

👗 **네 번째 질문** 👗

Q. 언제 이 직업에 보람을 느끼시나요?

A. 내가 직접 검수한 옷이 백화점 같은 데에 나갔을 때, 아무 말 없이 옷이 잘 팔리고 브랜드 이미지 가치가 올라갔을 때 보람을 많이 느낍니다.

---

👕 **다섯 번째 질문** 👕

Q. 힘드신 점은 무엇인가요?

A. 어렸을 때부터 좋아하는 분야의 일이고, 하고 싶은 일을 해서 그렇지 많이 힘들지는 않아요. 다만 아침 일찍 출근해서 저녁 늦게 되고 그래서 집에 오니까 가족들과 지내는 시간이 많지 않은 거... 그게 제일 힘들어요.

---

👔 **여섯 번째 질문** 👔
마지막

Q. 우리 마을에 살면서 좋은 점은 무엇이라고 생각하시나요?

A. 음~ 공기도, 경치도 정말 좋아요. 그리고 조용해서 참 좋은 거 같아요.

---

**면담을 마치고.. 각자의 소감**

허○○ : 이 직업에 대해 알고있는 게 전혀 없었는데 면담하면서 새로운 걸 알게되었고 의류검사에 대해 관심도 생겼다.

이○○ : 이런 직업도 있었구나.. 그리고 보이지 않는 곳에서 우릴 위해 수고 하시는 분이 계신다는 걸 알게 되었다.

박○○ : 어머니가 참 멋있었다.

강○○ : 면담을 준비하면서 면담이 좀 까다롭지만 많은 도움이 된다는걸 알았고, 면담을 같이 못해서 미안했다.

## 3. 평가하기, 또 다른 배움의 길잡이

교사로서 늘 의문이 드는 것 중 하나가 동료평가이다. 동료평가가 과연 얼마나 교육적 의미가 있을지는 잘 모르겠지만 지금까지 나에겐 별로 하고 싶지 않은 평가 방법 중 하나였다. 이 틀을 깰 수 있었던 것도 자유학년제여서 가능했다. 적어도 나에겐. 한 달을 넘게 준비했던 만큼 친구들의 발표를 들으면서 진지하게 객관적인 평가도 해 보고 자기 자신의 모습을 돌아볼 수 있는 계기를 갖게 하고 싶었다. 평가지가 주어져서일까, 아이들은 의외로 진지하게 발표 수업에 참여하는 모습을 보였다. 다음은 발표를 들으면서 하는 평가기준이다.

| 평가기준 | 1) 면담 목적에 맞는 질문으로 면담하였는가?<br>2) 면담 과정과 결과가 잘 드러났는가?<br>3) 발표 태도가 좋은가?(자세, 목소리 크기, 속도 등)<br>4) 보조 자료를 잘 활용하였는가? |
|---|---|

더불어 면담 대상자가 누구인지, 우수한 점과 아쉬운 점을 함께 한 줄 정도 간략하게 쓰도록 하였다. 다른 모둠의 발표를 들으면서 아이들은 충분히 자신들의 면담활동과 비교하고 분석하면서 부족했던 점을 찾아내고 잘한 점들을 칭찬하였다. 이어서 우리모둠평가에서도 각자 맡은 역할과 그 역할 수행에 대해 객관적인 평가를 하면서 자신의 배움을 만들어나갔다.

최종적으로 '면담하기 활동을 마치면서 의미 있었거나 내 삶에 도움이 되었다고 생각하는 부분'을 찾아보는 글쓰기를 하였다. 내가 이 수업에서 가장 궁금했던 부분이기도 했다.

▶삶 속으로◀ 면담하기 활동을 마치면서 의미 있었거나 내 삶에 도움이 되었다고 생각하는 부분을 찾아 써 보자.

- 일단 우리 아빠를 면담했던 게 뜻깊었다. 회사원이라는 직업에 대해서도 자세하게 알게 되었지만 내 입장에서는 아빠에 대해서도 많이 알아 간 시간이었던 것 같다.
- 우리 아파트 경비 아저씨를 면담하였다. 조금 힘든 부분이 있었지만 모둠 친구들과 함께 해결해 가면서 면담을 했던 점이 의미 있었던 것 같다. 면담 대상자를 찾아다니면서 용기를 많이 내야 했던 게 내 삶에 도움이 된 것 같다.
- 여러 모둠이 우리 마을에 살고 있는 많은 분들을 면담한 것을 보고 우리 마을에도 여러 직종에 종사하는 분들이 계시다는 것을 알았다. 또 자신들의 방법으로 마을을 지키고 있거나 발전시키기 위해 힘쓰시는 것 같다고 느꼈다.
- 면담 대상자를 정하면서 우리 마을에도 많은 직업들이 있다는 것을 더 자세하게 알게 되었다. 영어학원을 다니지만 영어학원 선생님이 어떤 생각을 하고 있고 어떻게 우리들을 가르칠까 고민하는 모습도 있다는 것을 배울 수 있는 시간이었다. 초등학교 때보다 좀 더 성숙한 질문으로 면담할 수 있어서 더욱 좋았다.
- 서점 주인을 면담하였다. 평소에는 서점에 1도 관심이 없었는데, 우리 마을에 있는 서점 주인을 면담하면서 서점에 대해 조금은 관심을 갖게 되었다. 특히 책이 무거워서 힘들다는 게 신기했다.

여기에서 아쉬웠던 점은 이 면담하기를 통해 우리 마을에 대한 인식의 변화가 일어났는지, 우리 마을에 대해 좀 더 이해하게 되었는지 확인하는 질문이 없었다. 두루뭉술하게 질문을 던졌던 만큼 접점이 많진 않았지만 적어도 이 면담하기 활동이 내 삶과 연결 짓는 그 지점이 '마을'이라는 것은 충분히 인식했던 것 같다. 내년에도 이 수업을 할 수 있다면 보완하고 싶은 부분이다. 다음은 평가지 양식이다.

**모둠별 면담 평가지**

1. 모둠별로 친구들의 발표를 잘 듣고 다음 평가기준을 바탕으로 평가표를 작성해 보자.

| 평가기준 | 1) 면담 목적에 맞는 질문으로 면담하였는가?<br>2) 면담 과정과 결과가 잘 드러났는가?<br>3) 발표 태도가 좋은가?(자세, 목소리 크기, 속도 등)<br>4) 보조 자료를 잘 활용하였는가? |
|---|---|

| 발표모둠 | 면담 대상자 | 우수한 점 | 아쉬운 점 |
|---|---|---|---|
| 1모둠 | | | |
| 2모둠 | | | |
| 3모둠 | | | |
| 4모둠 | | | |
| 5모둠 | | | |
| 6모둠 | | | |
| 7모둠 | | | |
| 8모둠 | | | |

2. 모둠원들 각자의 역할 수행 및 그 결과에 대한 평가표를 작성해 보자.

| 모둠원 | 맡은 역할 | 역할 수행에 대한 자기평가 및 상호평가 |
|---|---|---|
| | | |
| | | |
| | | |
| 나 | | |

3. 면담하기 활동을 마치면서 의미 있었거나, 내 삶에 도움이 되었다고 생각하는 부분을 찾아 써 보자.

# 4장 마을 속으로 들어간 학교

## '다품종 소량 생산'의 가치

장곡중학교는 2012학년도부터 현장체험학습을 학급별로 진행했다. 모든 학년의 모든 학급이 체험학습의 여정을 개별적으로 달리한 것이다. 현장체험학습의 일정은 학년별로 짜는 것이 가장 일반적인데, 장곡중학교는 수년간 학급별 실시를 원칙적으로 지켜 왔다.

학년별 체험학습이 마치 '패키지여행'과도 같다면, 학급별로 실시하는 체험학습은 개별 여행자가 숙소, 교통, 음식 등의 여행 일정을 스스로 계획하는 '자유여행'에 빗댈 수 있다. 이 두 여행에 각각 장단점이 있듯이, 현장체험학습도 마찬가지다. 패키지여행의 경우, 가이드가 알아서 다 챙겨 주니까 편하기도 하거니와 단체에 속해 있어서 안전하다는 장점이 있듯이, 학년별로 실시하는 현장체험학습은 학생들을 인솔해야 하는 교사들의 입장에서 보면 편해 보인다. 그러나 패키지여행은 여행자가 선택할 수 있는 선택지가 많지 않아 자유롭지 못하다는 것이 가장 큰 단점인 데 비해, 자유여행은 하나하나 일일이 계획을 세워야 하므로 번거로워 보일지언정 여행자의 자유의지가 많이 반영된다. 조금 더 과장해서 학급별 체험학습을 '다품종 소량 생산'의 시스템에 견준다면 너무 지나친 비유일까? 들어가야 하는 품이 만만치 않은 것은 사실이지만, 또 그만큼의 공들임으로 인해 가치로울 수 있다는 생각이 든다.

교사들이 신경 써야 할 것들이 상상을 초월할 정도로 많은 것이 사실이긴 하다. 사전 답사, 예상 경비 산출, 학교운영위원회 심의, 가정통신문 발송, 차량 계약, 여행자 보험, 안전 지도, 함께 갈 인솔 교사 정하기, 요양호자 챙기기, 불참자 등교 계획 세우기 등등 기본적으로 고려해야 할 사항이 만만치 않다. 그런데 학급별로 일정을 짠다면, 기본적인 준비 사항 외에도 여정의 순서 및 소요 시간, 식사의 종류와 방법뿐 아니라 여가 활동 아이템까지 모두 담임교사가 신경 써야 한다. 담임교사가 그야말로 여행 가이드 및 레크리에이션 강사 역할까지 겸하는, 이른바 만능 엔터테이너의 기질을 발휘해야 한다.

2012학년도에 학급별 현장체험학습을 처음으로 실시했을 때는 당일 출발하기 직전까지도 불만의 목소리가 많았다. 처음 실시하는 것인 만큼, 누군가의 경험으로부터 나오는 노하우가 애초에 없기에 시행착오가 많았다. 예상치도 못했던 크고 작은 어려움이 꽤 발생했다. 단적인 예를 하나 들자면, 학교가 보유한 신용카드 개수는 정해져 있는데, 모든 학년의 모든 학급이 같은 날짜에 출발하기 때문에 챙겨 갈 수 있는 카드가 모자랄 수밖에 없었다는 점을 들 수 있다. 또한 모든 반의 담임교사가 각기 다른 체험학습 장소로 사전 답사를 다녀와야 하기 때문에, 지급해야 하는 출장비가 기하급수적으로 늘어났다는 점도 문제였다.

말도 많고 탈도 많은 체험학습이었지만, 재미있는 것은 체험학습이 종료된 직후에 실시한 평가회에서는 대부분의 교사들이 내년에도 같은 방식으로 실시하기를 희망했다는 사실이다. 품이 많이 들고 신경 쓸 것이 많아 엄청나게 힘들었지만, 담임교사의 입장에서 보았을 때 실보다 득이 많다는 의견이었다.

2012학년도에는 모든 학년의 모든 학급이 개별적으로 이동했다면, 2013학년도에는 2~3개 학급이 하나의 숙소를 베이스캠프로 공유하되 체험 일정은 학급별로 달리하는 방식을 취하기도 했다. 그런가 하면 2015학년도에는 학년별 교육과정을 재구성하면서, 현장체험학습을 전후의 교육과정 속에 유기적으로 연계하려 했던 흔적을 엿볼 수 있다. 특히 2학년의 경우, 모든 학급이 전남 일대를 체험학습 장소로 정함으로써, 역사 교과를 중심으로 한 교육과정 재구성 속에 현장체험학습을 자리매김하고자 했다. 세월호 참사로 인해 체험학습 자체가 무산되어 버린 2014학년도를 제외하면, 이처럼 해마다 다른 빛깔의 양상을 보이며 이전 학년도의 활동을 수정·보완해 왔다. 이는 활동이 있을 때마다 평가회를 통해 구성원들의 의견을 수렴하여 반영하려는 노력이 있었기에 가능한 일이었다.

## 현장체험학습과 교육과정 재구성

장곡중학교의 1학년 교사들은 2015학년도 새 학기 교육과정 만들기 연수를 진행하면서, '나눔과 소통을 통해 성장하는 1학년'이라는 학년 철학을 정했다. 학년 철학은 1년 동안 활동을 진행하는 데 가장 기본적인 뿌리가 된다. 1년 동안 진행할 교과통합수업의 큰 주제를 '길은 마을로 통한다'로 정한 후 이 주제를 근간으로 하는 몇 가지의 프로젝트를 정했는데, 그중 하나가 〈마을 속으로 들어간 학교〉였다. 공동체로서의 마을이 잘 조성되어 있는 곳을 현장체험학습 장소로 정하되, 체험학습의 의미가 더 잘 살아나도록 전후의 교육과정을 통해 관련 수업을 연계해 보자는 취지에서 출발한 것이었다.

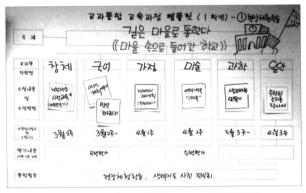

마을교육과정 템플릿 〈마을 속으로 들어간 학교〉

　〈마을 속으로 들어간 학교〉는 창체를 중심으로 하여 6개의 교과가 함께 통합수업을 진행하기로 한 프로젝트다. 창체 시간에 체험학습 사전 교육을 실시하는 것은 물론이고, 학생들과 함께 학급별 여행 계획도 세워봄으로써 학급별로 특색 있는 체험학습을 상상해 보는 시간을 가진다. 국어 시간에는 체험학습 장소에서 쓰이는 방언을 조사하고 방언의 가치를 알아보는 활동을 계획했으며, 가정 시간에는 착한 소비의 가치를 현장 체험학습과 연계해 보고자 했다. 미술 시간에는 체험학습 장소에서 사용할 워크북을 미니북 형태로 만들어 보고자 했으며, 과학 시간에는 체험학습이 종료된 후에 학교로 돌아와서 체험학습처의 생태 지도를 만드는 시간을 가지기로 했다. 그런가 하면 음악 시간에는 우리의 소리인 민요에 대해 배운 후 현장에서 이를 눈과 귀로 확인해 보는 시간을 기획했다.

　물론 이 모든 활동이 계획대로 착착 진행되지는 않았다. 우선 1학년의 창체 수업은 1장에서 밝힌 것처럼, 농사체험을 위해 블록수업으로 묶어 진행하는 경우가 많다. 따라서 주당 1시간의 창체 수업이 모든 반에 골고루 돌아가지 않는다. 한 달의 기간을 예로 들었을 때, 어떤 반은 매주 1시간의 창체 수업이 돌아오지만 어떤 반은 블록수업으로 진행하는 농사체험으로 인해 한 달 내내 1시간짜리 창체 수업이 없을 때도 있다. 그런데

5월에 진행할 현장체험학습 계획은 보통은 3~4월에 수립해야 한다. 상황이 이렇다 보니, 꼭 필요한 시기에 모든 반에서 여행 계획을 세우는 것은 사실상 불가능했다. 예측하지 못했던 상황이었다.

만약 1학년에 사회 교과가 있었다면 사회 교사에게 제안했겠지만, 불행하게도 1학년 편제표 속에는 사회 교과가 없다. 그렇다고 이 과정을 포기하고 싶지는 않았다. 방법을 궁리하다가 결국 이 활동은 국어 시간에 진행하기로 했다. 1학년 국어는 일주일에 4차시가 배정되어 다소 여유가 있었고, 당시에 국어를 담당했던 교사 두 명이 1학년 부장과 교육과정 부장이었으니 논의하기도 좋았다.

목표는 크게 잡지 않았다. 대강의 윤곽이 잡힌 체험학습 장소를 기준으로 해서, 자기들이 이동할 여행 장소를 검색해 보고 괜찮은 경로를 제안해 보라는 것이었다. 원래는 3차시 정도의 활동이면 충분하리라 생각했는데, 아이들의 요구로 인해 4차시의 활동으로 진행했다. 활동을 하려면 여행 장소에 대한 정보 검색이 필요했기에, 어떤 반은 컴퓨터실에서 진행했고 또 어떤 반은 자신의 스마트폰을 사용해서 검색하도록 했다. 이렇게 해서 산출된 모둠별 한 장씩의 여행 계획서는 체험학습 사전 답사를 가는 담임교사에게 전달되었다. 모든 모둠의 계획을 다 수렴할 수는 없었지만, 적어도 아이들의 의견에 귀 기울이는 시간이 되었던 것으로 기억한다. 현장체험학습 일정을 짜면서, 아이들은 자기들의 체험학습을 기성품보다는 수제품처럼 여겨, 그래도 조금은 귀하게 생각할 수 있지 않았을까? 실제로 수업을 진행한 후 받은 피드백 중에는, 2박 3일이라는 여행 일정 짜는 일이 이렇게 힘든 일인 줄 몰랐다고 이야기하는 학생들도 있었고, 자기들이 존중받는 것 같은 느낌을 받아 좋았다고 생각하는 아이들도 있었다.

국어 시간을 이렇게 사용했으니, 사실상 현장의 방언을 조사해 보겠다는 국어과의 계획은 진행하지 못했다. 미술 시간에 계획했던 미니북도 주당 1단위라는 미술 시수의 제약으로 인해 체험학습을 떠나는 날까지 완성하지 못했고, 따라서 담임교사가 각 반의 미니 워크북을 제작, 배포하는 것으로 계획을 변경하게 된다. 체험학습 종료 후 학교에서 실시하려 했던 과학 활동은 남은 과학 시수에 비해 진행해야 할 교과 내용이 많아 실천하지 못했다. 과학 시간에 실시하기로 했던 '생태 지도 제작'은 국어 시간의 활동으로 변경하여, '이야기가 있는 마을 지도 만들기'로 이름을 바꾸어 활동하게 된다.

혹자는 이러한 일련의 과정을 두고 비판을 할지도 모르겠다. 만약 계획했던 대로 진행하지 못한 이유를 교사에게 캐물어 추궁한다면, 입이 열 개라도 할 말이 없는 상황이었다. 그러나 계획을 좀 더 치밀하고 완벽하게 세운다고 해서 실행이 완벽했을까? 오히려 치밀한 계획을 위해 공들인 그동안의 과정에 대한 보상 심리로 인해, 상황이나 사

체험학습 워크북

람에 대한 배려 없이 맹목적으로 일을 추진하게 될 우려는 없을까? 계획대로 추진하지 못한 이유가 '고의'나 '게으름' 같은 이유가 아닐진대, 모두 그럴 수밖에 없었던 상황적 이유가 있었을 것이다. 계획이란 실행 과정으로 들어오면 생각했던 것만큼 완벽하게 적용되지 않기 때문에, 어쩌면 모든 것을 계획대로 해야 한다고 생각하는 것 자체가 강박일 수 있다. 다시 말하면, 계획 또는 매뉴얼이라는 것은 어디까지나 무엇인가를 편하게 실행하기 위해 만든 것인데, 거꾸로 실행보다 매뉴얼을 더 중요시하면 주객이 전도되어 버리는 것이다.

지금으로부터 무려 100여 년 전에 존 듀이John Dewey는 이를 두고, "가소성이라는 것이 인간을 습관의 노예로 만드는 주범이 되면서, 인간은

점차 유연성을 잃게 된다"라는 말로 표현했다. 장곡중학교의 선생님들은 존 듀이가 했던 이 말을, 현장의 반성적 실천을 통해 몸으로 깨닫는 중이다. 우리가 흔히 쉽게 말하곤 하는 '교육과정'이라는 말은 활자화된 문서를 통해 머리로 익히는 지식이나 이론이 아니다. 그것은 현장에서 실시간으로 일어나는 복잡다단한 상황을 통해 구성주의적으로 함께 만들어 나가는, 그야말로 '교육의 과정'인 것이다.

## 이야기가 있는 마을 지도

그리하여 2015학년도 1학년 현장체험학습은 학급별로 여덟 가지의 다양한 빛깔을 띠고 진행되었다. 8개의 학급 중 2~3개 학급이 같은 장소를 베이스캠프로 공유하였기 때문에, 총 세 군데의 숙소를 정했다. 각 반에는 담임교사 외에도 한 명씩의 인솔 교사가 함께했다.

활동을 모두 마치고 난 후, 앞 절에서 이야기했던 계획 변경에 따라 '이야기가 있는 마을 지도'를 만들어 보는 시간을 가졌다. 활동지에는 체험학습 장소를 표현한 지도 한 장을 넣어서 아이들에게 배부한 후, 어디까지나 '이야기가 있는' 마을 지도여야 한다는 점을 강조했다. 지도를 만들되, 2박 3일 동안 겪었던 일들을 이야기로 생생하게 풀어내면 좋겠다고 당부했다.

마을 지도를 만들면서, 아이들은 체험학습의 기억을 다시 떠올렸다. 함께 인솔하지 않은 학급의 경우에도, 그곳에서 아이들이 무엇을 하고 어떤 것을 느꼈는지 짐작할 수 있을 만큼 비교적 상세하게 풀어낸 지도가 많았다. 숙소 앞 평상에 누우면 쏟아질 듯한 별을 볼 수 있었던 밤하늘도, 그곳의 마을신문을 만드는 곳을 견학한 후 우리 마을(장곡동)의 마을신문을 떠올렸던 순간도, 반달가슴곰이 산다는 시원한 계곡에서 물장구

를 치며 놀았던 추억도, 컵라면을 먹으며 이야기꽃을 피웠던 마지막 밤의
방 한구석도…. 이 모든 사연이 아이들이 만든 지도 속에 살아 숨 쉬고
있었다. 지도를 만들면서 그때의 기억을 떠올리고 키득거리는 아이들도
있었고, 무엇이 좋았고 무엇이 안 좋았는지를 이야기하는 아이들도 있었
는데, 결과적으로는 이들 모두가 지도를 만들면서 자연스럽게 활동을 평
가하며 마무리하고 있었던 것이다.


## 회고하기-또 다른 배움으로 가는 길

현장체험학습을 모두 마치고 난 후 교사 평가회에서는 이번에도 무척
다양한 의견들이 나왔다. 선생님들 사이에서는 2반과 7반이 함께 진행한
프로그램을 1학년 프로젝트의 큰 주제 및 학년 철학에 가장 걸맞은 프로
그램으로 꼽았다. 마을 어르신들께서 이번 체험학습을 통해 아이들이 힘
들고 지칠 때 떠올릴 수 있는 외갓집 같은 느낌을 받고 가면 좋겠다는 말
씀을 해 주셨다며, 2박 3일 동안 '그 마을의 아이들'이 되어 보는 체험을
하고 온 것 같다는 것이었다.

식단도 유기농의 로컬푸드를 재료로 한 음식들이 대부분이어서, 아이
들의 건강을 생각하고 배려한 식단이었다. 그런데 새비있는 것은 바로 그
점 때문에 아이들은 많이 아쉬워했다는 것이다. 각종 SNS의 발달로 인
해, 학급별 체험학습에도 불구하고 아이들은 다른 반 친구들과 서로의
상황을 공유했다. 다른 반 친구들이 먹는 바비큐 및 고기 반찬 사진이
속속 올라오는 것을 본 2반, 7반 아이들은 먹거리로 인한 불만이 가장 많
았다. 그때 일을 떠올리며, 자기네들은 '초식 공룡'이 되는 체험을 하고 온
것 같다는 우스갯소리를 하기도 했다. 한창 성장기의 학생들이기에 입맛
에 맞는 먹을거리를 선호하는 것은 충분히 이해할 수 있다. 그러나 어르

신들 입장에서는 모처럼 마을을 방문한 아이들에게 건강한 먹거리를 제공하고 싶었을 것이고, 아이들 역시 그 마음을 모르지 않았을 것이다.

선생님 중에는 모든 일정과 준비물을 학급에서 손수 챙겨야 하는, 이러한 방식의 체험학습이 처음인 분도 있었다. 따라서 평가회 때 나온 의견 중에는 일정을 빠듯하게 세운 것 같으니 다음에는 여유 있는 계획이 필요하겠다는 의견이 많았다. 마을을 둘러보고 마을 사람들을 만난 뒤에 그 내용을 정리하는 시간이 너무 부족했다는 것이다. 이는 교사가 지나친 욕심을 버릴 때 수업 설계가 매끄러워지고 아이들이 빛을 발하며 살아나는 것과 같은 이치가 아닐까? 많이 가르친다고 해서 많이 배우는 것이 결코 아니듯이, 체험처 이곳저곳을 많이 찾아다닌다고 해서 많이 경험할 수 있는 것은 아닌 것 같다. 장곡중학교의 교사들은 체험학습을 통해서도 '생각보다 덜 필요하다'는 진리를 깨우칠 수 있었다.

2015학년도의 현장체험학습 평가회를 통해, 다음 학년도에는 학년별로 체험학습의 시기와 주제를 달리해 보자는 의견이 나왔고, 이는 실제로 2016학년도에 고스란히 반영되었다. 1학년은 신입생인 만큼 서로가 익숙하지 않은 상태의 학년 초에 수련회 형식의 체험학습을 기획하여, 서로의 관계를 부드럽게 자리매김할 기회를 갖자는 것. 그에 비해 2학년은 교과 통합수업이 가장 활발하게 이루어지고 있는 학년인 만큼, 기존의 방식대로 5월에 통합수업의 주제에 가장 걸맞은 장소로 체험학습을 다녀오자는 것. 3학년은 고입 일정이 모두 끝나는 12월에 졸업여행 형식의 체험학습을 기획해 보자는 것이었다.

물론 학년별로 시기와 주제를 달리해 본 결과 또 다른 의견과 피드백이 있었지만, 그 역시 구성원들의 의견을 반영하여 더 나은 발전 방향을 탐색하고자 하는 노력이었기에, 그 모든 과정 하나하나가 소중했던 순간들로 기억되고 있다.

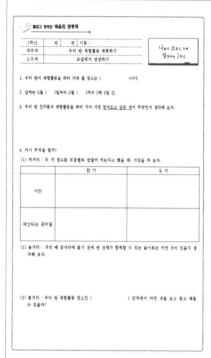

## 즐겁고 행복한 배움의 공동체

| 1학년 | 반　　　번　　　이름 | |
|---|---|---|
| 내주제 | 우리 반 체험활동 계획하기 | 나눔과 소통을 통해 |
| 소주제 | 지금까지의 활동 돌아보기 | 성장하는 1학년 |

1. 국어 시간에 '우리 반 체험활동'을 계획하면서 했던 활동들을 정리해 보자.

2. 계획을 세우는 과정에서 우리 모둠이 가장 잘했다고 생각하는 것은? 그 이유는?

3. 체험활동을 떠나기 전에 더 생각해야 할 것으로 어떤 것들이 있을까?

4. 여행 계획을 세우는 과정에서 가장 중요한 것, 또는 가장 어려운 것은 무엇이었나?

## 지리산 원천마을 — 1학년 2반

| 날짜 | 시간 | 일정 | 기타 |
|---|---|---|---|
| 5/13 (수) | 09:00~12:00 | 장곡중~휴게소 | 각자 사 먹기 |
| | 12:00~13:00 | 휴게소에서 점심식사 | |
| | 14:00~19:00 | 실상사와 마을 공간 탐방 (2팀으로 나누어) 실상사→느티나무 매장(빵아재)→나눔꽃(한생명)→고등대안학교. 언니네→새벽이네 공방→김울샘 목기전시관→동네부엌→꼼지락공방→지리산공작소 자람. 산내마을신문→문화공간 토닥 | |
| | 19:00~20:00 | 동네 아주머니들과 함께 맛난 저녁 | |
| | 20:00~21:00 | 숙소 도착. 방 배정 및 짐 풀기 | |
| | 21:00~22:00 | 가족들에게 편지 쓰기 및 소감 나누기 | |
| | 22:00~ | 세면 및 취침 | |
| 5/14 (목) | 07:00~8:40 | 아침밥 먹기 및 뒷정리 | 여벌옷 준비 |
| | 09:00~13:00 | 고욤차 만들기 체험 | |
| | 13:00~14:00 | 뱀사골 식당에서 점심 식사 | |
| | 14:00~18:00 | 뱀사골 생태 탐방 | |
| | 18:00~20:00 | 바비큐 파티 | |
| | 20:00~22:00 | 레크리에이션(학급 장기자랑) | |
| | 22:00~23:00 | 친교의 시간 | |
| | 23:00~ | 세면 및 취침 | |
| 5/15 (금) | 08:00~09:00 | 아침식사 | |
| | 09:00~09:30 | 숙소정리 | |
| | 10:00~12:00 | 광한루에서 미션 수행 | |
| | 12:30~13:30 | 점심식사 | |
| | 13:30~17:30 | 남원~장곡중 | |

## 지리산 원천마을 — 1학년 7반

| 날짜 | 시간 | 일정 | 기타 |
|---|---|---|---|
| 5/13 (수) | 09:00~12:00 | 장곡중~휴게소 | 각자 사먹기 |
| | 12:00~13:00 | 휴게소에서 점심식사 | |
| | 14:00~19:00 | 실상사와 마을 공간 탐방 (4팀으로 나누어) | |
| | 19:00~20:00 | 동네 아주머니들과 함께 맛난 저녁 | |
| | 20:00~21:00 | 숙소 도착. 방 배정 및 짐 풀기 | |
| | 21:00~22:00 | 가족들에게 편지 쓰기 및 소감 나누기 | |
| | 22:00~ | 세면 및 취침 | |
| 5/14 (목) | 07:00~8:40 | 아침밥 먹기 및 뒷정리 | |
| | 09:00~13:00 | 고욤차 만들기 체험 | 체험비 ₩3,000 |
| | 13:00~14:00 | 뱀사골 식당에서 점심 식사 | 식사비 ₩7,000 |
| | 14:00~18:00 | 뱀사골 생태 탐방 | |
| | 18:00~20:00 | 바비큐 파티 | |
| | 20:00~22:00 | 레크리에이션(학급 장기자랑) | |
| | 22:00~23:00 | 친교의 시간 | |
| | 23:00~ | 세면 및 취침 | |
| 5/15 (금) | 08:00~09:00 | 아침식사 | |
| | 09:00~11:00 | 숙소정리 | |
| | 11:00~12:30 | 광한루에서 미션 수행 | |
| | 12:30~13:30 | 점심식사 | 식사비 ₩6,000 |
| | 13:30~18:00 | 남원~장곡중 | |

## 완주 경천애인마을 — 1학년 4반

| 날짜 | 시간 | 일정 | 기타 |
|---|---|---|---|
| 5/13 (수) | 09:00~10:30 | 장곡중~휴게소 이동 | |
| | 10:30~11:00 | 정안 휴게소 간식 | |
| | 11:00~12:00 | 정안 휴게소 ~ 삼례읍 이동 | |
| | 12:00~13:30 | 삼례읍 비비정 마을 농가레스토랑 점심 식사 | 식사비 ₩12,000 |
| | 13:30~15:00 | 삼례 문화 예술촌 체험 | 입장료 ₩ 1,000 |
| | 15:00~16:00 | 봉동 떡매마을로 이동 및 떡 체험 | 체험비 ₩10,000 |
| | 16:00~16:30 | 완주 커뮤니티 비즈니스 센터 이동 | |
| | 16:30~17:30 | 커뮤니티 비즈니스. 로컬푸드. 협동조합 설명 | |
| | 17:30~18:30 | 숙소로 이동 및 짐 풀기 | |
| | 18:30~19:30 | 웰빙 로컬푸드 농가밥상 식사 | 식사비 ₩ 6,000 |
| | 19:30~20:30 | 자유 시간 | |
| | 20:30~23:00 | 무궁화 천문대 이동 및 천체 관측 | 입장료 ₩ 8,000 |
| | 23:00~23:30 | 숙소로 이동 | |
| | 23:30~ | 취침 | |
| 5/14 (목) | 08:00~09:00 | 웰빙 로컬푸드 농가밥상 식사 | 식사비 ₩ 6,000 |
| | 09:00~09:30 | 대승 한지마을로 이동 | |
| | 09:30~12:00 | 전통 한지 만들기 체험 | 체험비 ₩ 5,000 |
| | 12:00~12:30 | 전주 한옥마을로 이동 | |
| | 12:30~14:00 | 자유 식사 및 한옥마을 체험 | 식사비 변동 가능 |
| | 14:00~15:00 | 경기전 탐방 및 한옥마을 미션 수행 | |
| | 15:00~16:40 | 전주 벽화마을로 이동 및 산책 | |
| | 16:40~17:40 | 숙소로 이동 | |
| | 17:40~19:00 | 전주 맛집 | 식사비 ₩10,000 |
| | 19:00~20:00 | 정리 및 자유시간 | |
| | 20:00~23:00 | 레크리에이션 및 신뢰서클 | |
| | 23:00~ | 취침 | |
| 5/15 (금) | 08:00~09:00 | 웰빙 로컬푸드 농가밥상 식사 | 식사비 ₩ 6,000 |
| | 09:00~12:00 | 마이산으로 이동 및 산책 | |
| | 12:00~13:00 | 비빔밥 점심식사 | 식사비 ₩ 8,000 |
| | 13:00~ | 장곡중학교로 이동 | |

## 완주 경천애인마을 — 1학년 5반

| 날짜 | 시간 | 일정 | 기타 |
|---|---|---|---|
| 5/13 (수) | 9:00~11:30 | 장곡중~휴게소 | 도시락 및 각자 식사 |
| | 11:30~12:00 | 휴게소에서 점심식사 | |
| | 12:00~13:00 | 대승한지마을로 이동 | |
| | 13:00~14:30 | 대승한지마을 한지공예 체험 | 체험비 ₩5,000 |
| | 14:30~16:00 | 마더쿠키 빵만들기 체험 | 체험비 ₩10,000 |
| | 16:00~17:00 | 지역경제순환센터 견학 | |
| | 17:00~18:30 | 농가레스토랑 '비비정' 식사 | 식사비 ₩9,000 |
| | 18:30~19:00 | 경천농촌학교(숙소)로 이동 | |
| | 19:00~20:00 | 자유시간 | |
| | 20:00~22:00 | 신뢰서클 및 다음 일정 안내 | |
| | 22:00~ | 취침 | |
| 5/14 (목) | 08:00~09:00 | 기상 및 아침식사(숙소) | 식사비 ₩6,000 |
| | 09:00~09:30 | 편백나무숲 이동 | |
| | 09:30~11:00 | 편백나무숲 견학 | |
| | 11:00~12:00 | 전주 한옥마을로 이동 | |
| | 12:00~13:00 | 전주 자유식사 | |
| | 13:00~15:00 | 전주 한옥마을 견학 | |
| | 15:00~15:30 | 경천농촌학교로 이동 | |
| | 15:30~17:30 | 두부체험(경천농촌학교) | 체험료 ₩5,000 |
| | 18:00~19:30 | 요리 경연 | |
| | 20:00~22:00 | 4. 5. 6반이 함께하는 레크리에이션 | |
| | 22:00~ | 취침 | |
| 5/15 (금) | 08:00~09:00 | 기상 및 출발 준비 | |
| | 09:00~10:30 | 아침식사(숙소) | 식사비 ₩6,000 |
| | 10:30~12:30 | 대둔산 케이블카 체험 | 탑승료 ₩8,000 |
| | 12:30~13:30 | 점심식사(대둔산) | 각자 사먹기 |
| | 13:30~15:30 | 대둔산~장곡중 | |

2015학년도 1학년 현장체험학습 반별 세부 프로그램

### 완주 경천애인마을 1학년 6반

| 날짜 | 시간 | 일정 | 기타 |
|---|---|---|---|
| 5/13 (수) | 09:00~11:30 | 장곡중 ~ 익산 미륵사지 석탑 | |
| | 11:30~12:30 | 미륵사지 석탑 | |
| | 12:30~13:00 | 삼례시장으로 이동 | 도시락 및 각자 사 먹기 |
| | 13:00~14:00 | 삼례시장 견학 및 점심시간 | |
| | 14:00~16:00 | 삼례 문화 예술촌 견학 | 입장료 ₩2,000 |
| | 16:00~16:30 | 완주 마더쿠키로 이동 | |
| | 16:30~17:30 | 쌀로 만든 빵 마더쿠키 체험 | 체험비 ₩10,000 |
| | 17:30~18:30 | 완주에서 농가의 밥상으로 식사 | 각자 사 먹기 |
| | 18:30~19:00 | 삼례~완주(숙소)로 이동 | |
| | 19:00~20:00 | 숙소 배정 및 짐 정리 | |
| | 20:00~22:00 | 모둠별 야식 대결 | 재료 얻기 게임 |
| | 22:00 ~ | 취침 | |
| 5/14 (목) | 08:00~08:30 | 기상 | 식사비 ₩6,000 |
| | 08:30~09:30 | 아침식사(숙소) | |
| | 09:30~11:30 | 편백나무 숲 산책 | |
| | 11:30~12:30 | 숙소에서 전주 한옥마을로 이동 | |
| | 12:30~14:30 | 점심식사(전주비빔밥) | 식사비 ₩8,000 |
| | 14:30~15:30 | 전주 한옥마을 견학 | 자유체험을 위한 개인 여비 |
| | 15:30~16:30 | 전주에서 완주 숙소로 이동 | |
| | 16:30~17:30 | 두부 체험(경천농촌학교) | 체험비 ₩5,000 |
| | 18:00~19:30 | 저녁식사(숙소) | 식사비 ₩6,000 |
| | 20:00~22:00 | 4, 5, 6반이 함께하는 레크리에이션 | |
| | 22:00~ | 취침 | |
| 5/15 (금) | 08:00~9:00 | 기상 및 출발 준비 | |
| | 10:00~10:30 | 아침식사(숙소) | 식사비 ₩6,000 |
| | 10:30~12:30 | 대둔산 케이블카 체험 | 탑승료 ₩8,000 |
| | 12:30~13:30 | 점심식사(대둔산) | 각자 사 먹기 |
| | 13:30~15:30 | 대둔산~장곡중 | |

### 공주 한옥마을 1학년 1반

| 날짜 | 시간 | 일정 | 기타 |
|---|---|---|---|
| 5/13 (수) | 8:30~10:00 | 홍성으로 이동 | |
| | 10:00~12:00 | 거북이마을 체험 | 체험비 ₩6,000 |
| | 12:00~13:00 | 거북이마을에서 점심식사 | 식사비 ₩7,000 |
| | 13:00~14:00 | 전통예절 체험 | 체험비 ₩10,000 |
| | 14:00~16:00 | 그림이 있는 정원 산책 | 입장료 ₩4,000 |
| | 16:00~17:30 | 공주로 이동 | |
| | 17:30~18:00 | 숙소 짐 풀기, 자유시간 | |
| | 18:00~19:00 | 저녁식사 | 식사비 ₩8,000 |
| | 19:00~22:00 | 자유시간 | |
| | 22:00 | 취침 | |
| 5/14 (목) | 8:00~9:00 | 기상 및 아침식사 | 식사비 ₩7,000 |
| | 9:00~11:00 | 공주국립박물관 | 입장료 무료 |
| | 11:00~12:00 | 무령왕릉 | 입장료 무료 |
| | 12:00~13:00 | 점심식사(칼국수) | 식사비 ₩6,000 |
| | 14:00~16:30 | 석장리 박물관 | 체험비 ₩1,500 |
| | 16:30~17:30 | 한옥마을 다식 체험 | 체험비 ₩5000 |
| | 17:30~18:30 | 저녁식사 | 식사비 ₩8,000 |
| | 19:00~21:00 | 반별 장기자랑 및 레크리에이션 | 강사비 ₩100,000 |
| | 21:00~22:00 | 취침 | |
| 5/15 (금) | 8:00~9:00 | 기상 및 아침식사 | 식사비 ₩7,000 |
| | 9:00~10:00 | 궁도 체험(60분) | 체험비 ₩1,000 |
| | 10:20~11:20 | 아산으로 이동 | |
| | 11:20~12:00 | 레일바이크 타기 | 체험비 ₩4,200 |
| | 12:00~13:30 | 점심식사 | |
| | 13:30~ | 학교로 출발 | |

### 공주 한옥마을 1학년 3반

| 날짜 | 시간 | 일정 | 기타 |
|---|---|---|---|
| 5/13 (수) | 8:30~10:00 | 홍성으로 이동 | |
| | 10:00~12:00 | 거북이마을 체험 | 체험비 ₩6,000 |
| | 12:00~13:00 | 거북이마을에서 점심식사 | 식사비 ₩7,000 |
| | 13:00~14:00 | 전통예절 체험 | 체험비 ₩10,000 |
| | 14:00~16:00 | 그림이 있는 정원 산책 | 입장료 ₩4,000 |
| | 16:00~17:30 | 공주로 이동 | |
| | 17:30~18:00 | 공주 숙소 짐 풀기, 자유시간 | |
| | 18:00~19:00 | 저녁식사 | 식사비 ₩8,000 |
| | 19:00~22:00 | 자유시간 | |
| | 22:00 | 취침 | |
| 5/14 (목) | 8:00~9:00 | 기상 및 아침식사 | 식사비 ₩7,000 |
| | 9:00~11:00 | 공주국립박물관 | 입장료 무료 |
| | 11:00~12:00 | 무령왕릉 | 입장료 무료 |
| | 12:00~13:00 | 점심식사(칼국수) | 식사비 ₩6,000 |
| | 14:00~16:30 | 석장리 박물관 | 체험비 ₩1,500 |
| | 16:30~17:30 | 한옥마을 다식 체험 | 체험비 ₩5000 |
| | 17:30~18:30 | 저녁식사 | 식사비 ₩8,000 |
| | 19:00~21:00 | 반별 장기자랑 및 레크리에이션 | 강사비 ₩100,000 |
| | 21:00~22:00 | 취침 | |
| 5/15 (금) | 8:00~9:00 | 기상 및 아침식사 | 식사비 ₩7,000 |
| | 9:00~10:00 | 궁도 체험(60분) | 체험비 ₩1,000 |
| | 10:20~11:20 | 아산으로 이동 | |
| | 11:20~12:00 | 레일바이크 타기 | 체험비 ₩4,200 |
| | 12:00~13:30 | 점심식사 | |
| | 13:30~ | 학교로 출발 | |

### 공주 한옥마을 1학년 8반

| 날짜 | 시간 | 일정 | 기타 |
|---|---|---|---|
| 5/13 (수) | 8:30~10:00 | 홍성으로 이동 | |
| | 10:00~12:00 | 거북이마을 체험 | 체험비 ₩6,000 |
| | 12:00~13:00 | 거북이마을에서 점심식사 | 식사비 ₩7,000 |
| | 13:00~14:00 | 전통예절 체험 | 체험비 ₩10,000 |
| | 14:00~16:00 | 그림이 있는 정원 산책 | 입장료 ₩4,000 |
| | 16:00~17:30 | 공주로 이동 | |
| | 17:30~18:00 | 공주 숙소 짐 풀기, 자유시간 | |
| | 18:00~19:00 | 저녁식사 | 식사비 ₩8,000 |
| | 19:00~22:00 | 자유시간 | |
| | 22:00 | 취침 | |
| 5/14 (목) | 8:00~9:00 | 기상 및 아침식사 | 식사비 ₩7,000 |
| | 9:00~11:00 | 공주국립박물관 | 입장료 무료 |
| | 11:00~12:00 | 무령왕릉 | 입장료 무료 |
| | 12:00~13:00 | 점심식사(칼국수) | 식사비 ₩6,000 |
| | 14:00~16:30 | 석장리 박물관 | 체험비 ₩1,500 |
| | 16:30~17:30 | 한옥마을 다식 체험 | 체험비 ₩5000 |
| | 17:30~18:30 | 저녁식사 | 식사비 ₩8,000 |
| | 19:00~21:00 | 반별 장기자랑 및 레크리에이션 | 강사비 ₩100,000 |
| | 21:00~22:00 | 취침 | |
| 5/15 (금) | 8:00~9:00 | 기상 및 아침식사 | 식사비 ₩7,000 |
| | 9:00~10:00 | 궁도 체험(60분) | 체험비 ₩1,000 |
| | 10:20~11:20 | 아산으로 이동 | |
| | 11:20~12:00 | 레일바이크 타기 | 체험비 ₩4,200 |
| | 12:00~13:30 | 점심식사 | |
| | 13:30~ | 학교로 출발 | |

2015학년도 1학년 현장체험학습 반별 세부 프로그램

| 응급상황 | 119 | 범죄신고 | 112 |
| 학교폭력 | 117 | 일기예보 | 131 |
| 장곡중교무실 | | 070.7097.0063/0093 | |

2015학년도 1학년 2반 현장체험학습 워크북(일부)

## 세부 일정표(2) 둘째 날 5월 14일

| 시간 | 2일차 세부 활동 내용 |
|---|---|
| 07:00~08:40 | 아침밥 먹기 및 뒷정리 |
| 09:00~13:00 | 고욤차 만들기 체험 |
| 13:00~14:00 | 뱀사골 식당에서 점심 식사 |
| 14:00~18:00 | 뱀사골 생태 탐방 |
| 18:00~20:00 | 바비큐 파티 |
| 20:00~22:00 | 레크레이션 (학급 장기자랑) |
| 22:00~23:00 | 친교의 시간 |
| 23:00~ | 세면 및 취침 |

### 소감문(2) - 체험학습 2일차

9

## 알고보면 더 많이 보일걸?

8) 산내 마을 신문 산내 마을 신문은 주민들이 스스로 만들어내는 신문. 마을 사람들의 살아가는 이야기를 담아내고, 지역의 역사와 문화를 조사하여 지역민들이 알 수 있게 이야기로 풀어낸다. 고정 코너로는 [옛 마을을 찾아서] [나무가 만나 사람] [지리산 탐험대] [마을 한의사의 건강상식] [마을밖 소식] [사진으로보는 마을 이야기] 등이 있다.

9) 지리산 문화공간&카페 '토닥' 2012년 8월 설립된 공익적 비영리단체 <토닥>은 지리산 자락 작은 시골 마을에 문화와 예술의 향기와 소통과 배움의 문화를 퍼트리고, 지리산을 찾는 여행객들에게는 지리산만이 줄 수 있는 마음의 위안과 편안함을 제공하기 위해 다양한 활동을 하고 있다. "지리산에서의 즐거운 실험을 모토로 서로 나누고 협력하고 함께 배우면서 성장하는 지속가능한 모델을 만들고 이를 통해 지역 주민들과 지리산을 찾는 사람들을 위한 문화, 예술, 배움의 든든한 기반과 환경을 조성해나가고자 한다.

<광한루원>

남원의 대표적 관광지로서 <춘향전>에서 이도령과 성춘향이 인연을 맺은 곳으로 유명한 광한루가 있는 정원이다. 사적 제303호로 지정되어 있는 광한루는 조선 세종 때인 1419년 황희 정승이 건립한 것으로 원래는 광통루라 했으나 관찰사 정인지가 월궁 속에 있는 광한청허부 와 같이 아름다운 경치를 가졌다고 감탄한 이후로 광한루라 부르게 되었다. 선조 때 남원부사가 광한루 앞을 흐르는 요천에서 물을 끌어와 연못을 만들었는데 못 안에 삼신도(三神島)라는 인공 섬 3개를 만들어 한 곳에는 대나무를, 다른 한 곳에는 백일홍을 심고 나머지 한 섬에는 연정을 지었다. 이 연못은 은하수를 상징하는 것으로 견우와 직녀의 전설에 나오는 오작교도 함께 만들었다. 광한루를 중심으로 춘향사당과 춘향문, 월매집 등이 만들어져 있고 방장정, 영주각, 완월정 등 누각과 정자도 자리 잡고 있다. 매년 5월 5일 지조를 지킨 춘향을 기리는 춘향제가 이곳에서 열리며 봄, 여름, 가을에는 주말에 국악 공연이 펼쳐진다.

14

## 알고 보면 더 많이 보일걸?

<실상사>

지리산 자락이 감싸 안은 듯 평화롭고 풍요로운 고을 산내면에 천년 고찰 실상사가 있다. 천년사찰, 호국사찰로 잘 알려진 실상사는 신라 흥덕왕 3년(서기 828년) 증각대사 홍척이 당나라에 유학, 지장의 문하에서 선법을 배운 뒤 귀국했다가 정처를 찾아 2년 동안 전국의 산을 다닌 끝에 현재의 자리에 발길을 멈추고 창건했다. 증각대사의 높은 불심을 높게 기린 신라 흥덕왕이 절을 세울 수 있게 해줬고 왕은 태자선광과 함께 이 절에 귀의했다. 증각은 실상사를 창건하고 선종을 크게 일으켜 이른바 실상학파를 이루었고 그의 문하에서 제 2대가 된 수철화상과 편운스님이 가르친 수많은 제자들이 전국에 걸쳐 선풍을 일으켰다. 신라 불교의 선풍을 일으키며 번창했던 실상사는 그 이후 조선시대에 접어들면서 화재로 전소됐다가 3차례에 걸쳐 중수 복원돼 오늘에 이른다.

<마을공간투어>

1) (사)한생명은 자연과 인간의 평화롭고 조화로운 삶을 지향하며 더불어 사는 지역공동체를 만들기 위해 만들어진 산내마을 지역 단체. (사)한생명에서는 생명의 존귀함을 널리 알릴 수 있고 생태, 자립, 공동체로의 새로운 대안 가치를 찾기 위해 노력하고 있다. 특히, 남원시 산내면에 이웃과 더불어 살아가는 공동체 터전을 가꾸기 위해 교육, 의료, 주택, 문화, 생태환경 등 지역민의 삶을 질을 높이는 일에 앞장서고 있으면 더불어 사는 지역공동체를 만들고자 노력하고 있다.

2) 느티나무 매장 (사)한생명이 운영하는 로컬푸드 유기농 매장이다. 이곳에서는 인드라망 생협에서 유통되는 유기농 생산품을 지역민들이 이용하기 편하도록 작은 규모의 독립매장을 운영하고 있다. 특히 지역민들이 생산한 유기농 식품들이 지역민들에게 또 관광객들에게 판매되어 지역민들의 도움을 주고 있다.

13

## 세부 일정표(3) 셋째 날 5월 15일

| 시간 | 3일차 세부 활동 내용 |
|---|---|
| 08:00~09:00 | 아침식사 |
| 09:00~09:30 | 숙소정리 |
| 10:00~12:00 | 광한루에서 미션 수행 |
| 12:30~13:30 | 점심식사 |
| 13:30~17:30 | 남원-장곡중 |

### 소감문(3) - 체험학습 3일차

10

2015학년도 1학년 2반 현장체험학습 워크북(일부)

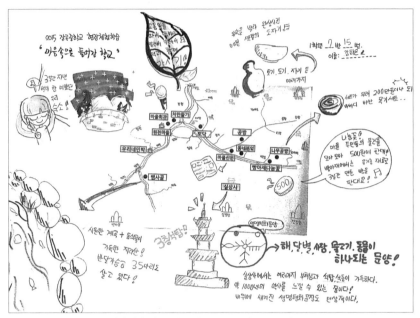

이야기가 있는 마을 지도(장곡중학교 1-7 강○○)

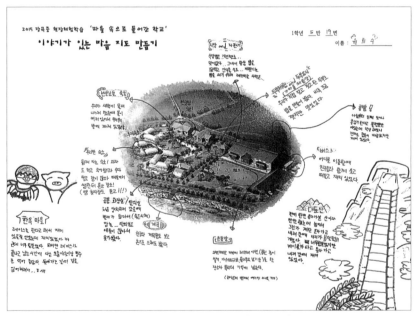

이야기가 있는 마을 지도(장곡중학교 1-5 원○○)

소래산

호조벌

연꽃테마파크

물왕저수지

길방나무

월곶포구

오이도

갯골생태공원

옥구공원

노루우물

생금집

군자봉

# 3막

## 마을과 생태

연꽃이 피는 여름이면
수런수런 이야기들이 넘치기도 하지
재 너머 벼들도 서둘러 허리춤 졸라매고
가을을 준비하다 보면
이 마을 저 마을 넝실넝실 포도송이들처럼
아이들도 따라 쑥쑥 자란다

# 1장 이타적 디자인과 공정무역, 공정한 세상을 꿈꾸다

내가 이 아이들의 나이로 살았던 시절은 개발에 떠밀려 모든 삶의 기준들이
발전과 경제 성장에 맞춰 있었다면 지금은 전혀 다른 삶의 기준을
제시할 수 있어야 한다는 게 늘 내 수업의 숙제였다.
아이들이 살아갈 미래는 예측할 수 없는 엄청난 변화의 길목에 서 있다는
불안감부터 적어도 우리 아이들이 살아가는 세상은
공동체로서 더불어 함께 살아가는 세상이었으면 하는 바람이 컸던 탓일 게다.
－본문 중에서

아이들의 삶의 공간이자 학교가 있는 마을의 생태[1]는 어떠해야 할까?
여느 농촌의 풍경 한복판에 아파트 단지가 생기고 들어선 중학교. '아파
트'라는 도시적 공간과 자연친화적 환경이 모호하게 어우러진 마을. 옛
마을은 공원에 이름터로만 남고 모두 밀어서 만들어진 삶의 공간. 야산
을 하나 사이에 두고 있는 두 개의 초등학교. 20여 년의 역사를 만들어
오면서 어느 아파트 단지에 작은 마을학교가 하나 있고, 바로 옆에 있는
초등학교를 다닌 아이들, 혹은 논두렁밭두렁 길을 걸으면서 70년이 된 초
등학교를 10~20분씩 걸어 다녔던 아이들에게 마을은 어떤 의미일까? 마
을의 생태적 환경은 왜 중요할까? 언제부터인가 마을이 점점 사라지고 있
다는 것을 인식하는 순간부터 마을의 태생적 역할이 중요하게 다가왔던
것은 우연이 아니리라.

2학기 어느 날 메신저로 공정무역 교실 수업 신청 공문이 날아왔다.
〈2018 찾아가는 공정무역 교실〉로 한 개 반 정도 운영 가능하다고 되어
있었다. 협동조합뿐 아니라 사회적 기업이니 적정 기술이니 인근 학교에

---

1. 생태(生態): (1)[생물] 생물의 생활 상태(狀態) (2)(기본의미) 생활해 나가는 모양이나 상태. 여
기에서는 기본의미인 '생활해 나가는 모양이나 상태', 즉 삶의 모습으로서의 생태를 지칭한다.

서는 다양하게 교육과정 속에서 진행되고 있는 삶의 모습들이 부러웠던 차에 무작정 신청을 했다. 1학년 전체 7반이 함께할 수 있도록 요청을 했더니 일단 신청해 보라고 했다. 학년부장과 주변 선생님들에게 도움을 요청하여 1학년 전체를 대상으로 한 프로젝트로 기획을 하게 되었다.

마침 국어 수업에서 '이타적 디자인'을 주제로 한 글을 읽고 있었고, 과학과에서는 공정무역 홍보 및 실천 캠페인을, 사회과에서는 경제 불평등 해소 방안을, 진로독서에서는 공정무역을 주제로 한 책 읽기 등을 연결 지어 공정한 세상을 꿈꾸는 수업을 설계하였다. 마을과의 연결 짓기가 모호하다. 하지만 '공정무역'을 배우고 '공정무역'을 실천하는 것 자체가 마을의 삶이고 생태계로의 연결망이라고 생각한다. 전체 수업 설계도는 다음과 같다.

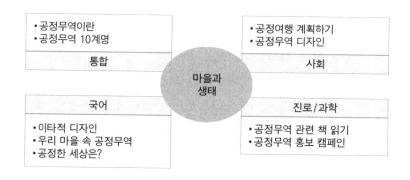

## 1. 이타적 디자인에서 공정무역으로 가는 길

| 대단원 | 1. 진로 탐색을 위한 국어 활동 |
|---|---|
| 소단원 | (1) 자료를 참고하며 읽기 |
| 성취기준 | 도서관이나 인터넷에서 관련 자료를 찾아 참고하면서 한 편의 글을 읽을 수 있다. |

교과서에 공규택의 「이타적 디자인
으로 사람을 살리다」라는 글이 실려 있
다.[2] 이타적 디자인의 개념, 사례들, 이
타적 디자인이 추구하는 정신 등을 설
명한 글이다. '이타적 디자인'은 사회
적 약자들에게 쓸모 있는 물건을 만드
는 일, 또는 그렇게 만든 물건을 말한다.
이 글에서는 주로 빅터 파파넥의 디자

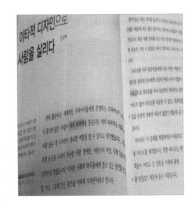

인 이야기를 바탕으로 편집된 내용에, 이타적 디자인의 대표적 사례로 발
리섬 원주민을 위한 '깡통 라디오', 생명을 구하는 빨대 '라이프 스트로',
세상에서 가장 아름다운 물통 '큐Q 드럼'을 소개하고 있다. 사람에 대한
관심과 사랑을 바탕으로 한 인간을 위한 디자인이자 지속가능한 삶을 지
향하는 디자인에 대해 배우는 것이다. 이 단원의 성취기준인 '도서관이나
인터넷에서 관련 자료를 찾아 참고하면서 한 편의 글을 읽을 수 있다'를
위해 어려운 용어 찾기나 관련 책 읽기 등을 어떻게 꾸릴까 고민하다가
아이들에게 낯선 이타적 디자인의 또 다른 사례들을 찾아 발표하고 공
유하는 시간으로 가져도 좋겠다는 생각이 들었다. 어쩌면 '이타적'이라는
단어 자체를 아이들에게 심어 주고 싶었는지도 모르겠다. 도덕 시간에 배
운 이타적 삶이 디자인을 통헤 우리 이웃이나 지구촌의 사람들에게 이떤
도움을 주는지 찾아보면서, 결국은 나는 어떻게 살아야 할까를 고민하게
하고 싶었다.

---

2. 박영목 외, 『중학교 국어 1-2』, 천재교육, 16~21쪽.

1. 「이타적 디자인으로 사람을 살리다」를 읽고 내용을 간략하게 요약해 보자.

2. 이 글을 읽고 나서 느낀 점이나 인상 깊은 점 등을 자유롭게 이야기해 보자.

3. 이 글의 내용을 바탕으로 주어진 질문에 답해 보자.

1) 이타적 디자인이란?

2) 이타적 디자인의 사례로 제시한 것을 찾아서 정리해 보자.

| 이름 | 누가 | 만든 까닭 |
|---|---|---|
|  |  |  |

| 이름 | 누가 | 만든 까닭 |
|---|---|---|
|  |  |  |

| 이름 | 누가 | 만든 까닭 |
|---|---|---|
|  |  |  |

3) 이 세 디자인의 공통 목적은 무엇일까 이야기해 보자.

4) 이 글에서 이타적 디자인이 추구하는 정신이 무엇인지 찾아서 정리해 보자.

5) 이타적 디자인의 또 다른 사례들을 찾아보자.

| 모둠별 이타적 디자인 사례 조사 발표 | |
|---|---|
| 모둠원 | 1학년 (　)반 (　)모둠 이름(　　　　　　　　　　　　) |
| 제목 | |
| 작가 | |
| 디자인 소개 | |
| 사진 자료 | |
| 모둠생각 나눔 | |

수업 시간에 모둠별로 스마트폰을 사용하여 2시간 정도를 진행하였다. 사진 자료는 집에서 프린트해서 붙이거나 상황이 안 되면 그림으로 그려도 된다고 했더니 학교에서 뽑아 달라고 당당하게 요구하는 아이들도 있었다.

아이들이 찾아낸 사례들은 놀라웠다. 네덜란드 디자이너 사이먼 아카야가 디자인한 구드작 봉투, 새의 모이통으로 연결되는 빵 도마, 씨앗 폭탄, 아프리카 난민을 위한 접이식 골판지 침대, 에코 크리에이터 디자인으로 소개한 오트 슈즈는 땅에 묻히면 분해된단다. 니콜라즈 고메즈의 깡통 플라스틱 악기, 휠체어 자동차, 아프가니스탄의 지뢰를 제거하는 기구인 생명을 살리는 공 마인카폰, 생리컵 등 정말 다양하면서도 힘들고 어려운 삶을 바꾼, 경이로운 디자인들이 소개되었다.

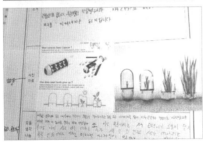
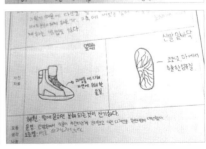

모둠활동지 끝에 제시한 모둠생각 나눔에는 신기하다, 대단하다는 아이들의 반응이 제일 많았다. 이타적 디자인이 사회적 약자들을 위한 디자인만이 아니라 지구를 위하고 환경을 살리는 디자인도 있다는 것을 알

게 되었다며 스스로 놀라워하는 모둠도 있었다. 많은 사람들에게 희망을 준 디자이너가 존경스럽다, 꼭 한 번 만나 보고 싶다, 환경 문제에 대해 관심을 가져야겠다, 이타적 디자인들이 많이 많이 발전해서 더 많은 사람들에게 도움이 되었으면 좋겠다 등등 아이들이 풀어내는 생각 나눔을 통해 교사인 나도 배우는 시간이었다.

마지막으로 영상을 통해 실제로 사람을 살리고 마을을 살리는 이타적 디자인의 사례들을 보면서 우리 주변을 돌아보는 시간을 가졌다. 미술이나 도덕, 사회교과와 연계하여 조금은 더 폭을 넓혔어도 좋았겠다는 아쉬움이 있었는데, 어쩌다 보니 공정무역을 만나게 되는 길잡이 수업이 되었다.


## 2. 공정무역수업을 기획하다

이타적 디자인에 대한 수업을 하면서 아이들과 공감했던 지점이 있어서였을까. 해당 부서에서 안내한 '찾아가는 공정무역 교실' 공문을 보는 순간 우리 1학년 아이들과 함께 이 수업을 해 보고 싶다는 열망이 일었다. 내가 이 아이들의 나이로 살았던 시절은 개발에 떠밀려 모든 삶의 기준들이 발전과 경제 성장에 맞춰 있었다면 지금은 전혀 다른 삶의 기준을 제시할 수 있어야 한다는 게 늘 내 수업의 숙제였다. 아이들이 살아갈 미래는 예측할 수 없는 엄청난 변화의 길목에 서 있다는 불안감부터 적어도 우리 아이들이 살아가는 세상은 공동체로서 더불어 함께 살아가는 세상이었으면 하는 바람이 컸던 탓일 게다. 혁신학교에서 혁신공감학교로 옮겨 와서 수업 시간마다 목말랐던 부분이기도 하다. 내 수업에만 집중하는 것이 좋은 것인지, 통합수업이나 어떤 주제를 가지고 아이들의 삶과 미래를 고민하는 수업을 기획하고 펼쳐 내는 것이 정말 필요한 것인지… 혁신학교에서 배우고 함께 고민했던 수업 설계들이며 실천들을 이어 가고 싶은데, 어쩌면 내 열망이 또 다른 누군가에게는 부담이고 업무일 수도 있다는 조심스러움이 나를 억누르기도 했다.

그런데 공문이 온 것이다. 한번 해 보자 싶었다. 아이들의 삶과 근접거리에 있는 공정무역 이야기가 마을 이야기로 충분히 이어질 수 있을 것 같은 기대도 있었다. 학기 초에 미리 계획되어 있지 않은 상황에 무작정 들이밀어야 했다. 학교 일의 거의 모든 것은 '관계'와 '소통'이 중요한데, 내가 같은 1학년 담임이었기에 이 수업이 가능하지 않았을까 싶다. 먼저 학년부장님께 이 수업을 하고 싶다고 말씀드렸더니 좋을 것 같다는 용기를 주셔서 1학년 전체 프로젝트 수업으로 기획을 하였다.

일단 2차시분의 외부 강사 수업 시간을 만들어야 했다. 매주 금요일마다 열리는 학년협의회 시간에 공문 자료를 바탕으로 교과통합수업을 해 보고 싶다는 의견을 말했다. 부담 없이 함께 할 수 있으면 좋겠다는 단서도 달았다. 그리고 수업이 좀 여유가 있는 시간을 찾았더니 마침 과학과에서 함께 해 보자 해서 국어 1시간, 과학 1시간을 만들었다. 사회과, 과학과, 미술과 선생님들께 혹시 함께 할 수 있는 수업 주제가 있는지 조심스럽게 의사 타진도 해 보았다. 진로독서 담당 선생님은 공정무역 관련 책 읽기를 제안하셨다. 정말 감사했다. 이 수업을 기획하면서 1학년 전체 교과 담당 선생님들에게 보낸 메시지이다.

---

1학년 교과담당 샘들께
'경기도 공정무역활성화 지원사업'인 〈2018년 찾아가는 공정무역 교실〉을 신청, 운영하게 되었습니다. 청소년들의 공정무역에 대한 이해를 돕기 위한 것으로 반별 2시간, 외부 강사 선생님들이 오셔서 진행합니다. 여기에 살짝 교과통합수업을 얹어 볼까 합니다. 혹시 1시간 정도라도 '공정무역'을 주제로 한 수업이 가능하신 교과는 말씀해 주시면 함께 해 보고 싶습니다.
예) 과학: 생물 다양성 보전을 위한 활동, 공정무역과 만나다 ② 생물의 다양성, 어떻게 보존할까
　　국어: 공정무역 실천 경험 글쓰기 (3) 통일성을 갖춘 글쓰기
　　미술: 공정무역 홍보 자료 제작

---

| 1교시 | – 공정무역 만나기<br>– 게임을 통한 거래의 불균형 알아보기<br>– 공정함에 대해 생각 나눔 |
|---|---|
| 2교시 | – 공정무역의 10원칙과 마크 알아보기<br>– 우리가 할 수 있는 일과 내가 할 수 있는 일을 만들어 보고 실천 방법 정하기 |

교과통합수업 주제를 〈공정公正한 세상을 꿈꾸다〉로 정했다. 적어도 우리 아이들이 살아가는 세상은 공정하기를, 혹은 공정한 세상을 만들어 갈 수 있기를 꿈꾼다면 언젠가는 이루어지지 않을까 하는 희망을 얹은 제목이다. 다음은 전체 수업 계획서이다.

**2018학년도 1학년 2학기 교과통합수업 계획서 – 사회+과학+국어+미술+진로독서**

### 공정(公正)한 세상을 꿈꾸다

**1. 운영 목표**

가. 시흥시에서 지원하는 〈2018 찾아가는 공정무역 교실〉과 연계, 자유학년제 교육과정을 바탕으로 한 교과 융합 수업을 통해 교과서의 내용을 자신 및 학교 밖의 세상과 연결시키고 통합함으로써, 배움의 깊이를 더하고 지식을 확장시킨다.

나. 주어진 각 교과별 탐구 과제에 관하여 학생들이 스스로 탐구하고, 타인과 협력하며 실천하는 전 과정을 통해 창의력 및 문제해결능력을 신장시킨다.

다. 교육과정과 실생활의 연계를 통해 학생들이 스스로 실천 방법을 정하여 실천해 보고, 다양한 실천적 경험들을 나누면서 더불어 살아가는 민주시민의식을 함양한다.

**2. 운영 방침**

가. 1학년 전체를 대상으로 한 〈2018 찾아가는 공정무역 교실〉과 연계하여 진행한다.

나. 〈2018 찾아가는 공정무역 교실〉 수업 시간은 국어, 과학 교과 시간으로 구성하되 부득이한 경우 다른 교과의 도움을 받아 수업 시간을 확보한다.

다. 교과 간의 벽을 넘어 진행하는 통합 교과적인 활동으로 실제적, 종합적인 사고 능력을 배양한다.

라. 외부 강사와 함께 하는 협력수업과 관련 교과 담당 교사들이 해당 일정을 진행한다.

마. 외부 활동을 해야 하는 경우 사전 안전교육을 철저히 실시한다.

바. 사후 평가회를 통해 이후 학년 교육과정에 발전적으로 반영한다.

## 3. 운영 계획

가. 세부 운영 계획

| 통합수업 주제 | 공정(公正)한 세상을 꿈꾸다 |
|---|---|
| 대상 | 1학년 전체 |
| 통합수업 교과 | 사회·과학·국어·미술·진로독서 |
| 일정 및 장소 | 10월 4일~10월 26일, 각 교실 |

나. 전체 진행의 흐름

| 사전 안내 | 찾아가는 공정무역 교실 | 각 교과별 연계 수업 | 발표 및 전시 |
|---|---|---|---|
| • 〈2018 찾아가는 공정무역 교실〉 수업 안내<br>• 사전 협의회 | • 공정무역의 개념<br>• 공정무역 10원칙<br>• 실천 방안 모색 | • 사회: 경제 불평등 해소 방안<br>• 미술: 공정무역 작품 제작<br>• 과학: 공정무역 홍보 실천<br>• 국어: 글쓰기<br>• 진로독서: 공정무역 책 읽기 | • 실천 사례 발표<br>• 실천 자료들 자유학기제 전시<br>• 평가회 |

다. 〈2018년 찾아가는 공정무역 교실〉 운영

1) 목적: 청소년들에게 공정무역에 대한 이해를 돕기 위해

2) 대상: 1학년 전체 반별 수업

3) 기간: 2018년 10월 4일(목)~2018년 10월 10일(수), 2차시로 운영(2, 3교시)

| 일정 | | 학급 | 운영 수 | 수업 형태 | 강사 |
|---|---|---|---|---|---|
| 1차 | 2018. 10. 4(목) 10:00~12:00 (2~3교시) | 1학년 3반 1학년 6반 | 2개반 | 협력수업 | 외부 강사+교과담당 교사 모둠별 협력수업(5명씩) |
| 2차 | 2018. 10. 8(월) 10:00~12:00 (2~3교시) | 1학년 2반 1학년 4반 1학년 7반 | 3개반 | 협력수업 | 외부 강사+교과담당 교사 모둠별 협력수업(5명씩) |
| 3차 | 2018. 10. 10(수) 10:00~12:00 (2~3교시) | 1학년 1반 1학년 5반 | 2개반 | 협력수업 | 외부 강사+교과담당 교사 모둠별 협력수업(5명씩) |

4) 주관: 시흥시의 공정무역 활성화 모임(공정한 생각을 공유하는 사람들)
5) 수업 내용

| 일정 | 주요 내용 | 강사 |
|---|---|---|
| 1교시 | - 공정무역 만나기<br>- 게임을 통한 거래의 불균형 알아보기<br>- 공정함에 대해 생각 나눔 | 외부 강사 교과담당 교사 |
| 2교시 | - 공정무역의 10원칙과 마크 알아보기<br>- 우리가 할 수 있는 일과 내가 할 수 있는 일을 만들어 보고 실천 방법 정하기 | 외부 강사 교과담당 교사 |

6) 수업 시간표

| 일정 | | 학급 | 교시 | 협력수업 | | 수업 진행 | 준비물 |
|---|---|---|---|---|---|---|---|
| | | | | 교과 | 교사 | | |
| 1차 | 2018. 10. 4(목) 10:00~12:00 (2~3교시) | 1학년 3반 | 2교시 | 국어 | 이○○ | 외부 강사 | 수업활동지 색연필 영상자료 |
| | | | 3교시 | 과학 | 이○○ | | |
| | | 1학년 6반 | 2교시 | 과학 | 신○○ | | |
| | | | 3교시 | 정보 | 정○○ | | |
| 2차 | 2018. 10. 8(월) 10:00~2:00 (2~3교시) | 1학년 2반 | 2교시 | 국어 | 이○○ | 외부 강사 | 수업활동지 색연필 영상자료 |
| | | | 3교시 | 과학 | 신○○ | | |
| | | 1학년 4반 | 2교시 | 과학 | 신○○ | | |
| | | | 3교시 | 국어 | 이○○ | | |
| 3차 | 2018. 10. 10(수) 10:00~12:00 (2~3교시) | 1학년 1반 | 2교시 | 과학 | 신○○ | 외부 강사 | 수업활동지 색연필 영상자료 |
| | | | 3교시 | 국어 | 이○○ | | |
| | | 1학년 5반 | 2교시 | 국어 | 이○○ | | |
| | | | 3교시 | 과학 | 이○○ | | |

## 라. 각 교과별 성취기준 및 단원

| 교과 | 단원명 | 성취기준 |
|---|---|---|
| 사회 | VI. 자원을 둘러싼 경쟁과 갈등<br>(1) 자원 분포와 자원을 둘러싼 갈등 | 자원으로 인해 나타나는 경제적 불평등의 해소 방안을 제시할 수 있다. |
| 과학 | III-2. 생물 다양성의 보전<br>❷ 생물 다양성을 어떻게 보전할까 | 생물 다양성을 보전하기 위한 활동 사례에는 어떤 것이 있는지 조사하여 발표할 수 있다. |
| 국어 | 1. 진로 탐색을 위한 국어 활동<br>(3) 통일성을 갖춘 글쓰기 | 다양한 자료에서 내용을 선정하여 통일성을 갖춘 글을 쓴다. |
| 진로독서 | '공정무역' 관련 책 읽기 | 주제가 있는 독서활동을 경험할 수 있다. |

## 마. 각 교과별 수업 설계

| 교과 | 수업 설계 | 수업 자료 | 차시 | 평가 |
|---|---|---|---|---|
| 통합 | •〈2018 찾아가는 공정무역 교실〉<br>•공정무역의 개념, 공정무역 10원칙<br>•실천 방안 찾기 등 | 활동지<br>동영상<br>색연필 | 2차시 | *각 교과평가와 연계하여 진행 |
| 사회 | •경제 불평등 해소를 위한 실천 방안 탐색하기<br>•공정여행 계획하기, 공정무역 마크 그리기 등 | 활동지<br>동영상 | 2차시 | 수행평가 |
| 과학 | •생물 다양성 보전을 위한 활동 사례 조사하기<br>•공정무역 홍보, 공정무역 체험 부스 운영 | 활동지 | 1차시 | 수행평가 |
| 국어 | •세계공정무역의 날 영상 감상, 읽기 자료 제시<br>•글쓰기-'공정하다는 것'에 대해 쓰기 | 활동지 | 1차시 | 수행평가<br>정의적 영역 평가 |
| 진로<br>독서 | •'공정무역' 관련 책 읽기를 통한 진로 탐색<br>•『사회 선생님이 들려주는 공정무역 이야기』 | 도서<br>활동지 | 1차시 | |

## 바. 다 함께 나누는 작은 엽서 이벤트

1) 공정무역 프로젝트가 다 끝난 후 주어진 쪽지에 공정무역에 대한 나의 생각을 담아 제시

2) 학급별로 재치가 있고 성의 있는 답변을 골라 전시 및 상품 수여

예시 엽서

---

1학년 2학기 교과통합수업 '공정(公正)한 세상을 꿈꾸다' 작은 엽서 이벤트
*공정무역수업을 받고 난 후 공정무역에 대한 나의 생각을 창의적으로 표현해 봅시다.

'공정무역'은 나에게 (                    )이다.
왜냐하면(                    ) 때문이다.

---

사. 유의점

1) 사전 협의를 통해 이 프로젝트 수업에 대한 충분한 공감대를 형성하고 진행한다.

2) 외부 강사와 함께 하는 협력수업 시 교과 담당 교사가 반드시 협력수업으로 함께 참여한다.

3) 블록수업으로 진행되는 수업을 위해 사전 교육이 이루어질 수 있도록 한다.

4) 사후 평가를 통해 〈2018 찾아가는 공정무역 교실〉과 연계한 교과통합수업 진행이 유의미한지 확인 점검하도록 한다.

아. 예산 계획

| 항복 | 산출 근거 | 소요 예산(원) |
|---|---|---|
| 운영 재료비 | 발표 및 전시 물품 1회×100,000원= | 100,000원 |
| 협의회비 | 평가회 1회×100,000원= | 100,000원 |
| 합계 | | 200,000원 |

## 4. 기대 효과

가. 시흥시에서 지원하는 〈2018 찾아가는 공정무역 교실〉과 연계하여 진행함으로써 좀 더 실질적이고 깊이 있는 수업을 체험할 수 있다.

나. 교과 간 통합수업을 통해 교과서의 내용을 자신 및 학교 밖의 세상과 연결시키고 통합함으로써, 배움의 깊이를 확장시킬 수 있다.

다. 공정한 세상, 공정 사회에 대한 중요성을 인식하고 교육과정과 실생활의 연계를 통해 학생들이 스스로 실천 방법을 정하여 실천해 보고, 다양한 실천적 경험들을 나누면서 더불어 살아가는 민주시민의식을 함양할 수 있다.

## 3. 마을 선생님이 수업하다 – 공정무역 교실 수업 2시간

이 지역의 마을학교 강사단이 '찾아가는 공정무역 교실' 수업 2시간을 진행했다. 학습 주제는 〈건강한 소비 공정무역〉. 이 수업을 기획하면서 미리 어떤 내용의 수업이 진행될 것인지 수업 자료를 받아서 겹치는 것은 빼는 등 교과수업을 설계하는 형태의 협력수업으로 진행하였다. 원래는 2개 학급 정도 가능한 것을 학년 전체 프로젝트로 엮어야 하니 7개반 1학년 전체를 다 해 달라고 요청했더니 적극적으로 지원해 주셨다.

| 학습 주제 | 건강한 소비 공정무역 |
|---|---|
| 학습 목표 | 공정무역에 대한 이해를 돕고, 공정에 대한 생각을 넓히며, 주변에 알려 내며 실천할 수 있다. |
| 활동 자료 | PPT & 동영상 자료, 수료증, 공정무역 간식, A3 컬러용지, 네임펜 바나나 체인 게임(카드, 종이돈, 활동지) |
| 1차시 | 공정무역 사전 지식 탐색 ⇨ 바나나체인 게임 –자유무역거래 체험 ⇨ 공정무역 동영상 카카오 농장에서의 아동노동 ⇨ |
| 2차시 | 공정무역이란 공정무역 10원칙 공정무역 제품 찾기 공정무역으로 변화된 세상 ⇨ 우리가 실천할 수 있는 일 찾기 ⇨ 공정무역 교실 인증서 전달 |

공정무역 전문가가 진행하는 수업을 들으면서 교사인 내가 더 많이 배웠다고 해야 하나, 참 좋았다. 2시간이라 자칫 지루할 수도 있을 수업을 모둠별 공정무역체험활동을 게임으로 엮어서 재미도 있고 배움도 큰 수업이었다.

한편 이 수업을 진행하면서 마을 교사의 필요성을 재확인할 수 있었다. 그냥 공정무역 전문가였다면 수업으로 끝났을지도 모를 배움을 '우리 삶의 주변에서 우리가 실천할 수 있는 일 찾기' 활동을 담아서 그 주제가 교과수업으로 이어지는 징검다리 역할을 해 주신 것이다. 또 감사하게도 공정무역 제품인 초코파이를 수업 재료로 가져와서 아이들에게 달콤한 행복을 선물해 주셨다.

## 4. 공정한 세상을 꿈꾸다–학년교과통합수업 속으로

마을 교사가 진행한 '찾아가는 공정무역 교실' 수업 이후 각 교과별로 1~2차시 정도 수업이 진행되었다.

특히 사회과에서 경제 불평등 해소를 위한 실천 방안 탐색 활동과 연결 지어 공정여행 계획하기, 공정무역 마크 그리기 등 공정무역을 주제로 한 수업을 새롭게 재구성하여 펼쳐 내었다. 애초에 계획이 없던 수업이라 난감해하던 사회과 선생님이 훌륭하게 수업 디자인을 해 주신 것이다. 아마 올해 2학기에는 사회과 중심으로 교과통합수업이 진행될 것 같다.

과학과에서는 생물의 다양성 보존을 위한 활동 사례 조사 수업 시간에 공정무역 홍보 활동을 얹어 모둠별 탐구 과제로 제시하여 함께 진행하였다. 생태계를 배우며 우리의 생태계를 보존하는 캠페인 활동을 전개하면서 그 연계로 공정무역 캠페인 활동을 실천하였다. 공정무역 부스 운영은 자원봉사자 5명을 모아 일주일 동안 계획하고 제작하고 아이들이 직접 운영하였는데, 축구공 넣기 게임에서 불공정무역 회사들을 피해 넣으면서 새로운 인식의 계기가 되는 등 여러 각도에서 공정무역을 되새김질하는 활동으로 이어졌다.

진로독서 시간에는 『사회 선생님이 들려주는 공정무역 이야기』<sup>전국사회교사</sup> 모임, 살림FRIENDS, 2017를 발췌하여 함께 읽고 공정무역의 세계에 대해 앎의 파장을 넓혀 가는 활동으로 진행하였다. 한 반 분량의 책이 있었더라면 하는 아쉬움도 컸다.

국어과에서는 공정무역의 역사에 대해 알아보는 '읽기 자료'를 읽고서, 〈세계공정무역의 날〉 동영상을 보고 소감을 나눈 다음 평소 우리 주변이나 사회에서 공정하지 못하다고 느낀 것들이 뭘까 이야기를 나누었다. 체육대회 줄다리기, 우리 아빠, 축구심판 매수, 동생이랑 세뱃돈 나누는 문제 등 자신들의 삶의 이야기들을 풀어내는 과정에는 중학교 1학년인데도 '대학 가는 문제'가 가장 많았다. 이어서 남녀차별문제, 인종차별문제가 공정하지 못하다고 생각하고 있었다. 마무리 수업으로 '내가 꿈꾸는 공정한 세상은 어떤 세상일까'라는 글쓰기 활동을 하였다. 다음은 아이들이 쓴 글이다.

▶ **삶 속으로** ◀ 내가 꿈꾸는 공정한 세상은 어떤 세상일까 자유롭게 써 보자.

- 돈 많은 사람이 권력과 배움의 기회를 모두 갖는 게 아니라 모두가 자신의 능력에 맞게 기회를 얻는 세상이다. 공정무역이 지금보다 더 알려지고 동참하는 사람이 늘어났으면 좋겠고, 공정무역뿐

만 아니라 공정여행을 하는 사람도 늘었으면 좋겠다.

- 힘이 있는 사람들은 힘이 약한 사람들에게 도움을 주고 배려하고 양보하며 살아가야 한다. 또 모두가 동등하고 혹은 자신이 한 만큼 가져가는 것이 공정한 세상인 것 같다. 그리고 생산자들에게 이익이 좀 더 가야 할 것 같다. 경제적 불균형을 최대한 비슷하게 맞추려고 해야 할 것 같다. 해서 더 많은 제품들이 공정무역으로 바뀌어야 할 것 같다.

- 내가 꿈꾸는 공정한 세상은 돈의 차이 때문에 좋은 대학을 못 가는 것은 불공정하기 때문에 대학 가는 문제를 고민 안 하는 세상이다. 그리고 한 사람만 이익을 챙기지 않고 더 많은 사람들이 함께 공공의 이익을 챙기는 세상이다.

- 사람의 피부색이 어떻든 국적이 어떻든 타고난 재능이 어떻든 사람을 낮게 평가하는 시각이 없어졌으면 좋겠다. 어떤 사람이든 배울 권리가 있고 정당히 일한 값을 받아야 한다고 생각한다. 돈이 많다고 정중히 모시고 돈이 없어서 만만하게 보고 이런 불공평한 세상을 전 세계 사람들의 힘으로 바꾸어야 한다.

- 고된 노동으로 학교에 가지 못하는 아이들이 자유롭게 학교에 가는 세상이다.

- 평소 우리 주변이나 사회 속에서 공정하지 못하다고 느낀 것이 여러 가지 차별들이다. 차별에 대한 내 생각을 알리고 차별하는 사람들을 설득하고 여러 가지 노력을 해서 차별 없는 세상이 왔으면 좋겠다.

- 2003년 9월부터 우리나라는 공정무역을 시작하였다. 현재 계속 공정무역이라는 것에 사람들이 더 많은 관심을 가지고 더 많은 사람들이 참여하여 미래에는 대한민국이라는 나라의 국민 대부분이 공정무역에 참여하였으면 좋겠다. 그러다 보면 생산자들이 경제적

으로 자립하여 많은 도움을 주는 나라가 되는 것이 내가 꿈꾸는 공정한 세상이다.

- 윤리적인 소비를 통해 생산자에게도 이득이 가는 공정무역뿐만 아니라 빈부격차를 줄일 수 있는 방법을 생각하고 실천하는 세상이 공정한 세상이라 생각한다. 모두가 동등한 위치에서 동등한 기회를 가지며 살 수 있는 세상이 공정한 세상이다. 그러기 위해서는 공평하고 평등한 세상이 필요하다.

- 예전에는 '공정'이란 말이 무조건 똑같이 나눈다는 뜻인 줄 알았다. 그런데 이 수업을 통해 '공정'은 조금 더 어려운 사람들을 배려하는, 그런 뜻인 걸 알았다. 자신의 이익만을 추구하며 어려운 사람을 무시하고 자기만 위한다면 이 세상에는 그 어떤 사람도 살아남지 못할 것이다. 우리는 사실 알게 모르게 누군가에게 도움을 받고 있기 때문이다. 세계적으로 공정무역, 공정여행이 더 확산되면 어려운 사람들은 조금 더 잘살 수 있게 되고 잘사는 사람들은 가난한 사람들을 더 도울 수 있게 될 것이다. 나는 그런 세상에서 살고 싶다.

아이들은 마을 교사의 수업 속에서, 사회과 수업 속에서, 작은 이벤트나 읽기 자료 등을 통해 느낀 자신의 속내를 정말 다양하게 풀어내었다. '공정'이라는 용어의 정의에 대한 이해부터 대학 입학에 대한 공정성, 삶 속의 차별들, 경제적 불평등 문제, 권력의 문제, 저 먼 지구촌의 이야기 등을 자유롭게 변주하면서 공정한 세상을 꿈꾸고 있었다. 자신들이 쓴 이야기를 공유하는 과정에서도 한두 줄 성의 없이 썼던 아이들이 모둠에서 공유하면서 다시 쓰는 모습도 참 예뻤다. 다음은 각 교과별 수업 활동지이다.

| 교과통합수업 주제 | 공정한 세상을 꿈꾸다 |
|---|---|
| 수업 주제 2 | 공정한 삶이란 |

1. 지금까지 공정무역을 주제로 한 수업 내용을 다 적어 보자.

2. '읽기 자료'를 읽고 나서 새롭게 알게 된 사실이나 느낀 점을 말해 보자.

3. 영상 자료 〈세계공정무역의 날〉을 감상한 후 나에게 '공정하다는 것'은 어떤 의미일까 자유롭게 써 보자.

3. 내가 꿈꾸는 공정한 세상은 어떤 세상일까 자유롭게 써 보자.

| 교과통합수업 주제 | 공정한 세상을 꿈꾸다 |
|---|---|
| 수업 주제 1 | 공정무역을 읽다 |

[읽기 자료] 공정무역에 대하여

1. 공정무역[公正貿易, fair trade]이란

공정무역은 생산자와 소비자의 상호 존중을 기반으로 생산자에게 유리한 조건으로 교역을 하는 무역협력이다. 국제무역이 보다 공정하게 이루어지도록 힘쓰는 사회운동을 말하기도 한다. 공정무역은 경제적으로 불이익을 받는 생산자들을 위한 기회의 창출, 투명성과 책임성, 공정한 가격의 지불, 합리적인 노동조건, 환경보호 등의 원칙에 입각하고 있다. 교역 품목은 수공예품·커피·코코아·차·바나나·꿀·면·와인·과일 등이다.

공정무역은 1946년 미국의 시민단체인 텐사우전드빌리지에서 푸에르토리코의 바느질 제품을 구매한 것이 최초이다. 영국에서는 1950년대 후반 옥스팜 상점에서 중국 피난민들이 만든 수공예품을 팔면서부터이다. 이후 1960년대에 국제기구인 유엔개발계획(UNDP), 세계은행(IBRD), 국제통화기금(IMF) 등이 가난한 나라를 돕는 프로젝트가 실패로 끝나자 전통적인 원조와 개발방식에 회의를 품은 옥스팜과 네덜란드의 페어 트레이드 오가니사티에 등이 대안으로 시민운동의 일환인 공정무역조직과 단체를 만들어 본격적인 활동을 시작했다. 이 단체들은 대부분 남반구에 속한 아시아, 아프리카, 남아메리카의 빈곤한 나라에 들어가 풀뿌리 운동을 전개하였으며, 가난한 농부와 노동자들이 스스로 조합을 만들어 환경친화적으로 생산물을 생산하도록 교육 훈련 및 자금을 지원하였다.

1973년 오가니사티에는 과테말라에 있는 소농의 협동조합에서 첫 번째 공정무역 커피를 수입했으며, 이후 수입 품목이 차, 카카오, 설탕, 포도주, 과일주스, 견과, 향미료, 쌀 등으로 늘어났다.

1984년에는 제1회 유럽세계상점대회가 열렸고, 1987년에는 오스트리아, 벨기에, 프랑스, 독일, 이탈리아, 네덜란드, 스페인, 스위스, 영국 등 9개국 11개 단체들의 연합인 유럽

공정무역연합(EFTA)이 설립되었다.

1989년에는 70개국에서 300여 조직을 회원으로 하는 세계공정무역연합(IFAT)이 설립되어 공정무역 단체에 FTO 마크를 제공했다. 1994년에는 유럽 15개국의 3,000여 가게가 가입한 유럽공정무역가게협회(NEWS!)가 설립되었고, 1997년 17개 나라가 모여 공정무역 제품의 표준, 규격 설정, 생산자단체 지원, 검열 등의 활동을 하기 위한 세계공정무역상표기구(FLO)를 발족했다. FLO는 80여 개국에서 632곳의 인증생산자 조직과 파트너 관계에 있으며, 전 세계 4692곳의 수출상, 수입상, 가공업자에게 인증상표를 부여하고 있다. 이 상표는 제3세계 가난한 생산자들에게 지불하는 최소가격제로, 그들이 안정된 생활을 할 수 있고 사회적 초과이익으로 지역사회 개발이 진행되고 있음을 증명한다.

공정무역 인증상품은 2008년 현재 3,000여 종이며 판매량도 2004년 8억 유로, 2005년 11억 유로, 2006년 16억 유로, 2007년 23억 8,000유로로 증가하고 있다.

한국은 2003년 9월 '아름다운가게'에서 아시아 지역에서 수입한 수공예품을 판매한 것이 최초이며, 2004년 '두레생활협동조합'에서 필리핀의 마스코바도 설탕을 수입·판매하였고, 2005년 11월부터 한국YMCA에서 커피를, 2006년 6월부터는 두레생활협동조합에서 팔레스타인의 올리브유를 수입·판매하였다.

2007년 4월에 포털 사이트 네이버에 '한국공정무역연합' 카페를 개설하였고, 이 단체는 10월에 비영리민간단체로 서울시에 등록하였으며, 2008년 아시아공정무역포럼(AFTF)에 가입하였다. 2008년 현재 한국에서 공정무역을 지원, 참여하는 단체로는 아름다운가게, 한국YMCA, ㈜페어트레이드코리아, 공정무역가게 울림, 두레생활협동조합, iCOOP생협, 한국공정무역카페, 공정무역학생네트워크 등이 있다.

## 2. 공정무역은 어떻게 세상을 바꿀까?

우리가 일상생활에서 소비하는 많은 종류의 상품은 개발도상국의 영세 노동자, 농민, 수공업자들이 생산한 것이다. 그런데 이러한 상품을 생산하는 환경이 매우 열악하고, 상품을 판매하거나 수출하는 과정에서 선진국 또는 자국의 기업, 유통업자, 중간 상인이 많은 이익을 가져가면서 개발도상국의 생산자가 정당한 가격을 받지 못하기도 한다.

공정무역은 생산자와 기업 간 경제적 불균형을 없애 개발도상국의 생산자가 경제적으로 자립할 수 있도록 도와주고, 중간 상인의 개입을 줄여 유통 비용을 낮추는 효과를 내는 무역 방식이다. 아울러 공정무역은 아동과 부녀자의 노동 착취나 환경 파괴를 동반하는 상품의 제조 및 수입을 피하는 무역 방식이기도 하다.

공정무역의 주요 대상은 커피, 코코아, 면화, 수공예품과 의류 등으로 대부분 아시아, 아프리카와 중남미에서 생산되어 선진국에 판매되고 있다. 우리나라에서 소비자들이 가장 많이 구매하는 공정무역 제품은 커피, 초콜릿, 설탕, 의류, 축구공 등이 있다.

## 3. 공정무역 참여하기

① 공정무역 인증 표시가 붙은 제품을 구매한다.
② 만약 공정무역 제품이 없다면 공정무역 제품을 취급해 달라고 요청한다.
③ 공정무역 홍보 캠페인에 참여하고, 적은 금액이라도 공정무역이 활성화되도록 기부한다.

4. 공정무역 제품을 사야 하는 10가지 이유

① 공정무역은 생산자들에게 공정한 가격을 지불하고 건강한 작업 환경을 제공합니다.
② 공정무역은 환경의 지속가능성을 추구합니다.
③ 공정무역은 어린이들을 보호합니다.
④ 공정무역은 가난한 노동자들에게 힘을 부여합니다.
⑤ 공정무역은 안전합니다.
⑥ 공정무역은 지역사회를 지원합니다.
⑦ 공정무역은 믿을 수 있는 무역입니다.
⑧ 공정무역을 통해 다른 문화와 만날 수 있습니다.
⑨ 공정무역은 지역 경제를 지속가능하게 만듭니다.
⑩ 공정무역을 통해 소비 행동은 큰 의미를 갖게 됩니다.
_출처: https://thefairstory.tistory.com/4 [The Fair Story] 중에서

| 교과 2 | 사회과 활동지[3]

| 교과 | 사회 | 단원 | VI. 자원을 둘러싼 경쟁과 갈등(1) −자원 분포와 자원을 둘러싼 갈등 |
|---|---|---|---|
| 수업 주제 | 공정한 세상을 꿈꾸다-경제 공간의 불평등을 해결하기 위한 방안은 무엇일까? | | |

1. 다음 글을 읽고 기존 여행 산업의 문제점을 말해 보자.

우리가 여행에서 쓰는 돈은
우리가 쓰는 돈이 100만 원이라면 그중에 40만 원은 비행기에, 그중 20만 원은 여행사에, 20만 원은 우리가 먹고 마시고 쓸 물건을 수입해 오는 데 지불되고, 현지에 남는 돈은 20만 원. 그중에서 현지의 마을에 돌아가는 돈은 1~2만 원뿐이다. 관광 개발은 장밋빛 미래를 약속했지만 그들은 여전히 가난하고, 숲은 파괴되었고, 바다와 땅을 잃은 이들은 호텔의 일용직 청소부, 짐꾼, 웨이터가 되었다.

그동안 몰랐던 동남아 리조트의 이면
"한 사람이 여행할 때, 평균 3.5kg의 쓰레기를 남기고 남부 아프리카인보다 30배 많은 전기를 쓰고, 인도 고야의 오성급 호텔 하나가 인근 다섯 마을이 쓸 물을 소비하고 있었다. 아름다운 호텔 뒤편 세탁실에는 점심시간 10분 이외에는 종일 서서 다림질을 하는 여성이 있었고, 사파리 관광 리조트에 조상 대대로 살아오던 땅을 빼앗기고 강제 이주당한 소수부족들이 있었다. _『희망을 여행하라, 공정여행 가이드북』

---

3. 이 사회과 활동지는 장곡중학교에서 공개수업으로 진행되었던 사회과 수업 활동지를 바탕으로 하였다.

2. 다음은 각기 다른 필리핀 여행 일정이다. 자료를 보고 두 여행이 어떻게 다른지 비교하여 표를 완성해 보자.

| [ A투어 ] | [ B투어 ] |
|---|---|
| •1일 차<br>– 인천국제공항 출발 → 마닐라국제공항<br>  도착: 한국인 가이드 인솔<br>– 호텔로 이동: 글로벌 체인 5성급 호텔<br><br>•2일 차<br>– 골프장으로 이동: 골프 리조트의 픽업<br>  차량<br>– 골프 라운드<br>– 클럽 하우스 내 점심: 양식 코스 요리<br>– 저녁 식사 후 호텔로 이동<br><br>•3일 차<br>– 세부 공항 도착<br>– 까오비안 섬으로 이동: 동물 쇼 관람<br>– 점심: 일회용 도시락<br>– 해변에서 수영하기, 바나나보트 등 해<br>  양스포츠 즐기기<br>– 특급 리조트 내 저녁 식사: 한식<br><br>•4일 차<br>– 식사 후 스파 마사지 즐기기<br>– 기념품 숍 쇼핑: 세계 명품, 천연 진<br>  주 등<br>– 세부 공항에서 출국 | •1일 차<br>– 인천국제공항 출발 → 마닐라국제공항<br>  도착: 필리핀 국적기 이용<br>– 숙소로 이동: 현지 홈스테이<br><br>•2일 차<br>– 인트라무로스로 이동: 유럽식 거리 이<br>  면에 담긴 400년의 스페인 식민 시대<br>  를 이해<br>– 점심: 현지 식사 후 빈민 지역 공부방<br>  봉사<br>– 저녁식사 후 대중교통으로 바나우에<br>  로 이동<br><br>•3일 차<br>– 점심 후 바타드까지 트레킹<br>– 숙소로 이동: 전통가옥 '발루이'<br>: '바타드 전통 차'와 함께하는 티타임<br>: 이푸가오족이 벌이는 전통 축제 참여<br><br>•4일 차<br>– 골목길 투어: 이푸가오족이 제작한 수<br>  공예품, 생산물을 구입하는 윤리적 소<br>  비 체험<br>– 점심: 현지인 운영, 토착 음식<br>– 마닐라 이동: 공정무역가게, 전통시장<br>  방문<br>– 마닐라국제공항에서 출국 |

| 구분 | A투어 | B투어 |
|---|---|---|
| 이동 수단 | | |
| 숙소 및 식사 | | |
| 일정 | | |
| 쇼핑 | | |
| 현지인에게 미치는 영향 | | |

3. 모두가 함께 행복한 '공정여행'을 위한 방법을 논의해 다음 빈칸을 채워 보자.

공정여행 십계명

1. _____

2. _____

3. _____

4. _____

5. _____

6. 현지의 인사말과 노래, 춤을 배워 본다.

7. 여행지의 생활 방식과 종교를 존중하고 예의를 갖춘다.

8. 여행 경비의 1%는 현지의 단체에 기부한다.

9. 현지인과 한 약속을 지킨다. 약속한 사진이나 물건은 꼭 보낸다.

10. 내 여행의 기억을 기록하고 공유한다.

4. 그림과 같이 세계의 경제 공간 불평등 해소를 위해 내가 할 수 있는 방안을 찾아보고, 그 일이 어떻게 도움이 되는지 이야기해 보자.

5. 공정한 삶을 주제로 한 공정무역 마크 제작하기
1) 기존의 공정무역 마크에 담긴 의미들을 찾아보자.
2) 우리가 생각하는 공정무역, 혹은 공정한 삶의 의미를 살린 공정무역 마크를 창의적으로 제작해 보자.

| 교과 | 과학 | 단원 | III-2. 생물 다양성의 보전 ② 생물 다양성을 어떻게 보전할까 |
|---|---|---|---|
| 수업 주제 | | | 공정한 세상을 꿈꾸다–생물의 다양성 보전을 위한 활동 사례 조사 |

[활동 안내]

생물 다양성을 보전하기 위해 세계적으로 다양한 노력을 하고 있다. 모둠을 구성한 후 사회, 국가, 국제로 분야를 나누어 생물 다양성 보전을 위한 활동 사례를 조사해 보자.
→ 공정무역과 관련된 사례도 함께 제시

[조사 길잡이]

• 자료 조사는 도서관, 인터넷, 다큐멘터리, 관련 기관 인터뷰 등을 활용한다.
• 활동 사례를 조사할 때는 다음 항목을 포함한다.
– 활동 이름, 활동의 주체와 구체적인 활동 내용, 활동의 긍정적 효과, 활동의 한계점, 조사 활동을 하면서 느낀 점 등

[조사하기]

1. 모둠별로 적절한 절차와 조사 방법을 생각해 보고, 조사 계획서를 작성해 보자.

　[조사 계획서 예시]

| 모둠 이름 | |
|---|---|
| 모둠원 | |
| 조사 순서와 방법 | 1. 자료 조사하기: 2. 조사 결과 정리하고 선별하기 3. 조사 결과 보고서 작성하기: 4. 발표하기: |

2. 조사 계획서에 따라 생물 다양성 보전을 위한 활동 사례를 조사해 보자.

　[국제 분야 예시]

노르웨이의 스발바르 제도에는 핵전쟁이나 대홍수와 같은 재앙이 일어났을 때를 대비한 국제종자저장고가 있다. 현재 세계 각지에서 보낸 종자 수십만 종을 보관하고 있으며, 이 중에는 우리나라에서 보낸 종자도 있다. 이곳은 영하의 온도를 유지하는 언 땅에 자리 잡고 있어 전기 공급이 끊기더라도 오랫동안 종자를 냉동 보관할 수 있다.

3. 조사한 내용을 바탕으로 조사 결과 보고서를 작성해 보자.

## 5. 다 함께 나누는 작은 엽서 이벤트

공정무역 프로젝트가 다 끝난 후 주어진 쪽지에 공정무역에 대한 나의 생각을 담아 제시하는 활동이다. 학급별로 재치가 있고 성의 있는 답변을 골라 전시도 하고 작은 선물로 공정무역 초콜릿을 나누는 시간이었다. 학년부에서 이미 마을 생협에서 구입한, 공정무역 마크가 찍힌 초콜릿 한 조각을 오물오물 나눠 먹으면서 하는 활동이어서 무척 달달한 시간이었다. 물론 학급별로 6개 정도 배당된 초콜릿을 일회용 비닐장갑을 끼고 32 조각으로 나누어 주는 일이 결코 쉽지는 않았다. 아이들도 낯설었던 것 같다. 당황한 눈빛으로 아기제비처럼 받아먹는 모습이 우습기도 하고 이쁘기도 하고.

다음은 아이들이 작은 엽서에 적어 낸 사연들이다.

- '공정무역'은 나에게 행성이다. 왜냐하면 아직 나에게는 행성처럼 뜬 구름 잡는 단어이기 때문이다.
- '공정무역'은 나에게 꿈이다. 왜냐하면 꼭 이루고 싶은 것이자 이루어야 하는 것이기 때문이다.
- '공정무역'은 나에게 미래이다. 왜냐하면 나와 우리 마을의 더 나은 미래를 만들기 때문이다.
- '공정무역'은 나에게 행복이다. 왜냐하면 우리가 공정무역 제품을 사면 생산자에게 행복이 가기 때문이다.
- '공정무역'은 나에게 모티브이다. 왜냐하면 공정무역은 나에게 모두가 행복한 세상을 만들고 싶은 동기를 부여하기 때문이다.
- '공정무역'은 나에게 백신이다. 왜냐하면 많은 사람들의 빈곤 문제를 해결해 주며, 또한 생명이 살기 좋은 환경으로 만들어 주기 때문이다.
- '공정무역'은 나에게 새로운 가르침이다. 왜냐하면 새로 알게 되어서

실천을 하면 모두 평등해질 수 있기 때문이다.

- '공정무역'은 나에게 파워 레인저이다. 왜냐하면 파워 레인저는 정의로운 세상을 만들기 때문이다.
- '공정무역'은 나에게 숙제이다. 왜냐하면 미루지 않고 열심히 해야 하기 때문이다.
- '공정무역'은 나에게 전구이다. 왜냐하면 우리의 삶을 빛나게 해 주기 때문이다.
- '공정무역'은 나에게 젤리이다. 왜냐하면 공정무역을 통해 생산된 것을 사고, 사용하면 다른 사람의 삶의 질이 향상되고, 더불어 내 삶의 질도 향상되어서 이 세상이 젤리처럼 달콤해지기 때문이다.
- '공정무역'은 나에게 나무이다. 왜냐하면 나무가 큰 나무가 되기까지 여러 시간과 성장의 과정이 걸리듯 공정무역 또한 나중에 성장해 세계에 뿌리를 내리고 흔해질 것이기 때문이다.

## 6. 공정무역 전시, 생태와 마을로 이어지는 길목을 만들다

11월쯤 공정무역수업이 마무리되면서 과학과 생물의 다양성 보존 사례 홍보 및 전시 활동과 맞물려 공정무역 관련 전시를 하였다. 중앙현관은 가끔 교과활동 수업들이나 대회 수상작품들을 전시하는 공간으로 이용되는데, 특별한 꾸밈없이 소소한 활동들을 있는 그대로 담아서 함께 나누기도 하고 체험도 하는 일이 좋았던 것 같다.

마침 국어과에서는 면담하기 활동에서 우리 마을 공정여행가 면담 사례가 있어서 함께 전시를 하였다. 신기하게도 애써 의도하지 않았는데 아이들은 수업 속에서 나름 그 무언가를 읽고 있었을까. 더불어 과학과에서는 앞서 소개했던 것처럼 생태계 보존을 주제로 한 홍보 캠페인을 진행하면서 공정무역 체험 부스를 열었다. 축구공 게임을 통해 우리 삶 속에

공정무역 전시회

작은 엽서 이벤트

사회과 공정 마크 제작

과학과 공정무역 체험 부스

국어과 면담하기-우리 마을 공정여행가

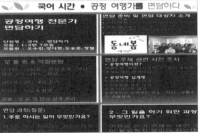

국어과 면담하기-우리 마을 공정여행가

들어와 있는 불공정 회사들을 찾아보고 공정무역이 왜 중요한가를 다시금 생각하는 시간을 만들어 주었다.


## 7. 평가, 다시 공정한 세상 꿈꾸기

1학년 담임 및 교과담당 교사 10여 명이 모였다. 협의 주제는 '공정무역 프로젝트 운영 결과 나눔 및 평가'. 운영 평가 자료를 정리하여 나누면서 이 수업이 어떤 의미가 있었는지 되짚어 보았다. 다음은 그 논의 내용이다.

---

〈2018 찾아가는 공정무역 교실〉과 연계한
공정한 세상을 꿈꾸다 프로젝트 운영 평가회

**1. 운영 평가**
- 과학과–생태계 수업을 하면서 캠페인 활동 전개, 그 연계로 공정무역 캠페인 활동을 실천함. 전반적으로 즐거웠고 학생들의 참여도가 높았음. 공정무역 부스 운영은 자원봉사자 5명을 모아 일주일 동안 계획하고 제작하고 아이들이 직접 운영함. 축구공 넣기 게임에서 불공정무역 회사들을 피해 넣으면서 새로운 인식의 계기가 되었으며, 공정무역의 진정한 의미를 ○×퀴즈로 풀면서 다시 생각하게 됨.
- 사회과–모둠활동에 대해 고민이 많았음. 학급별로 참여하는 아이들의 역량이 다 달라서 어려웠음. 원래 2차시 정도로 기획했다가 3차시로 수업을 설계했으며, 공정무역 여행과 함께 공정무역 마크를 직접 그려 보는 활동까지 이어 보았음. 아이들이 지속적인 수업의 흐름 속에서 자연스럽게 공정무역이 무엇인지 이해하고 습득해 가는 모습이 인상 깊었음.
- 국어과–읽기 자료를 주고 함께 읽고 생각 나누기, 동영상 자료 '공정무역의 날 페스티벌'을 보면서 소감 나누기 등 공정무역의 역사와 현재의 모습

---

을 되짚어 보는 수업으로 설계하여 진행함. 그리고 내 삶의 문제로 '공정하
다는 것' 과연 어떤 것인지 짚어 보는 글쓰기를 통해 아이들의 배움을
성장시킴. 학년 이벤트로 진행한 작은 엽서 쓰기 시간에 공정무역 초콜릿
을 나누어 먹으면서 행복한 수업을 할 수 있어서 좋았음.

- 학년부 작은 이벤트-작은 엽서 쓰기에 참여한 아이들의 생각이 인상 깊
고 좋았음. 공정무역 초콜릿과 코코아를 준비하여 의미 있는 나눔의 시간
이 되었음. 전시회를 통해 다시 한번 공정무역에 대해 생각해 볼 수 있어
서 더 좋았음.

- 〈찾아가는 공정무역 교실〉(외부 강사) 및 기타 의견-교과통합수업의 시작
을 여는 수업으로서 그 나름대로 의미 있는 수업이었음. 학급마다 '공정무
역 교실'이라는 표지를 붙여 주어서 인상적이었음. 게임을 통해 무역이 어
떻게 불공정하게 이루어지는지 쉽게 이해할 수 있었음. 내년에도 꼭 신청
하였으면 좋겠음.

## 2. 개선 방향 찾기

내년에도 이 공정무역 프로젝트가 가능할까요? 만약 가능하다면 우리가
좀 더 고민해야 할 점이나 개선할 점 등에 대해 이야기를 나누어 봅시다.

- 내년에도 1학년 아이들을 대상으로 공정무역 프로젝트가 진행되었으면 좋
겠음

- 단, 시기적으로 사회과 수업을 중심으로 설계하되 12월쯤 자유학년제 발
표회에 맞물려서 진행하는 것도 좋을 것 같음.

- 만약에 음악과가 참여한다면 공정무역을 주제로 한 캠페인송을 만들어서
함께 불러 보는 시간을 가져도 좋겠음.

- 사전 기획을 잘해서 다양한 교과가 참여하는 교과통합수업으로 만들어서
1학년 학년 철학을 담은 전체 프로젝트로 진행해도 좋을 것 같음.

다시 2월, 새 학년 새 학기를 준비하는 연수 시간. 학년 철학을 만들어
가는 시간에 더불어 교육과정 이야기를 나누었다. 다시 1학년을 맡게 되

면서 자연스럽게 학년 프로젝트로 기획하여 진행해도 좋을지… 고맙게도 다시 나처럼 1학년을 하게 된 몇 분의 선생님들이 당연한 거 아니냐고 고개를 끄덕거려 주었다. 물론 전제 조건은 있었다. 과연 올해도 마을 선생님들이 오셔서 〈찾아가는 공정무역 교실〉 수업이 가능하다면 말이다. 다행히 올해도 신청 공문이 학교에 도착했고, 1학년부에서 얼른 신청을 해 주었다. 게다가 이 수업의 중심 교과인 사회과 담당이 바로 학년부장님이어서 더더욱 올해 진행될 수업에 대한 기대가 크다.

'구슬이 서 말이라도 꿰어야 보배'라고 했던가. 정말 역량 넘치는 선생님들이 각자의 수업을 열심히 펼치고 있는데, 뭔가를 해 보고 싶다면 누군가 나서서 실이든 끈이든 찾아 들기만 하면 꿰는 일은 금방인 게 우리 교사들이다. 자, 함께하고 싶다면, 혼자서 하기 버겁다면, 뭐든 꿰 보자. 바로 내 옆자리 동료 교사들이 금방이라도 함께해 줄 것을 믿는다.

## 2장 소박하나 풍요롭게, 라곰 프로젝트

그러나 우리가 잊고 있는 것은 아무리 담장을 높이더라도 사람들은 결국
서로가 서로의 일부가 되어 닮아 가지 않을 수 없다는 사실입니다.
함께 햇빛을 나누고, 함께 비를 맞으며 '함께' 살아가고 있다는 사실입니다.
(중략) 한 그루 나무가 되라고 한다면 나는 산봉우리의 낙락장송보다
수많은 나무들이 합창하는 숲속에 서고 싶습니다.
한 알의 물방울이 되라고 한다면 나는 바다를 선택하고 싶습니다.
가장 많은 사람들이 모여 사는 나지막한 동네에서 비슷한 말투,
비슷한 욕심, 비슷한 얼굴을 가지고 싶습니다.
- 신영복, 『처음처럼』 중에서

오캄, 휘게, 소확행 등 소박한 행복과 작은 만족을 추구하는 삶의 양식
을 가리키는 말들이 사람들 입에서 오르내리고 있다. 이는 현재의 감당하
기 힘든 거대한(힘겹고 버거운 의미를 모두 포함한) 삶에의 회의를 반증한
다고 보아도 무방할 것이다.

'오캄Au calme'은 프랑스어로 '고요한', '한적한'을 뜻하는 말로, 스
트레스를 받지 않고 심신이 편안한 상태 또는 그러한 삶을 추구하는
경향을 일컫는다. '휘게Hygge'는 편안함, 따뜻함, 아늑함, 안락함을 뜻
하는 덴마크어, 노르웨이어 명사이다. 가족이나 친구와 함께 또는 혼
자서 보내는 소박하고 여유로운 시간, 일상 속의 소소한 즐거움이나
안락한 환경에서 오는 행복을 뜻하는 단어로 사용된다. 마지막으로
'소확행'은 일상에서 느낄 수 있는 작지만 확실하게 실현 가능한 행
복 또는 그러한 행복을 추구하는 삶의 경향을 일컫는다. 원래 소확
행이란 말은 일본의 소설가 무라카미 하루키村上春樹의 에세이 『랑겔
한스섬의 오후ランゲルハンス島の吾後』[1986]에서 쓰인 말로, 갓 구운 빵을 손
으로 찢어 먹을 때, 서랍 안에 반듯하게 정리되어 있는 속옷을 볼 때

느끼는 행복과 같이 바쁜 일상에서 느끼는 작은 즐거움을 뜻한다.

네이버 지식백과

이 세 단어를 검색하면 관련 있는 단어로 나오는 단어가 하나 있다. 바로 '라곰lagom'이다. 라곰은 스웨덴어로 '적당한', '충분한', '딱 알맞은'을 뜻하는 말로서, 소박하고 균형 잡힌 생활과 공동체와의 조화를 중시하는 삶의 경향을 일컫는다. 따라서 이는 삶과 만족, 행복에서 절제와 중용, 균형을 추구한다는 점에서 하나의 철학이자 문화이며 삶에의 가치관이라 할 수 있겠다. 일반적으로 '라곰'의 기원은 바이킹 시대까지 거슬러 간다고 한다. 맥주 한 사발을 좌중에 돌릴 때, 각자 적당한 양만 마시고 넘겨야 다른 사람에게도 술이 돌아갈 수 있다. '라곰lagom'은 '무리'라는 뜻의 'lag', '둘레에'라는 뜻의 'om'이 합성된 말이다. 그러니 '함께'한다는 느낌 또는 '사회적 결속력'의 의미를 내포하고 있다.[4] 삶과 만족, 행복에서 절제와 중용, 균형에의 추구, 더불어 사회적 결속력까지. 공동체 안에서의 지속가능한 삶을 꿈꾸기에 적합한 가치들이 '라곰' 안에 모두 모였다. 이 개념을 교육과정으로 녹이는 과정에서 그물에 물고기가 끊임없이 걸려 올라올 때의 손맛처럼 짜릿한 쾌감을 느꼈다.

## 마을에서 '딱 알맞게' 살기, 라곰 프로젝트

### 1. '라곰'을 만나다

2015년 여름방학 직무연수, 여러 학교가 모여 수업과 교육과정에 관해 이야기를 나눌 때의 일이다. '재구성을 위한 재구성'이 아니라 '목적이 뚜

---

4. 세실 앤드류스·완다 오르반스카 엮음, 『우리는 소박하게 산다』.

렷하고 아이들의 삶에서 실천을 끌어낼 수 있는' 등의 재구성 이유를 찾는 과정에서 비윤리적 소비, 과소비, 대기업, 다국적기업 등 갑갑한 사회적 문제에 대한 이야기가 오갔다. 그러면서 소박함, 소소함, 유한한 자원 등에 대한 인식의 필요성을 이야기하면서 이를 교육과정에 녹여 보고 싶다는 열망을 갖게 되었다. 그때 『우리는 소박하게 산다』를 읽게 되었고, 신기하게도 이 책에서 '라곰lagom'이라는 단어를 만났다.

스웨덴에는 '라곰lagom'이라는 독특한 개념이 있다. '라곰'은 영어에는 없는 표현인데, 스웨덴 사람들의 대화에 종종 등장한다. 이곳 사람들은 이것을 스웨덴 문화의 정수라고 꼽는다. '라곰'은 양과 관련된 개념이다. 너무 많지도 적지도 않은, 그렇다고 해서 그저 충분한 것과도 다른 의미가 있다. '정확히 딱 떨어지는 양'을 의미하고, 어떤 대상에도 적용할 수 있다. 물건, 사람, 방의 크기, 그릇에 담긴 음식…, 심지어 모임의 분위기에도 적용할 수 있다. 정확히 어느 정도인지는 말하기 어렵지만 경험상 알 수 있는 양이다. 그저 무엇이든 '꼭 맞춤한' 것이 '라곰'이다.

'라곰'은 '무리'라는 뜻의 'lag', '둘레에'라는 뜻의 'om'이 합성된 단어이다. 그러니 함께한다는 느낌 또는 사회적 결속력의 의미를 내포하고 있다. 사실 사회적 결속력은 스웨덴 사람들의 생활 도처에서 볼 수 있는 또 다른 개념이다. 자기 자신만이 아니라 다른 사람들의 안녕과 복지에도 투철한 것이 문화적, 정치적 시스템의 중심에 있다.

세상에는 얼마나 가져야 적당한 것인지, 얼마만큼이 적당하게 소비하는 것인지를 고민하고 표현할 수 있는 더 나은 개념들이 필요하다. 그것이 스웨덴어에 있는 것이다. '라곰'이라는 개념은 케이크에서부터 이산화탄소 배출량에까지 적용 가능하다.

얼마만큼이 충분한가?; 라곰에서 찾은 해결책, 앨런 앳키슨(Alan AtKisson)

책 인용문의 마지막 문장에서 이야기하
고 있듯이 라곰은 경제, 사회, 환경 등의 모
든 문제에서 다룰 수 있는 개념이다. 그렇
다면 우리는 이것을 어디에 어떻게 적용하
여 아이들과 함께 고민을 해 볼까? 그렇게
시작된 것이 〈라곰 프로젝트〉다.

언어는 곧 삶의 방식이다. 언어를 가지고
있다는 것은 그 언어에 맞는 삶의 방식대
로 산다는 의미다. 그래서 '라곰'이라는 말

은 우리가 이해하기 어렵다. 이는 스웨덴 사람들의 문화이자 삶의 가치이
기 때문이다. 많은 고민을 했다. 과연 라곰이라는 말을 이해하는 게 가능
할까? 어떻게 접근해야 좋을까? 어디까지 다루는 것이 좋을까? 여러 고
민 끝에 욕심을 많이 내지 않는 것이 중요하다는 생각이 들었다. 교육과
정 재구성도 프로젝트도 라곰하게 말이다.


### 2. '라곰'의 서막

사실 라곰은 생활 전반에 적용할 수 있는 개념이기 때문에 상당히 광
범위하다. 라곰을 이야기할 때 아이들 입에서 가장 많이 나온 문제가 '쓰
레기'였다. 이 문제는 자연스레 분리수거, 재활용, 음식물 쓰레기 등으로
연결되었고, 음식물 쓰레기에서 먹거리로 연상 작용을 일으켜 먹거리와
관련한 라곰을 생각하기에 이른다. 그뿐만 아니라 각종 오염에 대한 이야
기가 오간 뒤, 이 모든 것이 우리들의 소비임을 인식하게 됨으로써 결국
'환경'과 '소비'라는 두 주제가 결정되었고, '나'로부터 시작해서 '우리 집'
그리고 '마을'에 이르기까지 우리의 환경과 소비를 돌아보고 점검하며 실
천할 거리를 찾아가기로 했다. 이렇게 하여 라곰이 1학년 자유학기 주제
선택 시간, 과학과 가정 교과를 만나게 되었다. 다음 그림은 라곰에 대한

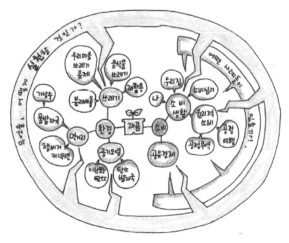

환경과 소비를 주제로 한 라곰 마인드맵

이해를 바탕으로 환경과 소비를 주제로 했을 때 다룰 수 있는 소재들을 마인드맵으로 그린 것이다.

### 1) 쓰레기 종량제 봉투를 라곰하게

쓰레기 산, 쓰레기 더미, 쓰레기 대란, 해양 쓰레기. 일상생활에서 배제할 수 없는 것이 쓰레기다. 쓰레기를 처리하고 쓰레기로 인해 발생하는 문제에 대처하기 위한 사람들의 노력은 오래전부터 이어져 왔다. 그중 우리 생활과 가장 밀접하다고 할 수 있는 쓰레기 종량제로 라곰의 물꼬를 텄다.

사실 이 소주제 활동의 최종 목적지는 우리만의 라곰한 쓰레기 종량제 봉투를 디자인해 보는 것이다. 이를 위해 분리배출, 오염 배출자 부담원칙 등에 대한 이해를 시작으로 하여, 쓰레기 종량제 실시로 쓰레기 배출량이 줄었지만 이 제도가 안고 있는 또 다른 문제점은 무엇인지, 종량제 봉투를 사용할 수 없는 쓰레기는 어떻게 처리하는지, 종량제 봉투에 담겨 있는 정보는 어떤 것인지를 알아보는 활동을 통해 쓰레기 종량제에 대한 전반적인 이해를 돕는다. 특히 선생님들이 사는 지역별로 쓰레기봉투를 가지고 와 전시하고 이를 면밀히 살펴보면서 공통점과 차이점을 찾는 활동은 또 다른 재미와 의미를 부여했다.

이제 우리만의 라곰한 쓰레기 종량제 봉투를 디자인할 차례다. 어떤 제품을 디자인할 때에는 그것을 사용하는 사람들을 생각해야 한다. 누가 사용할 것인지, 얼마의 비용이 드는지 등 고려해야 할 사항이 많다. 그뿐만 아니라 꼭 들어가야 하는 정보는 무엇인지 생각해 보고 이를 시각적으로 디자인하는 것도 중요하다. 다음은 쓰레기 종량제 봉투 디자인을 위해 아이들에게 제시한 질문이다.

1. 사용자를 생각한 디자인-누가 사용하는가?
2. 단순한 시각적 정보의 활용-글을 읽지 못하는 사람을 생각한다면?
3. 아름다움을 생각한 디자인-쓰레기, 무조건 더럽기만 할까?
4. 어떤 정보를 넣을까?
5. 어떻게 해야 쉽게 버릴 수 있을까?(기능적 측면)
6. 어떻게 해야 쓰레기를 줄일 수 있을까?

쓰레기 종량제 봉투를 디자인하는 과정에서 아이들이 생활 속에서 느꼈던 불편함을 줄이는 방향으로 수정되는 건 당연한 일이다. 깨진 유리가 있는 줄 모르고 봉투에 쓰레기를 꾹꾹 눌러 담다가 손을 다칠 뻔한 경험이 있는 아이는 봉투 가운데를 투명하게 디자인했다. 또 봉투 색깔 자체를 알록달록하게 만들거나 예쁜 그림을 그려 넣어 비록 쓰레기봉투지만 예술적으로 승화시킬 수 있게 디자인했다. 인상적인 것은 점점 늘어나는 독거노인을 위해 5L짜리 쓰레기봉투를 만들자는 제안이었다. 그뿐만 아니라 쓰레기봉투가 자꾸 쓰러지는 것을 방지하기 위해 밑 부분이 둥그런

복주머니 형태로 디자인하기도 했다. 다음은 해당 봉투 디자인에 학생이
덧붙인 설명이다.

- 우리나라의 이미지와도 어울리는 복주머니형 쓰레기봉투
- 사다리꼴로 밑 부분이 둥그렇기 때문에 잘 넘어지지 않고 더 많은
  양을 담을 수 있다.
- 재질은 잘 탈 수 있는 친환경 재질로 만든다.
- 점자를 넣음으로써 시각 장애인도 충분히 사용할 수 있도록 한다.
- 색상은 눈에 좋은 초록색으로 한다.

물론 그 디자인의 완성도가 아주 빼어난 것은 아니다. 하지만 중요한
것은 이를 고민하는 과정에서 쓰레기 문제를, 좀 더 라곰한 쓰레기 사용
에 대해 생각하고 내면화한다는 것이고, 활동 이후 생활에 어떤 방식으
로든 영향을 줄 것이라는 기대다. 쓰레기와 관련하여 진행한 활동을 정리
하면 다음과 같다.

| 시흥의 쓰레기는 어디로 갈까? | 쓰레기 종량제란? |
| | 종량제의 문제점과 그 해결 방안 |
| | 쓰레기 종량제 봉투의 모든 것 |
| | 쓰레기 종량제 봉투 디자인하기 |
| 재활용, 어떻게 하고 있을까? | 재활용과 재사용 |
| | 재활용, 왜? |
| | 재활용의 분류와 방법 |
| | 생산자 책임 재활용 제도 |
| | 재활용 문제의 근본적인 대책 |
| | 재활용 관련 사회적 기업과 업사이클링 |

**쓰레기, 어떻게 하면 줄일 수 있을까?**

## 2) 라곰하게 먹기

'나에게 과자는 얼마만큼이 라곰한가?'라는 질문을 아이들에게 던졌다. 어렵다. 정확한 해답을 알 수 있는 것도 아니다. 라곰이 수치화할 수 있는 수량적 개념도 아니고, 일정하게 정해져 있는 개념도 아니기 때문이다. 그렇지만 고민해 보려 한다. '나에게 과자는 얼마만큼이 라곰한가?'

### ① 물발자국과 가상수

먹을 것의 라곰을 생각할 때 가장 먼저 고려해야 할 대상이 '물'이었다. 큰 주제를 환경과 소비로 잡았기 때문에, 라곰하게 먹는 것이란 꼭 맞춤한 적당한 양을 먹는 것이라는 개념을 넘어서서 이면의 또 다른 측면을 살펴볼 수 있어야 한다고 생각했다. 우리가 먹는 것으로 환경에 어떤 영향을 끼치고 있는지 전에는 몰랐던 것, 그것이 물이었고, 물발자국이었다. 상품을 생산하는 과정에서 사용되는 물의 총량을 가상수假想水, virtual water라고 하는데, 여기에 상품을 사용, 폐기하는 데 쓰이는 물의 양을 포함한 것이 물발자국이다. 즉, 물발자국은 원료를 취득하여 제품을 생산하고 유통한 뒤 소비자가 사용하고 폐기하는 전체 과정에서 사용되는 물의 총량을 의미한다. 물발자국의 수치가 높을수록 사용된 물의 양이 많다고 볼 수 있고, 수치가 낮을수록 사용된 물의 양이 적다고 볼 수 있다.<sup>출처: 두산백과</sup>

아이들과 물발자국과 가상수를 이야기하면서 교사도 학생도 많은 것을 알게 되는 시간이었다. 특히 우리나라는 세계 5위의 가상수 수입국이고, 한 사람이 일 년간 국제 규격 수영장 절반 크기에 맞먹는 규격의 가상수를 수입하고 있다는 사실에 아이들도 교사도 놀랐다. 그뿐만 아니라 "가상수의 단순한 총량만으로는 환경에 미치는 영향을 제대로 보여 주지 못한다. 어느 지역의 물을 어떻게 사용하는지가 중요하다"라는 호주 물환경 전문가 브래드 리도웃의 이야기처럼, 인도에서 다국적 기업의 콜라 1리터가 생산될 때마다 해당 지역에서 물 9리터를 소비하게 되고, 이로 인해 수십 년 만에 100여 미터나 지하수가 낮아졌으며 주변 260개의 우물이 고갈되었고, 이는 곧 쌀 수확량 10% 감소로 이어졌다는 점에서 그 심각성을 알 수 있었다. 이런 사례와 이야기들이 오가면서 아이들은 점점 먹는 것과 물에 경각심을 갖게 되었다. 먹는 것이 단순히 음식물 쓰레기로만 환경에 영향을 준다고 여겼었는데, 이를 만들기 위해 쓰이는 물의 양으로 인해 더 큰 문제가 야기될 수 있음을 깨닫고 걱정하는 소리가 여기저기서 터져 나왔다.

백문이 불여일견! 직접 물발자국을 계산해 보았다(이 활동을 할 당시에는 물발자국을 계산할 수 있는 사이트가 있어 편리했으나 지금은 닫혀 있다). 주어진 다섯 가지 식단 중 어떤 것이 물발자국이 적게 나올지 모두 예상을 했지만, 물발자국이 많은 식단과 적은 식단 간의 물의 양 차이에 모두가 놀라지 않을 수 없었다. 이 활동이 끝나자 자신들이 먹은 어제의 식단을 가지고 물발자국을 계산해 보고, 또 어제 하루 동안 사용한 물건을 가지고 물발자국을 계산해 보면서 놀라고, 부끄러워하고, 자랑스러워하기도 했다.

1. 물발자국, 계산해 볼까?
   *물발자국을 계산할 수 있는 사이트입니다. http://thewfp.com/doc/calculator01.
   html (네이버에서 물발자국 계산기를 검색해도 됩니다.)

(1) 농축산물의 제품별 물발자국 계산기를 이용하여 다음 다섯 가지 식단의 물발자국을 계
    산해 봅시다.

| 채식주의자 | 고기 뷔페 | 삼겹살 파티 | 치킨과 피자 | 아침밥 |
|---|---|---|---|---|
| 호밀빵<br>(호밀 150g)<br>옥수수 100g<br>감자 100g<br>사과 생과일주스<br>(사과 200g)<br>귤 2개(귤 200g) | 소고기 300g<br>돼지고기 200g<br>고추 20g<br>상추 100g<br>콜라 500mL | 삼겹살 400g<br>상추 100g<br>마늘 20g<br>콜라 500mL | 치킨<br>(닭고기 500g)<br>피자 한 판<br>콜라 500mL | 밥 1공기(쌀 210g)<br>호박볶음<br>(호박 100g)<br>계란프라이<br>(계란 80g)<br>포도 100g<br>우유 250mL |
|  |  |  |  |  |

※닭고기, 계란, 피자는 활동지 17페이지 참고/콜라의 물발자국은 1L당 90L

(2) 2-(1) 활동의 식단을 비교하여 어떤 조건에서 물발자국이 적은지 이야기해 봅시다.

다음은 아이들에게 제공된 제품별 가상수 이미지다.

| 커피<br>(1잔)<br>140L | | 차<br>(1잔)<br>35L | | 우유<br>(1잔)<br>200L | | 오렌지<br>(1개)<br>50L |
|---|---|---|---|---|---|---|
| 소고기<br>(1kg)<br>15000L | | 닭고기<br>(1kg)<br>4325L | | 돼지고기<br>(1kg)<br>5988L | | 베이컨<br>480L |
| 계란<br>(1개)<br>120L | | 피자<br>(1판)<br>1259L | | 햄버거<br>(1개)<br>2500L | | 치즈<br>(1kg)<br>5000L |
| 빵<br>(1조각)<br>40L | | 감자<br>(1개)<br>25L | | 사과<br>(1개)<br>70L | | 초콜릿<br>(1kg)<br>17196L |

② 햄버거 커넥션

가상수를 이야기할 때 아이들에게 가장 충격을 주었던 것이 햄버거였

다. 패스트푸드, 특히 햄버거는 정크 푸드Junk food라는 극단적인 이름으로 불리는 것처럼 먹어 봐야 우리 몸에 도움이 되지 않는 음식임을 공공연하게 내포하고 있다. 그런데 슬로푸드에서 패스트푸드로 아이들의 식사 방식을 바꾸는 데 가장 큰 역할을 하는 햄버거에 대해 그동안은 심장 질환이나 뇌 질환 등을 일으킬 수도 있는 건강에 좋지 않은 음식이라는 경각심 정도가 있었을 뿐 이를 '물'과 연결 지어 생각해 본 적은 없었다. 햄버거 1개를 만드는 데 필요한 가상수는 2,500L다. 2,500L는 2L 생수통을 1,250통을 채울 만한 물의 양이다. 생수통 1,250통. 사실 짐작이 잘 안 되는 양이다. 평상시 먹는 500L 생수통으로 계산한다면 5,000통이라는 말이 된다. 5,000명의 사람이 생수통 하나씩을 들고 서 있는 장면을 상상하는 것도 참 어려운 일인데, 생수통 5,000통은 그 양을 가늠하기가 쉽지 않다. 그렇게 상상 이상의 많은 양의 물이 햄버거 하나를 만드는 데 필요한 가상수라는 점에 아이들은 깜짝 놀랐다. 문제는 여기서 그치지 않는다. 단순히 물 사용량이 많다는 것을 넘어서 이로 인해 무언가에 제2, 제3의 영향을 미친다. 여기서 아이들에게 제시한 개념이 '햄버거 커넥션'이다. 아이들에게 다음과 같은 활동을 제시했다.

**라곰 프로젝트 활동지 2**      **햄버거 커넥션 알기**

1. 햄버거 한 개의 물발자국은 약 2500L입니다. 햄버거는 왜 물발자국이 클까요?

2. 햄버거 한 개 때문에 사라지는 숲은 5m²입니다. 우리 교실 반 정도 크기의 숲이 햄버거 한 개 때문에 사라집니다. 세계 곳곳에서 일어나는 홍수도 사실 햄버거와 관련되어 있습니다. 햄버거는 어떻게 숲이나 홍수와 관련이 있을지 예상해 보면서 햄버거를 중심으로 마인드맵을 그려 봅시다.

3. 햄버거 커넥션에 관한 동영상을 보고 마인드맵을 보충해 봅시다.

4. 나는 햄버거 커넥션에서 어떤 위치에 있나요? 나-보이지 않는 장소-(비)인간-환경의 관계를 설명해 봅시다.

5. 햄버거 커넥션이 무엇인지 다른 사람에게 설명할 수 있는 문장을 만들어 봅시다.

이렇게 자신들이 알게 된 햄버거 커넥션을 나름대로 표현하고 알리기 위해 인포그래픽 방식을 활용함으로써 경각심을 더욱 높이는 작업을 진행했다. 인포그래픽은 'Information'과 'Graphic'의 합성어로, 간단한 그림으로 정보를 전달하는 방식이다. 정보 과잉의 시대, 눈에 들어오는 정보가 무척 많기 때문에 이를 한눈에, 그리고 효과적으로 전달할 수 있도록 하는 것이 그 목적이다.

| 라곰 프로젝트 활동지 3 | 인포그래픽으로 햄버거 커넥션 표현하기 |

1. 아래 그림의 첫 번째에 해당하는 일반적인 그래프와 두 번째, 세 번째에 해당하는 인포그래픽을 비교하여, 인포그래픽의 특징을 설명해 봅시다.

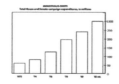  

2. 아래는 인포그래픽을 만드는 방법입니다. 오늘 이야기한 물발자국과 햄버거 커넥션을 표현할 수 있는 인포그래픽의 밑그림을 만들어 봅시다.

햄버거 커넥션 인포그래픽 학생 작품

### 3) 나누는 경제와 착한 경제

환경과 라곰을 이야기하다 보니 분위기가 다소 무거워졌다. 진지하게 이야기해야 하는 부분이었지만, 그동안 무심하게 지나치거나 혹은 모른 척했던 자책이 더 컸다. 이제 슬슬 실천에 다가가기 위해 소비를 이야기할 차례다. 환경 이야기를 나누다 보니 의외로 많은 시간을 투자해야 해서, 처음 계획했던 것처럼 우리 생활 속의 소비를 자세하게 다루지 못한 채 공유 경제로 바로 들어갈 수밖에 없었다. 실천과 바로 연결해야 했기 때문이다. 다음은 공유 경제와 관련하여 아이들과 활동한 내용을 정리한 것이다.

| | |
|---|---|
| 죄수의 딜레마 | '모두가 고등어를 오래 잡는 방법' |

| |
|---|
| 공유 경제로 나누는 삶, 공유 경제 실천 기업 |

| | |
|---|---|
| 함께 성장하는 또 다른 방법, 협동조합 | 학교협동조합의 이모저모 |

이 활동이 끝나고 난 뒤 학교에서 공유 경제와 사회적 경제를 실천할 방안을 고민해 보았다. 어떤 주제로, 어떤 방식으로 운영할지 사업계획서를 작성해 보면서 구체적인 방안 마련의 기회를 얻는 것이다.

| 라곰 프로젝트 활동지 4 | 착한 경제 실천을 위한 사업계획서 작성하기 |
|---|---|

1. 장곡중학교에 공유 경제와 사회적 경제를 실천할 수 있는 활동을 한다면 어떤 것이 좋을까요? 어떤 주제로, 어떤 방식으로 운영할지 '사업계획서'를 작성해 봅시다. 각 질문에 답해 보고, 해결된 문제에 체크하세요!

| 어떤 형태로 운영할 생각입니까?(공유, 학생 문제 해결, 협동조합 등) | ☐ | 어떤 아이템으로 진행할 생각입니까?(물건 나누기, 판매-수익사업, 돕기 등) | ☐ |
|---|---|---|---|
| 얼마나 많은 사람이 참여하기를 바랍니까? 대상이 누구입니까? | ☐ | 이 프로젝트에서 누가, 어떤 이익을 갖게 됩니까? 그것은 얼마나 '라곰'하고 지속 가능합니까? | ☐ |
| 이 프로젝트를 진행하면 어떤 문제점이 생깁니까? | ☐ | 이 계획의 제목이나 홍보 문구를 만들어 보세요. | ☐ |

2. 이 프로젝트 계획을 발표하고 공유하세요. 프로젝트의 날에 실제로 실천할 수 있는 계획이면 더 좋습니다. 다른 모둠의 좋은 아이디어나 운영 방식을 적어 두세요.

## 3. 라곰하게 살기

파울로 프레이리가 '프락시스'를 이야기했다. 성찰을 동반한 행동, 말한 대로 행동하기, 반성적 사고를 기반으로 한 실천으로 이해할 수 있는 프락시스. 교육과정의 마지막, 가장 최종적인 목적이 아닐까 싶다. 알게 된 것, 내면화한 것을 바탕으로 실천하는 것. 그래서 이제 라곰을 학교나 마을 안에서 실천해 볼 차례다. 이 작은 실천이 아이들의 삶에 자연스럽게 녹아들어 생활이 될 수 있길 기대하면서.

### 1) 무엇을 어떻게 라곰하게?

지금까지의 활동을 바탕으로 실천 프로젝트 주제를 선정하게 했다. 무척 다양한 주제가 나왔다. 쓰레기, 재활용, 분리수거 문제는 물론이고, 물 발자국이 적은 햄버거를 만들어 보겠다는 열의를 보이는 아이들도 있었고, 일주일간 일회용품 사용하지 않기를 실천해 보겠다는 아이들도 있었다. 공유 경제를 실천하기 위해 벼룩시장을 열겠다는 아이들, 학교 전기 절약을 위해 행동하겠다는 아이들, 재사용 물품을 무인 판매대 형식으로 팔아 보겠다는 아이들, 다양한 아이디어가 나오면서 아이들도 라곰하게 살기에 조금씩 다가가기 시작했다.

주제를 정하는 데 어려움을 겪는 모둠도 분명히 있다. 다른 모둠의 주제를 공유하고 참고해도 적절한 아이디어가 떠오르지 않아 혹은 더 좋은 아이디어가 떠오르지 않아 만족스러워하지 못하는 경우가 있다. 이럴 경우 프로젝트 진행 방법을 미리 제시해 주는 것도 역으로 주제를 선정하는 데 도움이 될 수 있다.

- **조사활동** 더 알고 싶은 것을 찾아본다. 기본적인 인터넷 조사는 모든 프로젝트에 해당하며, 직접 시설을 방문하여 조사하는 방법은 자세하고 실제적인 정보를 얻을 수 있다.

- **인터뷰 활동** 실제 그 일을 하는 사람을 인터뷰하여 자세하거나 새로운 시각을 제공한다.
- **설문조사** 어떤 문제에 대한 사람들의 의견을 알아본다.
- **캠페인 활동** 잘 모르고 있다고 생각하는 문제에 대해 알리거나, 실천할 수 있는 행동을 함께 할 수 있도록 제안한다.
- **정책 제안** 시청이나 주민센터, 기타 기관에 개선되었으면 하는 서비스나 내용을 제안하고, 시설이나 정책을 제안한다.
- **일주일 동안 (  ) 해 보기** 정해진 기간 동안 프로젝트와 관련된 행동을 실천하고 어려움, 느낀 점을 알려 준다.
- **비교 실험**이나 **제작** 상황을 설정하여 비교하는 실험을 하거나, 필요한 물건(영상 포함)을 제작한다.

| 라곰 프로젝트 활동지 5 | 주제 적절성 판단하기 |

1. 우리 모둠의 프로젝트 주제는 무엇인가?

2. 이 주제를 선정한 충분한 이유가 있는가? 이 주제를 선정한 이유를 적어 보자.

3. 주제를 해결하기 위한 행동이 법적 문제나 사회적 문제가 있는 건 아닌가? 있다면 그것은 무엇인가? 그리고 이를 극복할 방법은 무엇인가?

4. 이 주제를 해결하기 위해 소요되는 비용은 어느 정도인가? 구체적으로 필요한 항목별로 금액을 조사해 적어 보자.

5. 이 행동이 환경적으로 옳은 행동인가? 혹시 더 많은 쓰레기를 만들어 내는 것은 아닌가?

6. 나의 개인적 가치가 이 행동에 포함되어 있는가? 있다면 무엇인가?

7. 이 주제를 해결하기 위해 먼저 조사하거나 또는 알아야 하는 것은 무엇인가?

8. 이 프로젝트를 통해 예상되는 최종 결과는 무엇인가?

9. 주제 해결에 필요한 행동을 취할 수 있는 용기가 있는가?

10. 이 프로젝트와 관련하여 예상되는 장애 요인이나 문제점은 무엇인가? 이를 극복할 방법은 무엇인가?

프로젝트 주제를 정할 때 가장 중요한 것은 적절성에 대한 판단이다. 창의적이고 다양한 아이디어가 나오긴 하지만, 그 적절성을 판단하지 않으면 프로젝트 진행에 난항을 겪게 되고 결국 주제를 재선정해야 하는 참극이 벌어지기 때문이다.

그래서 앞과 같은 질문을 통해 각 모둠에서 정한 주제에 대한 적절성을 판단하게 했다. 프로젝트를 본격적으로 진행하기에 앞서 부딪힐 수 있는 문제점이나 한계 등을 짐작하고 예상해 봄으로써 이를 최소화하기 위한 방편인 것이다.

### 2) 라곰하게 살기 위한 첫걸음 내딛기

주제에 대해 요리조리 굴려 보고 다듬어 보고 따져 보고 생각해 보는 시간을 통해 주제를 확정했으니 이제 본격적인 고민을 해야 할 차례다. 정해진 주제를 가지고 무엇을 어떻게 실천할 것인지 구체적인 계획을 세워야 한다. 아이들은 계획을 세워 프로젝트를 실천하는 데 익숙하지 않을 수 있다. 그렇기 때문에 계획을 세우는 단계에서도 꼼꼼하게 들여다보고 돌봐 주어야 한다. 먼저 모둠이 정한 주제에 대해 '알고 있는 것'과 '알아야 할 것', 그리고 이를 '알아내는 방법'을 조사하여 정리하게 한다. 예를 들어 '물발자국이 적은 햄버거 만들기'를 주제로 프로젝트를 진행하는 모둠에서는 햄버거를 만드는 데 들어가는 재료와 그 재료들의 물발자국에 대해 알고 있는지 혹은 알아야 할 것인지 구분하고, 이를 어떻게 알아낼 것인지 찾아야 한다. 그뿐만 아니라 물발자국이 적게 들어가면서도 많은 사람들이 선호할 수 있는 맛까지 확보하려면 어떤 재료를 사용해야 할지에 대해, 알고 있다면 어떤 것을, 모른다면 무엇을 알아야 하고 어떻게 알아낼 것인지 그 방법을 찾아야 한다. 물발자국이 적은 햄버거를 만들고 끝낼 수는 없는 노릇이다. 시식을 하든 홍보를 하든 많은 사람들에게 알려야 하므로 이를 위해서 또한 알고 있는 것, 알아야 할 것, 알아낼 방법을 생각해 보아야 한다. 이렇게 자신들의 주제에 대해 어느 정도 정리가 되었으면 이제 구체적인 일정표를 만들어 본다.

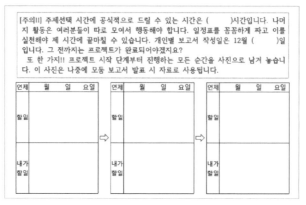

일정 계획 세우기 활동지 일부

모둠별로 일정 계획이 완료되고 실천을 위한 첫걸음을 내딛기 시작하면, 학년에서는 전체 일정을 한눈에 볼 수 있도록 진행 상황 기록표를 붙여 놓고 각 모둠의 활동 내용과 진행 상황을 기록하게 함으로써, 실시간으로 다른 모둠의 진행 상황도 공유하고 자기 모둠의 상황도 돌아볼 기회를 부여한다.

학교가 들썩들썩했다. 마을도 꿈틀했다. 다른 사람들의 이목과 관심을 집중시키기 위해 애쓰며 활동하는 모습, 묵묵히 자신들이 하려던 일들을 실천하는 모습, 부끄러움을 무릅쓰고 다른 사람들에게 손을 뻗고 입을 여는 모습. 각양각색의 모습들로 각자의 마음 안에 '라곰'을 심어 놓았다.

〈라곰 프로젝트〉 이후 학교에 '라곰하게'라는 유행어가 생겼다. 라곰하게 먹자, 라곰하게 떠들자, 라곰한 목소리로 등등. 또한 학교에 변화의 바람이 불었는데, 일회용 컵을 사용할 때 서로의 눈치를 보게 된 것이다. 사용하지 않는 게 좋긴 하지만 어쩔 수 없는 상황이 발생했을 때에도 괜스레 아이들과 다른 교사들의 눈치가 보인다는 것. 그러나 그런 상황들이 불편하면서도 즐겁다는 것. 〈라곰 프로젝트〉를 시작한 2015년까지만 하더라도 종이컵 사용에 대해 그리 크게 경각심을 느끼지 않았다. 이런 상황에서의 이런 문화는 대단한 변화라는 자부심이 드는 것이다. 그뿐만 아니라 〈라곰 프로젝트〉 이후 개인적인 약속을 통해 햄버거를 먹지 않게 된 아이도 있었다. 쓰레기를 버릴 때, 급식을 먹고 나서 음식을 남겼을 때 불쑥불쑥 '라곰'이라는 말이 올라와 신경이 쓰인다는 아이도 있었다. 한 번의 교육과정과 활동으로 생활 방식이나 문화가 변하기는 쉽지 않다. 하지만 뭔가 불편함을 느낀다는 것, 뭔가 미안함을 갖게 된다는 것이 그 변화의 시작이 아닐까 싶다. 다음은 아이들의 프로젝트 실천 활동 몇 가지를 사진으로 정리한 것이다.

### ● 햄버거 커넥션 – 물발자국이 적은 햄버거 만들기

소고기가 아닌 다른 재료로 만든 햄버거를 먹어 보고서 물발자국이 적은 음식을 먹어도 맛있고, 환경오염이 적다는 것을 알리는 프로젝트

– 소고기가 아닌 다양한 재료로 만든 햄버거를 나눠 드립니다!

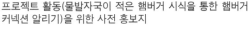

프로젝트 활동(물발자국이 적은 햄버거 시식을 통한 햄버거 커넥션 알리기)을 위한 사전 홍보지

물발자국에 대한 이해를 높이기 위한 홍보 및 자신들이 만든 햄버거 조리법 공개

시식

물발자국이 적은 햄버거 시식 후 선호도 조사

## ●재생 휴지로 라곰하게

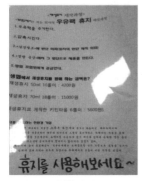

우유팩 휴지 제작 과정 소개
생협에서 재생휴지 판매 금액 소개
시대를 선도하는 친환경 기업 소개

폐우유팩으로 재생 휴지를 만든 ○○제지의 휴지를 소개하고 직접 사용하게 함으로써, 평소 사용하는 일반 휴지와의 비교를 통해 환경오염을 막기 위한 우리의 선택을 고민하게 하는 프로젝트 사전 홍보지

재생 휴지와 일반 휴지를 화장실 앞에 전시하고 이를 직접 사용하게 함

재생 휴지와 일반 휴지 사용 후 선호도 조사

선호도 조사 결과(이후 결과 보고서에 반영)

## ●그 외 다양한 활동들

우리 아파트 분리수거 탐방기 (설문을 통한 우리 마을 분리수거 인식 조사)

당신의 인생에서 쓰레기는 몇 %입니까?(설문을 통한 쓰레기 문제 인식 조사)

재활용에 대해 홍보하고 쓰레기 문제가 생태계에 주는 영향 거리 홍보

짝 잃은 양말로 인형 만들어
나눠 주기

직접 만든 EM공을 마을에 있
는 생태 공원에~

공유 경제를 바탕으로 벼룩
시장을 열고 수익금으로 임시
후원하기

공정무역 상품 판매를 통한
공정무역의 중요성 및 필요성
홍보

SNS를 활용한 홍보(일회용
품 사용에 대한 경각심 갖기)

일회용품 사용 줄이기(집에서
가지고 온 밀폐용기를 사용해
분식 담기)

### 3) 첫걸음의 흔적 모으기

지면이 부족해 그 내용을 전부 실을 수 없을 만큼 다양한 활동들이 이
루어졌다. 정말 특별한 것을 하고 싶은 욕심에 고심하다 결국은 그저 마
을을 돌아다니며 쓰레기를 줍는 것으로 마무리하게 된 모둠도 있었다. 하
지만 이 모둠의 배움은 예상외로 컸다.

"쓰레기를 줍기 위해 쓰레기봉투를 준비할 때 몇 리터와 몇 장의
봉투가 필요한지에 대한 의견이 분분했어요. 감이 잘 오지 않았어요.
옥신각신 끝에 결국 50L 두 장을 준비하고 동네를 돌기 시작했어요.
사실 이 정도면 될 줄 알았어요. 그런데 막상 쓰레기를 줍기 시작하

니 50L가 금방 차는 거예요. 여기서 한 번 놀랐어요. 그런데 정말 놀
란 건 다른 곳을 돌고 와 보니 조금 전에 저희가 쓰레기를 주웠던
곳에 또 많은 쓰레기가 버려져 있는 거예요. 우리 동네 사람들이 길
거리에 쓰레기를 참 많이 버리는구나! 느꼈어요. 좀 심각했어요."

장곡중, 1-1, 박○○

아이들이 각자의 활동 속에서 품은 라곰에 대한 생각과 그 결과는 활
동만큼이나 다양했다. 이에 대해 개별 보고서로 먼저 작성하고, 이를 다
시 모아 모둠 보고서를 작성했다. 모둠에서 작성한 보고서는 '반별 라곰
프로젝트 결과 발표회'를 통해 각 반에 공유한다. '반별 라곰 프로젝트
결과 발표회'는 서로의 실천과 생각을 듣는 기회를 가질 목적뿐만 아니라

1. 역할 분담 [프로젝트 활동
중 모둠에서 자신의 역할을
자세히 서술하세요]
2. 실제 활동 [프로젝트를 진
행하기 위해 주제를 잡는 시
간부터 실제 활동까지의 상황
을 순서대로 쓰되 자신이 실
제로 했던 활동을 중심으로
구체적으로 서술하세요]
3. 활동을 마치고 [프로젝트
활동을 하면서 알게 된 점, 힘
들었던 점, 느낀 점 등을 자유
롭게 서술하세요]

개인별 프로젝트 보고서

반별 라곰 프로젝트 결과 발표회

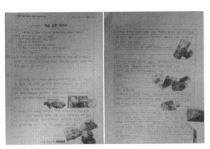

라곰 학술제                    라곰 실천 보고서-방학 과제

'학년 라곰 학술제'에 참여하게 될 대표 모둠을 선정하는 데에도 그 목적
이 있다. 반별로 다양한 방식을 활용하여 발표가 이루어졌다. 전체를 대
상으로 발표하기도 하고, 모둠별로 돌아가며 갤러리 워크의 변형된 방식
을 활용하기도 했다. 우리 반의 대표 모둠을 뽑아야 하는 만큼 다른 모둠
의 결과를 듣는 아이들의 표정도 사뭇 진지하다.

　반별 발표회를 통해 대표 모둠이 엄선되고, 방학을 하루 앞둔 날 제1회
라곰 학술제를 개최하기에 이른다. 학술제라는 거창한 이름을 내걸었지
만 사실 활동 결과 발표회와 다를 바가 없다. 그러나 아이들이 보여 준
진지함과 긴장감만큼은 여느 학술제 못지않았고, 학술제라는 경험이 한
아이의 자신감을 되찾아 주는 등 의미 있는 후일담을 남겼다.

　활동지를 통해 반별 대표 모둠의 발표에 집중할 수 있도록 돕고, 발표
가 끝나고 난 뒤에는 내일부터 시작될 방학 동안 라곰을 실천할 수 있도
록 간단한 실천 계획을 세우게 했다. 그 실천 내용에 대한 보고서 작성을
방학 숙제로 제시함으로써 '라곰'이라는 삶의 방식을 생활 속에서 끊임없
이 고민하고 느낄 수 있었으면 하는 바람을 담았다.

## 마을에서 '라곰하게' 바라지하기

'라곰'이 아이들에게 쉬운 주제는 아니다. 환경이나 소비가 우리 일상생활 그 자체이긴 하나 그 생활에 대한 반성이요 변화를 끌어내야 하는 일이기 때문에 결코 만만할 수 없다. 자칫 잘못 접근하면 당위성만 부여하는 따분한 활동이 될 수도 있고, 속 빈 강정 같은 활동만 난무하여 내면화에 실패할 수도 있다. 좀 더 체계적인 접근이 필요하다는 생각과 마을의 이야기를 좀 더 담았으면 좋겠

다는 바람을 담아 한 해의 프로젝트를 다시 시작했다. 이때 만난 것이 경기도 환경교육 교재다. 다음은 경기도 환경교육 교재에 담긴 내용을 정리한 것이다.

| 폐기물 | 자원 | 소비 | 순환 |
|---|---|---|---|
| •우리 주위의 폐기물과 환경 파괴<br>•올바른 분리배출 이해와 실천<br>•폐기물 관련 직업 탐색 | •자원과 에너지의 고갈<br>•생물자원과 자원 분쟁의 이해<br>•경기도의 자원지도 | •착한 청소년 소비자<br>•로컬푸드와 탄소성적표의 이해<br>•소비의 올바른 이해 | •자원의 재사용, 재활용, 업사이클링의 이해와 실천<br>•자원순환도시 관련 직업 탐색 |

지난해 진행했던 〈라곰 프로젝트〉와 흐름이 비슷하나 교재가 있다는 것만으로도 참으로 든든했다. 많은 내용 중 아이들에게 맞게 취사선택하고 수정·보완하여 교육과정 흐름을 다시 잡음으로써 체계적인 접근에 대한 목마름을 해소하였다. 여기에 마을의 이야기를 좀 더 담았으면 좋겠다는 바람을 성취하기 위해 '경기도의 자원지도' 부분을 시흥시의 자원지도로 수정하여 시흥의 생태 자원과 관련한 활동을 계획했다.

마을의 생태 자원과 관련한 활동을 계획했다고 해서 이를 고스란히 교실 안으로 들여오는 게 쉽지는 않다. 교사라고 해서 마을의 생태 자원에 대해 다 아는 것도 아니고, 무엇을 어떻게 해야 할지 감이 쉽게 잡히는 것도 아니다. 이럴 때 정말 감사한 것이 혁신교육지구사업이다. 시흥은 이 사업의 일환으로 지자체가 마련한 역사, 문화, 예술 등 교육 관련 콘텐츠가 많다. 이 중 '시흥 바라지 기행(바라지 기행 → 바라지 돌아보기 → 시흥의 이야기)'을 활용해 마을의 생태 자원과 라곰을 연결하여 진행함으로써 마을 생태 자원에 대한 이해와 관심뿐만 아니라 보존의 문제까지 고민할 기회를 마련하였다.

　먼저 '바라지'에 대한 설명이 필요할 듯하다. 다음은 〈뷰티풀 시흥〉에 실린 '바라지'에 대한 글이다.

　바라지 70리 길, 자연과 인간의 아름다운 공존

　경기도 중서부 바닷가 마을 시흥은 간척의 땅이다. 오이도를 간척해 육지와 연결했고 갯벌에 방죽을 쌓아 드넓은 논, 호조벌을 탄생시켰다. 소금기 가득했던 척박한 땅은 시흥 사람들의 땀과 눈물로 사람을 구휼하는 생명의 땅이 되었다. 때로는 개발의 욕심에 부딪혀 슬퍼했던 땅, 하지만 지금 시흥은 인간과 자연이 오랜 시간 만들어 낸 공존의 공간을 자랑한다.

　시흥이 산업단지의 도시라는 것은 알고 있는데, '바라지'는 뭐지? 고개를 갸웃하는 분들이 많을 것이다. 사전적 의미로 '바라지'는 누군가를 돌보아주고 도움을 준다는 뜻이다. 실제로 시흥에서 '바라지'라는 말은 농사를 지을 수 없는 못 쓰는 땅, 버려진 땅을 의미했으나 지금은 시흥사람들의 땀과 노력으로 비옥한 수확의 땅으로 바뀌었고, 오랜 세월을 거쳐 오늘에 이르기까지 수많은 시흥 사람들의 삶을 바라지하는 땅으로 거듭났다.

물왕저수지 ⇨ 호조벌 ⇨ 연꽃테마파크 ⇨ 갯골생태공원 ⇨ 월곶 ⇨ 배곧신도시 ⇨ 오이도를 따라 걷는 70리 길 '바라지'. 바라지로 인해 시흥은 어느 도시보다 자연이 살아 있는 생명의 땅, 삶의 애환이 고스란히 스며 있는 역사의 땅이 되었다.

시흥의 소식지 〈뷰티풀 시흥〉에서 설명하고 있듯이, 시흥의 바라지는 농사지을 수 없는 척박한 땅을 잘 바라지하여 비옥한 수확의 땅으로 탈바꿈시킴으로써 시흥 사람들의 삶을 다시 바라지하는 땅으로 거듭난 7곳을 의미한다. 아이들이 이러한 바라지의 역사와 각 땅이 가지고 있는 자원의 소중함을 인지하고 이를 보존해야겠다는 마음을 먹을 수 있다면, 그렇기에 라곰한 삶의 방식이 중요함을 다시금 깨닫는 계기가 된다면 그야말로 금상첨화가 아닐까.

| 라곰 프로젝트 활동지 6 | 바라지 기행을 위한 사전 활동지(부분) |
| --- | --- |

1. 선생님께 반별로 어느 바라지를 탐방하는지 들어 보고, 아래 그림에 우리가 갈 곳을 표시해 보자.

(보통천을 따라 물왕저수지에서 오이도까지 이르는 물길 위 7개의 바라지)

2. 우리 시흥의 소중한 자원, 바라지를 탐방할 때 우리는 어떤 마음가짐과 태도를 가져야 할지 생각해 보자.

※교재 57~58쪽 '경기도의 5대 권역'에 대한 글을 읽고 물음에 답해 보자.

1. 경기도의 5대 권역 중 우리 시흥시는 어느 권역인지 말해 보자.

2. 우리 지역에는 어떤 자원이 있는지 권역의 특징을 토대로 구체적인 명칭을 들어 적어 보자.

※교재 59쪽 '경기도 관광자원'에 대한 글을 읽고 물음에 답해 보자.

3. 우리 지역은 어떤 생태 자원을 가지고 있는지 말해 보자.

4. 지난주에 다녀온 '바라지 탐방'을 중심으로 우리 지역의 생태관광지와 관광자원을 조사해 보자(관광자원별로 구획을 나누어 작성, 바라지 탐방 워크북 참고).

| 시흥시의 생태관광지 및 관광자원 | 특징 |
|---|---|
|  |  |

5. 우리 지역의 생태 자원지 한 곳을 방문해 보고 모둠별로 홍보하는 포스터와 QR코드를 만들어 보려고 한다. 역할 나누기와 포스터 및 QR코드에 들어갈 내용을 구상해 보자(QR코드 작성 방법은 교재 63쪽 참고).

(1) 우리 모둠에서 홍보할 생태 자원지는?

(2) 역할 나누기(역할은 상황에 따라 변경해서 작성 가능)

| 역할 | 사진 자료 준비 | 내용 정리 | QR코드 제작 및 출력 | 포스터 내용 구성 |
|---|---|---|---|---|
| 이름 |  |  |  |  |

(3) 포스터 및 QR코드에 들어갈 내용 구상(포스터 밑그림 및 필요한 사진 자료 목록 작성 등등)

## **3장** 지구를 생각하는 시간, 그리고 공간

협동적 학교문화를 만들기 위해서는 오랜 시간이 필요하다.
이것은 많은 교사가 자신의 학교 안팎에서 작은 규모의 성공적 본보기 사례들을
계속적으로 쌓아 나가는 것을 통해서 이루어진다.
─마이클 풀란 외, 『학교를 개선하는 교사』 중에서


### 지구를 생각하는 시간

〈지구를 생각하는 시간〉이라는 프로젝트는 3학년 모든 교사가 함께 마음을 모아 진행하기 훨씬 전부터, 몇몇 교과에서 실천하고 있던 교과통합수업이었다. 초창기에는 지구 온난화에 대해 이야기하면서, 북극곰을 지켜 주자는 디자인을 담은 머그컵을 제작하는 활동을 몇몇 교과에서 진행했던 것으로 알고 있다. 이 프로젝트가 같은 학년을 중심으로 전파되면서, 지금은 3학년의 한해살이 중 빠질 수 없을 만큼 비중 있는 교과통합수업으로 자리 잡게 되었다.

2014학년도에 이 프로젝트를 어떻게 실시했는지에 관해서는 『수업 고수들, 수업·교육과정·평가를 말하다』의 제4장에 상세히 기록되어 있다. 따라서 이 책에서는 2015학년도에 달라진 사례를 중심으로, 학교교육과정의 흐름 속에 마을의 기억을 어떻게 담고자 했는지에 초점을 맞추어 기록해 보려고 한다.

'Earth Hour'는 세계자연기금WWF의 주도로 진행하는 환경운동 캠페

인으로, 매년 3월 넷째 주 토요일 저녁에 60분 동안 전등을 끄는 행동을 통해 환경에 대한 관심을 촉구하는 행사이다. 장곡중학교의 〈지구를 생각하는 시간〉은 'Earth Hour'라는 전 지구적 캠페인을 학교교육과정 속으로 들여와, 아이들의 배움과 실천적 삶을 연계하고자 한 교과통합수업이다.

2014학년도에는 영어 교과에서 'IWIYW'라는 이름의 공약을 만드는 것으로 수업의 문을 열었다. 영어 시간에 'I will~, if you will~'의 문형을 사용하여 아이들이 직접 지구 환경을 생각하는 공약을 만들고, 그 공약을 실천할 수 있는 시간을 준다. 예를 들어 한 학생이 "If you walk up the stairs without using the elevator for a week, I will eat hot pepper without water(네가 일주일 동안 엘리베이터를 이용하지 않고 걸어 다니면, 나는 물 없이 매운 고추를 먹겠다)"라는 공약을 만들었다면, 그 공약대로 실천할 수 있는 기회를 주는 것이다. 학생들은 실천하는 과정을 입증하기 위해 동영상을 촬영했는데, 그 동영상은 그 자체로 과정 중심 수행평가의 근거 자료가 되면서, 동시에 Youtube에 탑재하여 전 세계인과 공유하는 과정을 거친다.

학년 협의회를 진행하면서 영어 교과의 수업 아이디어를 공유하게 되고, 나머지 교과의 선생님들도 함께 참여하기를 희망하면서 현재와 같은 모습의 〈지구를 생각하는 시간〉이 탄생하게 되었다. 사실 '환경'이라는 주제는 범교과적인 성격을 띠기 때문에, 대부분의 교과에서 내용화하기 쉬운 편이었다.

협의회를 통해 생각을 나누면서, 장곡중학교의 선생님들은 다시 한번 '생각보다 적게 필요하다'라는 전략을 마주하게 된다. 모든 교과가 함께하는 교과통합수업의 장점은 뭐니 뭐니 해도 주제 전달력이 뚜렷하다는 데 있다. 비슷한 시기에 같은 주제의 활동을 두고 모든 교과에서 성취기준만 달리한 채 진행하기 때문에, 교육적인 효과는 배가할 수밖에 없다.

그렇다면 또 다른 장점은 없을까? 같은 주제의 교과통합수업이라면 평가까지도 가능한 한 연계할 수는 없을까?

이러한 생각에 기초하여, 장곡중학교의 선생님들은 결과물 한 가지를 대상으로 여러 교과에서 평가를 진행하는 새로운 방법을 생각해 내게 된다. 이를 일컬어 '연계 평가'라고 부르는데, 이는 장곡중학교에서 새롭게 만들어 낸 용어다.[5] 예를 들어 영어 교과에서 실천 과정을 담은 동영상을 제작하는 것을 수행평가 과제로 제시했다고 해 보자. 영어 교과에서는 이 영상 속 출연자들이 사용하는 영어 표현을 평가할 수 있을 것이다. 국어 시간에는? 동영상을 만들기 위한 스토리 보드 제작 활동을 진행한 후, 그 스토리 보드 자체를 평가하면 될 것이다. 음악 시간에는 동영상에 삽입할 음악을 편곡하거나 직접 부르도록 하여 평가하면 될 것이고, 기술 시간에는 제작한 동영상의 여러 가지 기술적인 측면을 평가하면 될 일이다.

사실 수행평가는 활동의 과정적 측면을 강조하기 때문에 어려운 평가는 결코 아니지만, 각 교과별 평가가 기본적으로 서너 가지씩 있기 때문에 이들이 한꺼번에 몰리는 시기에는 학생들 입장에서 버거울 수밖에 없다. 그런데 위에서 언급한 것과 같은 '연계 평가'의 방식을 사용하면, 학생들뿐 아니라 교사들의 과부하도 덜어 줄 수 있다는 장점이 있다.

많이 가르친다고 해서 많이 배우는 것이 아니듯, 평가의 양적 확대가 배움의 확대로 이어지는 것은 결코 아니다. 오히려 하나의 결과물을 대상으로 과정에 대한 평가를 상세화하기 때문에, 교과별로 전문적 자존감을 지키면서도 '따로 또 같이'의 철학도 구현할 수 있다.

---

5. '연계 평가'라는 용어는 『수업 고수들, 수업·교육과정·평가를 말하다』에서 처음으로 언급했다.

| 주제 | 지구를 생각하는 시간(3학년) | 학년 철학 더불어 함께 | 연계 평가<br>유튜브에 올린 UCC |
|---|---|---|---|
| 교과 | 활동 내용 | 평가(영역) | |
| 국어 | 주제 관련 스토리보드 작성 및 영상 만들기 | 국어: 영화 만들기-수행, 지필<br>지리: 시차 구하기-수행, 지필<br>과학: 환경 신문 만들기-수행<br>기술: 오토마타 만들기-수행<br>가정: 생활소품 만들기 작품-수행<br>음악: 캠페인송 만들기-수행<br>영어: 공약 및 인터뷰 말하기-수행, 지필 | 국어: 동영상 스토리보드 만들기: 5점 / 영상 구성 기획 주제 표현: 5점 |
| 지리 | Earth Hour 관련 시차가 발생하는 원리 | | |
| 수학 | CO₂발생량의 평균 구하기 및 대푯값 알기 | | 영어: 동영상 환경 공약 영어로 말하기: 5점 / 프로젝트 후 소감 인터뷰: 5점 |
| 과학 | 온실 가스와 지구 온난화 학습하기 | | |
| 기술<br>가정 | 오토마타 만들기 설계 제작 및 제작<br>재활용품 활용 생활용품 제작 및 발표 | | |
| 음악 | 주제에 맞는 캠페인송 만들기 | | 음악: 동영상의 캠페인송과 시나리오 주제와의 적절성: 30점 |
| 체육 | 걷기를 통해 소모되는 칼로리 계산(본인) | | |
| 영어 | IWIYW 공약 만들고 유튜브에 올리기 | | |

## 마을로 나간 Earth Hour의 기억

더욱이 2015년도에는 수업과 평가로 마무리 짓는 것에서 한 발 더 나아가, 3학년 학생들이 모두 함께 할 수 있는 실천적 캠페인 활동을 기획하게 된다. 2015년 3월 28일, 장곡중학교 근처의 작은 공원에 모여 촛불집회를 열며 한 시간 전등 끄기 행사를 알리자는 것이었다. 3학년 교사들의 전폭적인 지지에 힘입어 계획이 수립되었다. 행사 당일을 전후하여 학교 정문 및 공원 근처에 현수막을 붙이고, 각 가정으로 가정통신문도 발송했다. 시흥교육지원청에서는 이 소식을 듣고 촛불 받침으로 쓸 종이컵도 주문 제작함으로써 지원해 주었고, 3학년 아이들 중 학생회장단을 중심으로 문화 공연까지 기획하는 등, 만반의 준비가 되어 가고 있었다.

행사 당일, 저녁 8시 반부터 9시 반까지 진행했던 캠페인은 어떤 관점으로 보느냐에 따라 그 의미가 달라질 수 있을 것 같다. 장곡중학교의 선생님들은 이 캠페인을 통해 아주 소중한 교훈 하나를 얻게 되는데, 그것은 '촛불'이라고 하는 매개물을 중학생들에게 주었을 때 발생할 수 있는 갖가지 가능성을 우리가 충분히 상상하지 못했다는 점이었다. '촛불'은 밝고 고요하게 빛나는 만큼 사람을 경건하게 만들기도 하지만, 또 그만큼의 특성으로 인해 어떤 이에게는 축제의 분위기를 연상시키기도 한다. 중학교 3학년생은 어떻게 보느냐에 따라 어리다고도, 혹은 다 컸다고도 평가할 수 있겠지만, 아이들에게 '촛불'이란 결코 경건함이나 간절한 메시지의 의미를 갖는 대상이 아니었다. 촛불이 꺼졌다고 소리 지르며 뛰어다니거나 받침대로 쓰고 있던 종이컵을 바닥에 마구 버리는 아이들의 모습을 보면서, 교사들은 실로 망연자실할 수밖에 없었다. 더군다나 지역 언론사

〈지구를 생각하는 시간〉 현수막, 그리고 촛불집회에 모인 학생들과 주민들

학기말 프로젝트로 실시한 '반전·반핵 플래시몹'

에서 카메라까지 대동하고 등장하여 현장을 지키고 있었으니, 그 민망함
은 이루 말할 수가 없었다.


## 상처받지 않을 수 있는 용기


개개인의 교사에 따라 약간씩의 온도 차이는 있겠지만, 당시의 3학년
부장교사는 이때의 경험을 지금도 웃으며 회고한다. 한 시간의 캠페인을
위해, 두 달이 넘는 기간 동안 공들여 교육과정을 재구성하고, 행사를 준
비하고, 이것저것 생각해 두었던 그 모든 일들을 떠올린다면, 아이들의
행동 앞에서 어쩌면 화를 낼 수도 있었다. 캠페인을 보려고 모여든 마을
주민들 앞에서, 어쩌면 얼굴이 화끈거릴 수도 있는 일이었다.

그런데 그날의 현장에서 결코 좌절하거나 상처받지 않았던 것은, 이 모
든 과정을 결코 혼자서 기획하지 않았기 때문이라고 단언한다. 3학년 교
과 담당 교사들 모두가 함께 기획하고 추진한 일이었기에, 어떠한 실패가
있더라도 혼자만의 책임은 아니었던 것이다. 더욱이 어떠한 계획이라 하
더라도 실행 단계에 들어서면 예상하지 못했던 일들이 얼마든지 발생할
수 있지 않은가!

일반적으로 우리나라의 교직 문화가 오랫동안 top-down 방식이었던

것을 떠올리면, 그토록 많은 교사들이 계획을 지나치게 치밀하게 세우곤 하는 것이 충분히 이해가 된다. 계획을 제대로 세우지 않아 오류가 생긴다면 관리자의 질책 앞에 할 말이 없을 것이라는 우려 때문인데, 그렇다고 치밀한 계획이 항상 완벽을 보장해 주지는 않는다. 아무리 안전 운전, 방어 운전을 한다고 한들, 불의의 사고가 일어나지 않는다는 보장이 없듯이, 미래란 언제나 예측 불허이기 때문이다. 일반적으로 10단계로 준비하면 될 일을 20단계로 세밀하게 준비한다고 해서 예측 불허인 미래를 완벽하게 대비할 수 있을까? 그렇게 치밀하게 준비하고 노력한 만큼, 아이들이 자신의 계획대로 따라 주지 않으면 좌절하고 분노하기 쉬운데, 이는 자신의 노력에 대한 보상 심리일 뿐이다. 관점을 조금만 달리하면 어떨까? 지나치게 치밀한 계획보다는 조금은 거칠지만 열린 계획을 세워 보는 것이다. 어쩌면 장곡중학교의 이러한 문화를 혹자는 비판할지도 모른다. 한때 이러한 문화를 일컬어 '재즈 같다'고 표현한 사람도 있었다. 많은 일이 즉흥적으로 일어난다는 것을 빗대어 한 말이었는데, 이렇게 즉흥적으로 진행해도 모든 것이 '된다'는 데 참으로 묘한 역설이 있다.

앞에서 언급했듯이, 2학년 교육과정을 통해 경험하는 '수요집회'의 현장에서 아이들은 결코 경솔한 행동을 보이지 않았으며, 오히려 생각했던 것보다 훨씬 더 의젓하고 진지한 모습으로 임했다. 분명 같은 아이들이다. 그런데도 두 개의 집회에서 보여 준 상반된 이 행동을 어떻게 해석해야 할까?

교사들이 나름대로 분석한 바에 의하면, 이유는 크게 두 가지인 것 같다. 첫째는 집회의 주제가 수요집회에 비해 상대적으로 덜 무겁기 때문이 아니었을까 한다. 그렇다고 지구 환경을 위해 한 시간 동안 전등을 끄자는 캠페인이 결코 가벼운 주제인 것은 아니지만, 우리나라의 비극적인 역사와 관련 있는 수요집회에 비하면 다소 가벼운 마음으로 임했을 것이다. 두 번째 이유는 집회의 목적과 의미를 충분히 공유하지 못했기 때문이라고 생각한다. 장곡중학교의 2학년 학생들이 2학기 때 수요집회에 다녀오는 것은 학급별로 단 한 번의 기회에 불과하지만, 아이들은 1년 내내 창체 시간 및 역사 교과를 통해 우리의 가슴 아픈 역사에 대해 배운다.

물론 〈지구를 생각하는 시간〉도 일회성 활동은 아니다. 적어도 두 달 이상을 투자하여 배울 뿐 아니라, 3학년 모든 교과가 함께 한다는 점에서 남다른 교과통합수업인 것이다. 그러나 각 교과에서 하나의 주제를 향해 각각의 수업을 진행한 것은 사실이지만, 여기에 프로젝트의 목적과 취지를 공유하는 과정이 충분하지 못했던 것은 아닐까 반성할 필요는 있어 보인다. 프로젝트의 도입 단계에서, 또는 마무리 단계에서라도 마을까지 나가서 거리 홍보를 하는 이유와 필요성이 무엇인지에 대해 충분히 이야기를 나누는 과정이 더 필요하지 않았을까?

그게 아니더라도, 만일 프로젝트의 주제를 교사가 정해 주는 것이 아니라 학생들에게 정해 보라고 한다면? 만약 학생들 스스로가 서로의 의견을 공유하는 과정을 통해 어떠한 것이든 제안할 수 있다면, 그 활동은 시작만으로도 절반의 성공을 예견하게 될 것이다.

그리하여 이 글을 쓰고 있는 2016학년도의 학기말, 장곡중학교에서는 '학생이 만들어 가는 교육과정'의 설계가 한창 진행 중이다. 2학년의 대표 학생들이 1학년 교실로 들어가서 스스로가 경험한 2학년 교육과정을 후배들에게 설명하고 나면, 1학년 학생들의 의견을 수렴하여 다음 학년도의 2학년 교육과정에 반영하게 된다. 3학년 교육과정 역시 같은 방식으로 의견을 수렴하여, 2015 개정 교육과정에서 강조하는 '학생 중심 교육과정'을 함께 만들어 나가기 위해 노력하고 있다.

## 함께한 통합수업의 꿈, 평가로 이어지다

활동 중심 수업은 평가하기 힘들기 때문에 못하겠다고 말하는 교사들을 가끔 본다. 그러나 '교육과정-수업-평가'의 일체화가 바람직하다는 것이 유행처럼 번진 이후부터는 그러한 말도 점점 사라지고 있는 추세다. 실제로 학기당 2회씩 치르던 지필고사를 1회로 줄이고, 아주 많은 교과에서 지필평가보다는 수행평가의 비중을 늘리고 있는 것은 '과정 중심 평가'를 실천해 보겠다는 의지가 반영된 것이다.

활동 중심의 수업을 자칫 잘못 해석해서 눈에 보이는 활동만 강조한다면, 수업과 평가는 일체화될 수 없다. 또한 활동 중심 수업을 진행하되, 지필평가에서는 실제로 진행한 수업과는 관련 없는 지식만을 묻는다면 그것 또한 수업과 평가가 따로 노는 형국이 되어 버린다. 눈에 보이는 활동을 내면화할 수 있도록 성취기준을 명확하게 선정하고, 이에 따라 수업하되 '평가=지식 측정'이라는 고정관념을 넘어서면 좋겠다. 우리 사회는 이미 '배운 것을 얼마나 많이 알고 있나?'가 아니라 '배운 것을 활용해서 문제를 얼마나 해결할 수 있나?'를 중요시하는 사회가 되어 버렸기 때문이다.

다음은 〈지구를 생각하는 시간〉 통합수업 후, 3학년 국어 지필고사에 출제된 논술형 문항이다. 실천 중심의 통합수업을 평가와 연결한 사례로 소개해 본다.

[논술형 2] 다음 제시된 글을 읽고 이 활동이 우리 사회를 어떻게 변화시킬 수 있을지 〈조건〉에 맞게 쓰시오. [15점]

---

### 2015학년도 3학년 교과통합수업 운영 계획

## 지구를 생각하는 시간-지속가능한 삶의 방식을 찾아서

**1. 필요성**

　지구 온난화와 환경오염의 심각성을 알리고 지구 내의 다양한 자원 보호와 재활용될 수 있는 자원 개발을 위한 친환경운동인 Earth Hour 행사가 매년 3월 마지막 주 토요일에 거행되고 있다. 지구온난화의 주범인 온실가스를 줄이기 위해 2007년 호주 시드니에서 처음 시작한 Earth Hour 행사는, 이제 150여 개국 7,000여 개 도시가 참여하는 지구촌의 큰 행사로 자리매김했다.

　우리나라도 지난 2009년부터 참여하기 시작하여, 지난해 2014년에는 공공기관, 민간기업, 공동주택 등 전국 7만여 개의 건물이 참여하고, 온라인 참여 홈페이지를 통해서는 14만 명 이상의 개인이 참여 약속을 하는 등 해마다 많은 사람들의 관심과 참여가 이어지고 있어, 이를 학생들이 알게 하고 함께 동참하는 기회를 갖고자 한다.

**2. 목적**

　〈지구를 생각하는 시간-지속가능한 삶의 방식을 찾아서〉는 2015학년도 3학년의 교육철학인 '공존'을 교과와 연계하여, 인간이 살아가는 삶의 터전인 지구에서 공존을 지속하기 위하여 우리가 고민하고 실천해야 할 일이 무엇인지를 찾아보고 실천해 봄으로써 공존을 위한 운동에 지속적인 실천이 이어지도록 할 계획이다.

**3. 운영 내용**

가. 통합과목: 국어, 영어, 수학, 과학, 기술, 가정, 사회, 음악, 미술

나. 대상: 장곡중학교 3학년 11개반 312명

다. 기간: 2015년 3월~4월 이후까지 장기 프로젝트로 진행됨

라. 장소: 각 반 교실 및 장곡동 ○○마트 앞 공원

## 4. 운영 관련 자료

## 5. 실천 결과

〈조건〉
- '본문의 5. 실천 결과'에 들어갈 만한 내용을 쓸 것
- 내가 한 실천이나 내가 할 수 있는 실천 방식을 적을 것
- 그 실천이 내가 살고 있는 '현실'을 바꾸는 데 어떤 역할을 하였는지, 혹은 할 수 있는지 적을 것(실천의 과정에서 바꾸지 못했다면 왜 바꾸지 못했는지를 적을 것)

| 문항 번호 | 배점 | 정답 | 채점 기준 | 부분 배점 |
|---|---|---|---|---|
| 논술형 2 | 15 | ※답안 예시문: 나는 지구를 생각하는 시간 프로젝트에 참여하기 위하여 교실에서 나오는 환경 쓰레기를 줄이자는 내용으로 우리 반 쓰레기통을 지키는 일을 일주일 동안 실천하였다. 그 결과 이틀마다 차던 쓰레기봉투가 일주일 동안 하나로 버틸 수 있었다. 친구들은 쓰레기로 무조건 버리기 전에 버려도 되는지, 재활용할 수 있는 건 아닌지 한 번 더 생각하고 버리다 보니 별로 버릴 것이 없다고 하였다. 쓰레기봉투를 줄이는 일이 지구를 위해 조금이나마 도움이 되었다고 생각한다.<br><br>※채점 기준<br>① 내가 한 실천이나 그 실천 방식을 제시할 것<br>② 내가 살고 있는 '현실'을 바꾸는 데 어떤 역할을 하였는지 쓸 것<br>③ 문맥에 맞게 논리적으로 서술할 것 | 옆에서 제시한 채점 기준 ①, ②, ③을 만족한 경우 | 15 |
| | | | ①, ②의 내용이 적절하게 제시되었으나 전체적인 글의 논리성이 부족한 경우 | 13 |
| | | | ③의 조건은 만족했으나 ①과 ②의 내용이 부족한 경우 | 11 |
| | | | ①, ②의 내용이 제시되었으나 전체적인 글의 흐름이 어색한 경우 | 9 |
| | | | ① 또는 ②의 내용만 부분적으로 제시한 경우 | 7 |
| | | | 논리성이 부족하고 단답형으로 쓴 경우 | 5 |

### 지구를 생각하는 시간-지속가능한 삶의 방식을 찾아서

## 1. 필요성

지구온난화와 환경오염의 심각성을 알리고 지구 내의 다양한 자원 보호와 재활용될 수 있는 자원 개발을 위한 친환경운동인 Earth Hour 행사가 매년 3월 마지막 주 토요일에 거행되고 있다.

지구온난화의 주범인 온실가스를 줄이기 위해 2007년 호주 시드니에서 처음 시작한 Earth Hour 행사는, 이제 150여 개국 7,000여 개 도시가 참여하는 지구촌의 큰 행사로 자리매김했다.

우리나라도 지난 2009년부터 참여하기 시작하여, 지난해 2014년에는 공공기관, 민간기업, 공동주택 등 전국 7만여 개의 건물이 참여하고, 온라인 참여 홈페이지를 통해서는 14만 명 이상의 개인이 참여 약속을 하는 등 해마다 많은 사람들의 관심과 참여가 이어지고 있어, 이를 학생들이 알게 하고 함께 동참하는 기회를 갖고자 한다.

〈지구를 생각하는 시간-지속 가능한 삶의 방식을 찾아서〉는 2015학년도 3학년의 교육철학인 '공존'을 교과와 연계하여, 인간이 살아가는 삶의 터전인 지구에서 공존을 지속하기 위하여 우리가 고민하고 실천해야 할 일이 무엇인지를 찾아보고 실천해 봄으로써 공존을 위한 운동에 지속적인 실천이 이어지도록 할 계획이다.

## 2. 목표

가. 지구온난화와 환경오염의 심각성을 알리고 친환경운동인 Earth Hour 행사(한 시간 전등 끄기 행사)에 동참하도록 한다.

나. 〈지구를 생각하는 시간〉을 통해 우리가 살아가는 삶의 터전인 지구의 과거, 현재, 미래를 살펴보도록 한다.

다. 인간이 지구에서 공존하기 위해서 지구의 환경 보존이 중요함을 깨닫게 한다.

라. 교과통합을 실시함으로써 교과서의 내용을 세상과 연결시키고 통합하여 배움의 깊이를 더하고 지식을 확장시킨다.

마. 통합주제인 〈지구를 생각하는 시간-지속가능한 삶의 방식을 찾아서〉를 여러 교과의 측면에서 탐구하고 배워 봄으로써 한 가지 주제에 대한 통합적인 사고와 문제 해결을 위한 실천을 경험하도록 한다.

바. 학교에서 배운 것을 바탕으로 Earth Hour 캠페인 활동을 함으로써 마을과 함께하는 공동체 형성에 기여한다.

## 3. 운영 방침

가. 관련 교과 담당 교사들이 해당 일정을 진행하고 지도한다.

나. 교과별로 진행되는 교육활동은 평가에 반영되도록 지도한다.

다. 교실에서 배운 것이 사회적인 삶에 연장되도록 계획하여 운영한다.

라. 사후 평가회를 통해 이후 학교 교육과정에 지속적이고 발전적인 방향으로 반영한다.

## 4. 교과통합수업 전체 진행 과정

가. 통합 과목: 국어, 영어, 수학, 과학, 기술, 가정, 사회, 음악, 미술

나. 대상: 장곡중학교 3학년 11개반 312명

다. 기간: 2015년 3월~4월 이후까지 장기 프로젝트로 진행됨

라. 장소: 각 반 교실 및 장곡동 OK마트 앞 공원

## 5. 교과별 관련단원 및 성취기준

| 교과 | 관련 단원 | 성취 기준 | 평가 |
|---|---|---|---|
| 국어 | 3-1 2(3) 세상을 바꾸는 이야기<br>3-1 4(1) 주장하는 글쓰기 | • 문학 작품을 읽고 그 작품이 자신의 삶에 어떤 영향을 미쳤으며 어떤 가치를 지니는지 말할 수 있다.<br>• 다양한 논제에 대해 주장과 근거를 제시할 수 있다. | 주장하는 글쓰기 수행평가 |
| 과학 | 1-3 전기에너지의 전환과 전력 | • 가정에서 전기에너지가 다양한 형태의 에너지로 전환되어 사용되고 있음을 알고 이를 전기 소비 전력과 관련지어 설명할 수 있다.<br>• 전기 절약을 실천할 수 있는 방법을 알아보고 절약 가능한 전기를 돈으로 환산하여 한 달 동안 얼마의 돈을 절약할 수 있는지를 계산할 수 있다.<br>• 지구온난화 방지에 전기에너지 절약의 필요성을 이해할 수 있다.<br>• 지구온난화를 늦추기 위해 우리가 할 수 있는 일들을 생각해 보고, 실제로 생활에서 실천할 수 있다. | 전기에너지 절약을 통한 지구 살리기 홍보물과 마크(로고) 만들기 수행평가 |

| 기술 | V. 에너지와 수송 기술<br>01. 에너지와 동력 | • 에너지의 생산과 이용, 동력 기관의 기초 원리를 설명할 수 있다.<br>• 신재생 에너지의 종류와 특징을 알고, 미래 활용을 설명할 수 있다. | 적정 기술을 활용한 조명장치 구상하기 |
|---|---|---|---|
| 수학 | 4-1.<br>대푯값과 산포도<br>1. 대푯값 | • 중앙값, 최빈값, 평균의 의미를 이해하고 이를 구할 수 있다. | $CO_2$ 발생량 자료를 보고, 대푯값을 구하기 수행평가 |
| 영어 | L3.<br>The 비교급, the 비교급<br>L5.<br>의문사+to 부정사 | • 일상생활이나 친숙한 일반적 주제에 관한 말이나 대화를 듣고 화자의 의도나 목적을 파악할 수 있다.<br>• 일상생활이나 친숙한 일반적 주제에 관한 말이나 대화를 듣고 세부 내용을 파악할 수 있다.<br>• 일상생활과 관련된 간단한 문제해결 방법에 대해 묻고 답할 수 있다.<br>• 일상생활에 관한 자신의 과거 경험을 간단히 말할 수 있다.<br>• 주어진 낱말이나 어구를 재배열하여 문장을 완성할 수 있다. | 말하기 수행평가 (IWIYW 공약 실천보고) |
| 사회 | 정치 과정과 정치 주체<br>-정치 과정에 참여하는 다양한 정치 주체의 역할은? | • 정치 과정을 통해 다원적인 가치와 이익이 조정되고 있음을 이해하고, 정치 과정에 참여하는 다양한 정치 주체의 역할을 설명할 수 있다. | 활동지 확인 |
| 음악 | IV. Harmony<br>1. 대중과 호흡하는 음악<br>2. 영상매체 속 음악 | • 생활 속에서 음악을 활용하며 문화 행사(Earth Hour)에 참여할 수 있다.<br>• 바른 자세와 호흡 및 정확한 발음으로 Earth Hour 와 관련된 노래를 부를 수 있다.<br>• 9학년 수준의 Earth Hour와 관련된 악곡의 음악 요소 및 개념을 이해하며 노래 부를 수 있다.<br>• 9학년 수준의 Earth Hour와 관련된 악곡의 특징을 살려 개성 있게 노래 부를 수 있다. | 가창 수행평가 |
| 미술 | 05) 어떻게 표현할까?<br>- 소통을 위한 디자인 | • 시각 이미지를 통해 사회 문화적 의미를 전달할 수 있음을 안다.<br>• 주제의 특징, 의도, 목적을 나타낼 수 있는 표현 방법을 탐색하여 표현할 수 있다.<br>• 조형 요소와 원리의 적용에 따른 다양한 시각적 표현 효과를 안다 | 계몽 포스터 그리기 수행평가 |
| 가정 | II.<br>녹색 가정생활의 실천<br>2.<br>친환경적 의생활과 옷 고쳐 입기 | • 의복 구성의 원리를 알아 옷을 고쳐 입거나 재활용을 함으로써 친환경적 의생활을 실천할 수 있다. | 의류 재활용 (리폼)하기 수행평가 |

## 6. 교과통합수업 진행 과정의 유의점

가. 이 수업의 목적은 3학년 교육철학인 '공존'과 맞닿아 있음을 알게 한다.

나. 교과통합수업의 의미와 진행 과정 및 평가에 대하여 사전에 안내하여, 교과통합수업이 의미 있게 진행되도록 유의한다.

다. 각 교과의 수업이 서로 소통하면서 유기적으로 연결되어 협력함으로써 학생들에게 분절적 사고가 아닌 통합적 사고를 바탕으로 문제를 해결해 갈 수 있도록 진행한다.

라. 교과통합수업 완료 후 평가회를 실시하여 평가 결과는 향후 프로젝트에 발전적으로 적용한다.

## 7. 예산 사용 계획

| 현수막 | 50,000원 | 3장 | 150,000 |
|---|---|---|---|
| 4절지(포스터) | 130원 | 20장×11반=220장 | 28,600 |
| 양초 | 300원 | 200개 | 60,000 |
| 종이컵 | 100원 | 200개 | 20,000 |
| 계 | | | 258,600 |

## 8. 가정통신문

〈지구를 생각하는 시간〉 가정통신문

소래산

호조벌

연꽃테마파크

물왕저수지

# 4막

## 마을과 역사

길방나무

월곶포구

오이도

갯골생태공원

옥구공원

노루우물

생금집

군자봉

오래된 달력의 숫자만큼이나 서해 그 바다는
수천 년을 넘나든 조개무덤 속에서
때론 늙은 염부가 들려주는 노래 속에서 전설이 되었을까

# 1장 설화, 낯선 기억으로 기록하기

역사는 단순히 과거에 관한 것이 아니다. 아니 과거와는 거의 상관이 없다.
사실 역사가 강력한 힘을 갖는 까닭은 우리 안에 역사가 있기 때문이고,
우리가 깨닫지 못하는 다양한 방식으로 우리를 지배하기 때문이며,
그리하여 말 그대로 우리가 하는 모든 일 안에 '현존하기' 때문이다.
– 제임스 볼드윈

하나의 주제로 아이들과의 만남을 생각하며 수업을 설계하고 목표를
설정할 때 참 많은 생각과 기대를 하게 된다. 국가에서 제공하고 있는 성
취기준이 있기는 하지만 교사는 그 이상의 혹은 그 이외의 어떤 것들을
더 기대하고 바라며 수업을 설계하고 교육과정을 재구성한다. 엄밀히 말
하자면 오롯이 성취기준에만 도달하는 수업은 사실상 불가능할지도 모른
다. 교사가 의도한 수업 안에서 수많은 변수들이 작용하고, 수많은 '예상
밖의 배움'들을 만나게 되는 게 사실이다. 그리고 그 '예상 밖의 배움'들
속에서 아이들이 내뱉는 말이나 고백이 사실상 교사를 다시 교사로 서게
하는 힘이 된다는 것 또한 부인할 수 없는 사실이다(의도한 수업 안에서
의 '의도한 배움'들은 당연히 소중한 작업이니 차치한다면 말이다).

수업을 하는데 한 아이가 외쳤다. "선생님, 정말 잘 살아야겠다는 생각
이 들어요!" 〈흙 속에 담긴 낯선 기억을 찾아서〉 프로젝트 중 국어 말하
기 원고를 작성하던 중이었다. 정말 피상적이고 모호한 표현일 수도 있지
만 진지하면서도 단호하게 말하는 이 아이의 눈빛에서 알 수 있었다. 이
아이의 '잘'이라는 말이, 세속적인 의미의 '잘'이 아니라 이상적이면서 가
치를 담은 '잘'이라는 것을. 과거와 현재의 나를 들여다보고 미래의 나를

상상하며 떠오른 인생 가치로서의 '잘'이라는 것을. 더불어 이 예상 밖의 고백이 결국 이 프로젝트를 진행하면서 아이들에게 주고 싶었던 의도한 배움이자 고백이었음을.


## 마을의 역사를 품은 국어 시간, '설화 창작하기'

### 1. 낯선 기억, 낯선 이야기

중학교 2학년 아이들을 대상으로 한 이 수업은 사실, 2학년에서 진행하고 있는 대형 프로젝트인 〈흙 속에 담긴 낯선 기억을 찾아서〉의 일부이다. 이미 여러 서적을 통해 소개된 이 프로젝트를 간단히 요약해 보면 아래와 같다.

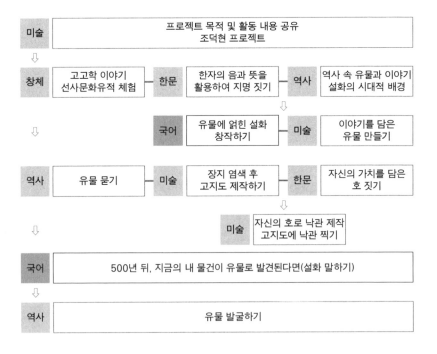

왜 '낯선' 기억이요 '낯선' 이야기일까? 이는 수업 시작 지점에서 아이들에게 질문을 던지며 가장 강조하는 부분이기도 하다. 이 프로젝트 수업이 지향하는 방향과도 일맥상통하기 때문이다. 흙 속에는 많은 역사가 묻혀 있다. 보편적으로 우리가 알고 있는 역사는 사적에 기록된, 유명해서 널리 알려진 그야말로 '낯익은' 기록과 기억들이다. 우리가 살아가는 현재 하루하루가 모여서 역사가 된다. 그런데 우리는 후대에 '낯익은' 역사가 되기보다 '낯선' 역사가 될 가능성이 높다. 우리의 일상이, 우리의 행보가 사적에 기록될 여지도, 유명해서 널리 알려질 가능성도 그다지 높지 않기 때문이다. 그렇기에 우리가 주목하고 싶은 부분이 바로 그 '낯선' 기억과 '낯선' 이야기다. 지금의 우리와 같은. 결국 '낯선'이라는 수식어는 '(평범하고 일반적인) 우리들'의 다른 이름이라 할 수 있다.

## 2. 마을에서 찾은 낯선 기억

어느 곳이든 세월이라는 시간 속에 묻힌 기억이 있다. 그 기억은 기록으로 전해지기도 하고, 누군가의 입에서 입으로 전해지기도 한다. 아이들이 살고 있는 터전에도 당연히 그러한 기억들이 있다. 하지만 이 기억들이 기록의 형태든, 구전의 형태든 기억의 지속성이 깨지는 순간 '잊힘'이라는 이름으로 역사의 저편으로 사라지고 만다. 그래서 아이들에게 마을의 기억을 전해 주는 일은 의미가 크다. 설화의 형태로 전해지는 이 기억들이 아이들에게 낯선 기억으로 자리하게 되고 그 기억들이 모여 하나의 역사가 된다는 것을 깨닫게 될 것이다. 그 과정에서 자신들의 시간과 삶 또한 역사라는 것을 인지하게 될 것이다.

결론적으로 이야기하면 이 프로젝트의 국어 수업을 통해 두 마리 토끼를 잡는다. 첫째는 효과적인 표현을 사용하여 설화를 창작하는 것이고, 둘째는 우리들의 시간과 삶이 역사라는 것을 내면화하는 것이다.

사실 '설화 창작'을 처음 기획했을 때는 동명왕 신화나 오늘이 설화 등 우리에게 잘 알려진 설화를 가지고 활동했었다. 유물에 얽힌 설화이기 때문에 전설의 형태를 띠기도 하지만 영웅의 일대기적 구조를 활용한, 낯설지만 비범한 인물의 이야기를 만들기도 했다. 그러다가 마을로 시선을 돌리게 되었고, 이미 기술한 대로 마을을 담은 기억을 이야기하기에 이르렀다.

### 1) 구지정에서 찾은 보물

처음으로 들춰낸 마을 기억은 '구지정'이었다. 장곡중학교는 시흥에 위치해 있다. 시흥이라는 마을에 전해 내려오는 설화를 채록하기 위해 조사하던 중 시흥 토박이 동료 교사의 도움으로 '구지정'에 대해 알게 되었다.

시흥시에는 군자동, 장현동, 능곡동에 걸쳐 있는 '군자봉'이 있다. 조선 제6대 임금인 단종이 어머니 현덕왕후의 참배 길에 산봉우리를 보고 연꽃처럼 의연하고 아름다운 모습이 군자와 같다고 하여 '군자산'이라 부르게 되었다는 이야기를 담고 있는, 높이 198.4미터의 나지막한 산이다. 군자봉 아래에 구지정 마을이 있고, 이 마을에 전해지는 전설이 바로 아홉 우물 전설인 구지정 전설이다. 9년 동안 마을에 가뭄이 들었고, 이 가뭄을 이겨 내려고 마을에 아홉 개의 우물을 파 식수로 사용하면서 얻게 된 이름 구지정. 구준물로도 불리는 구지정은 물맛이 좋기로 정평이 났지만, 우물 한 곳을 제외하고 나머지는 모두 폐정되었다고 한다.

이 이야기를 교사가 직접 해 주는 것도 좋지만, 설화의 특징을 살려 마을 어르신의 이야기를 채록해 아이들에게 들려주는 것이 좋겠다는 생각이 들었다. 시흥 토박이 동료 교사의 도움을 받아 구지정 마을 어르신을 섭외할 수 있었

구지정 마을 지도를 보며 이야기해 주시는 어르신

우물 앞에 있는 구지정 마을 유래비

우물 앞에서 듣는 구지정 이야기

고, 카메라와 음료수만 달랑 들고 동료 교사와 함께 어르신을 만나 뵈러 약속 장소로 향했다.

카메라 때문에 처음에는 긴장하신 모습에 어색함이 묻어났지만 시간이 좀 지나자 언제 그랬느냐는 듯 열정적으로 이야기를 풀어내 주셨다. 어르신이 들려주시는 낯선 기억을 듣다 보니, 이 기억들을 아이들과 함께 현장에서 생생하게 들었으면 좋겠다는 생각이 들었다. 하지만 어르신을 교실로 모시기에는 무리가 있어 어쩔 수 없이 촬영한 영상으로 아쉬움을 달랠 수밖에 없었다.

어르신은 아홉 우물 중 유일하게 남아 있는 우물까지 우리를 안내해 그 앞에서 이야기를 이어 나가셨다. 그리고 우물 이야기뿐만 아니라 못자리 이야기, 생금집 이야기 등 시흥에 전해오는 여러 설화를 들려주셨다. 그야말로 구지정에서 찾은 보물들이었다.

이제 이 보물들을 교실에서 아이들과 함께 나눌 일만 남았다. 무엇보다 설화에 대한 이해를 바탕으로 창작에 이르기까지 보비력을 유지할 수 있는 밑거름 작업을 해야 한다. 그래서 촬영한 영상을 필요에 맞게 편집하여 아이들에게 들려주며 다음의 활동을 하게 했다.

1. 선생님이 '설화'가 담긴 영상을 보여 주실 것이다. 영상을 보고 난 뒤 '설화'가 무엇인지 짐작하여 말해 보자.

어르신이 직접 들려주시는 이야기이기 때문에 아이들은 영상을 보고 난 뒤 설화의 특징을 뽑아내는 데 어려움을 겪지 않았다. 게다가 실제 마을에 사시는 어르신이라는 이유만으로 아이들은 호기심을 보이며 집중했다.

구지정에서 찾은 보물이 여럿 있었다. 그중에서 뒷이야기가 없어 끝마무리가 애매한 이야기가 있었다. 이 얼마나 귀한 보물인가. 설화를 창작하게 될 아이들에게 상상하고 재구성하고 이야기를 만들어 볼 기회를 제공할 수 있는 보물인 것이다.

> ※선생님께서 보여 주시는 두 번째 영상을 보고 다음 활동을 해 보자.
> 2. 이야기 내용을 간추려 정리해 보자.
> 3. 뒷이야기를 상상하여 만들어 보자.

정말 다양하고 참신하고 재미있는 이야기들이 쏟아졌다. 결말에 따라 이야기 전체 분위기와 느낌이, 그리고 이야기를 통해 전하고자 하는 바가 달라짐을 스스로 깨닫는 계기가 되었다. 또 모둠별로 만든 이야기를 친구들에게 들려주고 또 들으며 설화에 대한 재미도 키우는 기회가 되었다.

> 4. 친구들이 들려주는 설화를 듣고, 설화를 더욱 재미있게 만들기 위해서는 어떻게 하면 좋을지 말해 보자.

### 2) 노루우물에는 노루가 없다

장곡중학교가 위치한 장곡동에도 전해오는 설화가 있는데, 바로 '노루우물' 이야기다. 욕심이 많고 성질도 고약한 부자가 거지들이 집에 찾아오는 것을 막으려고 노루바위를 깨뜨렸다가 집안이 망하게 되었다는, 권선징악의 교훈이 담긴 이야기다. 설화의 전형적인 특징을 보인다.

무엇보다 감사한 것은 장곡 마을교육자치회에서 만든 마을 교과서다. 이 마을 교과서에 노루우물 설화가 실려 있고, 아이들과 마을 교과서로 수업을 할 수 있다는 것이다.

2018 마을 교과서          2019 마을 교과서

다음은 마을 교과서에 실린 노루우물 이야기다.

옛날 장곡동 매꼴 마을의 노루우물가에 큰 부자가 살았다. 그는 거지는 말할 것 없고 스님이 시주를 청해도 시주는커녕 목탁과 배낭마저 빼앗아 버리는 탐욕스럽고 고약한 성격이었다.

하루는 고명한 스님이 왔다는 소문이 마을에 널리 퍼지자 부자는 그 스님을 불러 어찌하면 우리 집에 동냥아치나 비렁뱅이가 오지 않겠느냐고 물었다. 스님은 뜰 앞에 있는 노루바위를 깨뜨리면 다시는 비렁뱅이가 오지 않을 것이라고 예언하였다. 스님의 예언을 믿고 부자는 망치로 노루의 목을 쳐서 목이 떨어져 나갔는데, 그때 목에서 선혈이 뻗쳐올랐다고 한다. 그 후 집은 차차 망하고, 노루의 목에서는 피가 그치지 않았는데 우물자리에 절을 짓고 정성을 다하자 피가 멎었다고 한다.

지금도 그 부잣집 터에서는 옛날 기왓장이 출토되고 있는데, 1950년대 어떤 사람이 옛 절터에 '대안사'라는 절을 짓기도 했다. 현재도 그 노루의 일부라고 하는 쑥돌의 일부분이 우물 속 깊이 박혀 있다. 노루우물은 70년대 초에 복원하여 마을 공동빨래터로 이용되었을 뿐만 아니라 농업용수로도 활용되었다고 한다.

다음은 위 노루우물 이야기를 토대로 한, 설화에 대한 이해와 창작의 기회를 제공하기 위해 제시했던 활동이다.

1. '노루우물' 설화를 바탕으로 '설화'가 어떤 것인지 짐작해 보자.

2. 다음 조건에 맞게 '노루우물' 설화를 다시 만들어 보자.

> [조건]
> 1. '옛날 옛적 장곡동 매꼴 마을에~'로 시작합니다.
> 2. 설화의 끝부분은 다음 중 한 가지를 선택해서 씁니다.
>    ① ~그리하여 '노루우물'이 생기게 되었다고 한다.
>    ② ~그리하여 이곳을 '장곡'동이라고 불렀다고 한다.
>    ③ ~그리하여 이 우물을 '노루우물'이라고 불렀다고 한다.

3. 친구들이 들려주는 설화를 듣고, 설화를 더욱 재미있게 만들기 위해서 어떻게 하면 좋을지 말해 보자.

마을의 젖줄이었던 노루우물

노루우물 이야기를 텍스트로 활용하면서 얻게 된 예상 밖의 배움은 노루우물에 대한 관심을 키우는 불씨를 댕겼다는 것이다. 노루우물은 500년 동안 이어져 온 장곡동의 젖줄이다. 식수원이기도 했고, 농업용수이기도 했으며, 빨래터이면서 소통의 장소였다. 그런데 이곳에 아파트 건축이 계획되면서 매립이냐 보존이냐를 놓고 시공사와 마을 사람들 간 갈등이 불거졌다. 아이들은 노루우물을 사용해 본 경험도 없다. 이 장소에 대한 추억은커녕 아이들의 관심 밖에 놓이면서 옛날 옛적에 존재했던 어떤 장소에 지나지 않았을 수도 있다. 이를 아이들의 관심 안으로 끌어들이고 그 역사와 의미를 인지함으로써, 존폐 위기에서 노루우물 보존에 뜻을 같이하며 마을신문에 투고하는 등 아이들을 행동하게 만든 것이다.

공사 전후 노루우물의 모습

다음은 마을신문에 실린 한 학생의 글이다.

노루우물을 지켜 주세요

우리가 살고 있는 장곡동. 장곡동에는 500년 전부터 전해 내려오는 한 우물이 있습니다. 그 우물은 아주 차고 맑았으며 장곡동 사람들의 빨래터이자, 휴식터였습니다. 바로 노루우물입니다.

하지만 지금, 장곡동 노루우물이 사람들의 욕심으로 인해 점점 파괴되고 있습니다. 노루우물은 원래 깨끗했었습니다. 그러나 2014년 LH공사의 아파트 건설로 인해 물길이 막히고, 사람들의 무관심으로 이끼가 끼고, 쓰레기가 둥둥 떠다니는 상황이 되었습니다.

이 시점에서 우리는 우리의 500년 역사, 노루우물을 지켜 내야 합니다.

첫째, 우리가 먼저 노루우물에 관심을 가져야 합니다. 장곡동 학생들을 대상으로 노루우물에 관한 설문조사를 실시한 결과, '노루우물에 대해 얼마나 아시나요?'라는 질문에 '잘 모른다'라는 대답이 50%로 가장 많았습니다. 그리고 '노루우물이 보존 가치가 있다고 느끼시나요?'라는 질문에 '잘 모르겠다'라는 대답이 86%로 가장 많은 비율을 차지했습니다.

이렇게 우리의 무관심 속에서 노루우물은 더 더러워졌고, 노루우물의 소중함을 모르는 분들이 더 많아졌습니다. 장곡동 마을신문 〈장곡타임즈〉와 게시판에 노루우물의 역사적 가치, 활용 가능성을 알린다면 노루우물은 사람들의 관심 속에서 다시 살아날 수 있을 것입니다.

둘째, 우리 모두 노루우물을 잘 활용할 수 있는 방안을 마련해야 합니다. 실개천이나 청계천은 한강의 물을 전기의 힘을 이용해 빨아들여 흘려보냅니다. 그로 인해 1년에 막대한 전기 비용이 든다고 합니다. 하지만 노루우물은 물이 흐를 수 있는 물길만 터 준다면 자신의 힘으로 직접 흘러 따로 전기의 힘이 필요하지 않습니다. 그렇기 때문에 물길을 터서 흐르게 한 뒤 한곳에 모이게 하여 발을 담그고 쉴 수 있는 수영장이나 공원을 만든다면 그로 인한 장곡동의 경관도 좋아지고 사람들의 행복도 더해질 것입니다.

2016년 10월 16일, 장곡중 2학년 7반 박○○

### 3. 우리가 만든 낯선 기억

이제 아이들이 자신들만의 낯선 이야기를 만들 차례다. 구지정 이야기가 되었든 노루우물 이야기가 되었든 마을에서 전해 내려오는 설화를 가지고 준비 운동을 하는 동안 한문, 미술, 역사 시간에는 국어 시간에 최종적으로 진행할 설화 창작을 위한 협력 작업이 이루어진다. 이를 잠깐 살펴보면 다음과 같다.

### 1) 한문, 유물의 이름을 불러 주었을 때

사실 '역사'와 관련한 프로젝트를 진행할 때 가장 많은 도움을 주는 교과 중 하나가 한문이다. 한자문화권에 속해 있는 우리나라로서는 어쩌면 당연한 일일지도 모른다. 한자와 한문에 대한 이해는 우리의 역사와 문화와 삶을 이해하는 데 주춧돌이 됨은 누구나 공감하는 것이다.

설화와 유물과 한문을 연결해 진행하려는 고민 끝에 처음에는 다음과 같은 순서로 활동이 진행되었다.

국어 시간에 작성한 설화 내용을 80자 정도로 요약하고, 이를 바탕으로 다시 설화의 주제가 될 수 있는 문장을 우리말로 적어 본다.

그런 뒤 설화의 연대를 추정하거나 설화의 내용을 유추할 수 있는 근거가 될 만한 글자를 우리말로 생각해 본다.

이들을 모두 종합하여 유물에 새길 문장이나 구절을 한문으로 작성해 보는 것이다. 이 문장이나 구절은 아이들이 실제 유물을 만들 때 직접 새겨 넣었다.

예를 들어 '조선 전기, 임진왜란으로 헤어질 위기에 놓인 사랑하는 남녀, 잊지 말자고 약속하며 거울을 쪼개 나눠 갖고 애절하게 헤어질 수밖에 없었던 슬픈 사랑 이야기'가 설화 내용인 아이들이 '朝鮮前期男女的愛情鏡(조선전기남녀적애정경)'을 적었듯이 말이다.

---

**한문 문장 만들기 (중학교 2학년 한문) 활동지**　　　　**설화를 바탕으로 유물에 적을 문구 만들기**

1. 국어 시간에 쓴 가상의 설화 내용을 60자 이내로 간략히 정리해 보자.

2. 가상 설화의 주제를 한 문장의 우리말(25자 이내)로 표현해 보자.

3. 가상 설화의 연대를 추정하거나 내용을 유추할 수 있는 증거가 되는 유물들에 적혀 있을 글자는 어떤 것일지 상상하여 이를 우리말로 두 가지 정도 적고, 그 이유를 말해 보자(모두 우리말로 작성).

4. 위의 3번 활동을 참고하여, 모둠별로 유물에 적을 적합한 한자를 4자 이상 8자 이내로 적어 보자.

5. 설화의 내용을 바탕으로 하여 유물에 적당한 이름을 새겨 넣으려고 합니다. 설화의 내용이 담긴, 유물들에 적혀 있을 글자는 어떤 것일지 우리말로 두 가지 정도 써 보고, 그 이유를 말해 봅시다.

6. 5번 활동을 참고하여 모둠별로 유물에 적을 적합한 제목을 한자 4자 이상으로 만들어 봅시다.

아이들은 이 작업은 무척 힘들어했다. 적절한 내용이 들어가도록 한작漢作을 하는 과정이 만만치 않았다. 중학교에 들어와 한문을 처음 배우는데, 5월 즈음에 진행하는 프로젝트이니 당연히 그러했으리라. 그래서 욕심을 조금 낮추어서 유물의 이름을 지어 보는 활동으로 변경하기에 이른다. 가령 사랑하던 누군가를 그리워하다 옛 연인이 선물해 준 귀한 꽃병을 죽을 때 함께 묻어 달라고 하여 유물이 된 꽃병에 '永世不忘(영세불망)'이라는 이름을 새겨 넣는 것이다. 그리고 이 이름은 설화에도 반영이 된다. "그래서 이 유물에는 ○○낭자를 잊지 못한 ○○도령의 마음을 담아 '永世不忘'이라는 이름이 새겨져 있다고 한다."

마을마다 이름이 있다. 사람마다 부르는 이름에도 사연이 있듯이 마을 이름에도 이야기가 있다. 아이들이 만드는 설화에도 이러한 이름을, 지명을 넣어 보면 어떨까? 아이들은 작가적 상상력을 발휘하여 현재 실존하는 지역의 이름에 얽힌 설화를 만들고, 이와 관련한 지명으로 한자를 바꾸기도 했다. 한 예로 장곡중학교가 있는 '장곡'이라는 마을 이름은 '長谷'이라 표기하는데, 이것은 방울 소리로 노래를 불러 사람들을 홀리던 처녀 이야기를 설화로 하여 방울 유물과 함께 '곡曲'이라는 지명을 사용

---

**지명 짓기 (중학교 2학년 한문) 활동지**             **설화의 배경이 되는 지명 짓기**

1. 지명은 어떻게 만들어질까 생각을 나누어 봅시다.
   • 지명에 대해 가지게 된 생각을 적어 봅시다.

2. 조덕현의 구림마을 프로젝트(미술 활동지 참고)
   • 구림이라는 지명을 가지게 된 배경 설화를 정리해 봅시다(읽기 자료 2. 구림마을 지명 유래 참고).
   • 어떤 작가적 상상력을 바탕으로 구림이라는 지명의 의미가 바뀌었나요?(미술 활동지 참고)

3. 장곡중학교의 장곡이라는 지명 알아보기
   • 장곡이라는 지명을 가지게 된 배경을 정리해 봅시다(읽기 자료 1. 장곡동 지명 유래 참고).
   • 매꼴 마을에 내려오는 노루우물 설화를 바탕으로 장곡의 지명의 한자를 바꿔 볼까요?

4. 〈흙 속에 담긴 낯선 기억을 찾아서〉 프로젝트 수업으로 국어 시간에 설화 쓰기를 하고 있지요. 설화 속 지명을 지어 보려고 합니다. 지명 속에 설화의 내용이 함축될 수 있도록 지어 봅시다.

했으며, 이 지명이 훗날 지금의 장곡으로 바뀌었다는 이야기로 창작했다.

1. 장곡중학교 운동장에서 아래의 물건이 발견(발굴)되었다면?

2. 위 유물들이 흙 속에 담긴 이유를 상상해 보면서 그 속에 담긴 낯선 기억을 복원해 보자(택 1).
   *단 역사책에 나오는 역사적 사건, 시흥 지역의 역사와 문화와 관련이 있어야 함.
   발굴된 유물은 무엇인가?(교과서를 참고하여 공식 명칭을 써 본다) / 유물이 제작된 시대는 언제인가? / 유물, 유적은 누구, 어떤 역사적 사건과 관계가 있는 것인가?(역사적 인물과 그 주변인) / 유물이 땅에 묻히게 된 계기는 무엇일까?(역사적 사건과 관계가 있어야 함): / 유물이 발굴된 곳(현재 장곡중 운동장)은 당시에 어떤 곳이었을까?

3. 역사인물이나 사건 중에서 내가 복원(재해석·기억)하고 싶은 이야기를 그 이유와 함께 말해 보자.
   복원(재해석·기억)하고 싶은 이야기 / 복원(재해석·기억)하고 싶은 이유

4. 3번 활동의 배경이 되는 시대에 대해 알아보자(그 시대 사람들을 어떻게 살았을까?).
   정치 / 경제 / 사회 / 문화 / 주요 사건


도움이 될 만한 책: 『한국생활사박물관』(사계절), 『삼국시대, 고려시대, 조선시대 사람들은 어떻게 살았을까』, 『살아 있는 한국사 교과서(1, 2)』, 역사책, 역사부도.


2) 역사, 기억을 기록하다

역사 시간을 통해, 실제 역사적 유물의 기억을 복원해 보고 그 시대적 배경과 연관 지어 이야기를 상상하고 재구성하는 기회를 얻는다. 이는 아이들이 자신의 유물과 그 유물이 묻힌 시대적 배경 속 사건이나 문화, 사회적 관습 등을 연결하여 상상하고 재구성하는 창작으로 이어질 것이다.

다음은 국어 시간에 진행하는 설화 창작 활동지다.

1. 발굴될 가상의 유물을 가지고 나만의 설화를 만들어 보자.

| 발굴될 유물 | |
|---|---|
| 배경이 되는 시대<br>(역사 시간 활동 참고) | |
| 배경이 되는 장소<br>(한문 시간 활동 참고) | |
| 유물이 땅에 묻히게 된 계기 | |
| 주요 사건의 흐름 | |

　활동지 자체는 간단하지만 작성하는 데는 만만치 않은 정성과 시간이 필요하다. 그만큼 교사의 돌봄과 도움의 손길이 요구되기도 한다.

　다음은 아이들이 창작한 설화다.

　옛날 옛적 이성계가 조선을 건국하여 나라가 혼란스러울 즈음에 저 멀리 중국에서 온 상인이 전설의 보검이라며 칼을 팔았어. 그러나 너무나도 비싼 나머지 누구도 살 엄두를 내지 못했지.

　장곡동에 살던 한 어부도 물건을 사러 나왔다가 이를 보고 있었어. 그러자 상인이 이를 보고 갑자기 어부에게 크게 될 상이라며 이 칼을 싸게 준다는 거야. 터무니없이 싼 가격에 보검을 산 어부는 신이 나서 휘파람을 불며 장곡동으로 가는 배를 탔어. 지금의 갯골부터 장곡동까지가 그땐 바다였거든. 그런데 집으로 돌아가는 도중 인천 바다에서 유명한 해적을 만났어. 그로 인해 어부는 물론 배에 탔던 사람까지 모두 바다에 빠져 죽고 말았지.

한편 어부에게는 효자 아들 쇠똥이가 있었는데, 쇠똥이는 물건을 사기 위해 바다를 건너간 아버지가 무사히 돌아오기를 기다리고 있었어. 바다에 빠져 죽은 사람이 살아 돌아올 수 있겠어? 아무리 기다려도 아버지가 오지 않자 쇠똥이는 아버지에게 안 좋은 일이 생겼다는 것을 짐작하고 무턱대고 아버지를 찾으러 바다로 나갔어. 그 드넓은 바다에서 아버지를 찾는 것은 낙타가 바늘귀 속으로 들어갔다 나올 만큼 힘든 일이지. 쇠똥이는 슬피 울고 또 울고 계속 울었어.

그런데 그때, 저 멀리 파도에 떠밀려 오는 반짝이는 빛이 보이는 거야. 눈을 깜빡이고 깜빡이며 살펴봐도 파도에 떠밀려 오는 반짝이는 빛이 보이는 거야. 혹시나 하는 마음에 헤엄쳐 반짝이는 곳까지 가 보았더니 칼이 있었지. 왠지 모르겠지만 그 칼을 보자 아버지 생각이 났어. 그래서 쇠똥이는 그 칼을 가지고 집으로 돌아가기로 했지. 칼을 들고 헤엄쳐 나온 쇠똥이는 갑자기 밀려오는 아버지에 대한 그리움에 칼을 두 동강 내어 하나는 장곡동 해변에 묻고, 나머지 하나는 집으로 가지고 와 집 앞마당에 묻었지.

다음 날 쇠똥이는 무슨 마음인지 해변에 묻은 칼이 궁금한 거야. 그래서 어제 칼을 묻은 곳으로 가 봤더니 글쎄 아버지 시신이 온전한 상태로 있는 게 아니겠어. 쇠똥이는 아버지 시신을 집 앞마당 보검을 묻었던 곳에 함께 묻고 정성을 다해 제사를 지냈대.

이를 들은 이성계는 크게 칭찬하며 어부의 아들 쇠똥이에게 쌀 50석과 비단 10필을 하사하고 장곡동 사또를 시켜 효자비를 세워 주었대. 하지만 안타깝게도 임진왜란 때 악행을 일삼은 일본군에 의해 효자비는 흔적도 없이 사라졌지만, 다행히 일본군이 보검의 위치는 몰랐나 봐. 당시 쇠똥이가 살던 집 앞마당이 지금의 장곡중 운동장이라고 해. 장곡중 운동장 어딘가에 쇠똥이 아버지 유해와 함께 보검이 있을지도 몰라. 한번 찾아봐.

장곡중 2학년 6반 김○○

옛날 조선 후기 병인양요가 시작되기 5시간 전, 프랑스의 군대를 모두 태우고 있던 배들이 조선을 향해 오고 있었다. 프랑스의 배들은 마지막으로 군사를 점검하고 재정비하기 위해 시흥이라는 곳에 잠시 머물렀다.

군사 중에 장 피에르 노벵이라는 사람이 있었다. 노벵은 어렸을 때부터 천주교 신앙심이 깊은 부모님 아래서 자랐다. 청년으로 자라 군인이 된 장 피에르 노벵이 조선이라는 낯선 곳에 전쟁을 하러 간다는 소식을 들은 그의 부모님은 아들을 더 이상 못 볼 수도 있을 것 같은 불안한 마음과 살아 돌아오기를 간절히 기도하는 마음으로, 밤새 황금 십자가를 만들어 떠나는 아들에게 주었다. 노벵은 그 십자가를 목에 걸고 조선에 도착한 것이다. 낯선 조선 땅에 도착하자 전쟁에 대한 두려움과 긴장으로 장이 뒤틀리기 시작하며 화장실이 급해졌다. 너무 급한 나머지 노벵은 아무에게도 말하지 못한 채 혼자서 갈대가 우거진 곳으로 들어갔다. 혹시나 다른 사람들의 눈에 띌까 봐 좀 더 깊숙이 깊숙이 들어갔다. 너무 긴장해서 그런지 급했던 것과는 다르게 변이 쉽게 나오지 않았다. 아픈 배를 부여잡고 겨우겨우 볼일을 해결하고 난 뒤 군대가 야영하던 곳으로 향했다.

그런데 이게 무슨 일인가? 함께 왔던 군대가 보이지 않는 것이다. 자신이 없어진 것도 모른 채 군대는 떠난 것이다. 노벵은 망연자실하여 앞으로 어떻게 지낼지 고민하다 이대로 굶주릴 수도 없기에 인근에 있는 마을을 찾아 나섰다. 오랜 헤맴 끝에 겨우 장곡이라는 마을에 도착한 노벵은 사람들에게 도움을 청하려 했다. 하지만 평소 홍선대원군의 정책과 척화비를 보면서 서양인을 배척하던 사람들은 노벵의 피부색과 목에 걸린 십자가를 보고 그를 무차별적으로 때리기 시작했다. 겁에 질린 노벵은 사람들로부터 도망쳐 겨우 큰 바위 뒤에 몸을 숨길 수 있었다. 그것도 잠시, 쫓아오는 사람들의 소리가 들렸고, 이대로 붙잡히면 자신의 목숨은 물론 부모님이 주신 십자가도 무사하지 못할 거라는 생각에 급히 땅을 파 십자가를 묻었다. 밤새 눈물로 십자가를 만드시던 부모님의 모습, 십자가를 자신의 두 손에 꼭 쥐어 주며 살아 돌아오라고 말씀하시던 부모님의 모습이 떠올라 눈물이 쏟아졌다.

어느새 노벵을 발견한 사람들은 노벵을 끌고 갔고 그 후 노벵의 생사는 아무도 알지 못한다고 한다. 노벵이 급히 십자가를 묻은 곳은 지금의 장곡중학교 운동장이라고 전해진다.

장곡중 2학년 6반 김○○

## 4. 낯선 기억으로 기억되기

설화 창작의 마지막 단계는 자신의 이야기를 설화로 만드는 작업이다. 그리고 이 설화는 아이들 앞에서 말하기로 구연하게 된다.

---

**설화 창작하기 (중학교 2학년 국어) 활동지**                     **설화 말하기**

※지금까지 여러분은 현재의 시점에서 과거 누군가의 낯선 기억들을 유물과 함께 만들어 냈지요? 지금부터는 500년 뒤로 가 보는 겁니다. 현재 여러분이 사용했거나 간직했던 어떤 물건이 어떤 사연에 의해 묻혔고, 이것이 500년 뒤인 2519년에 누군가에 의해 유물로 발견되는 것입니다. 2519년의 누군가가 여러분의 유물을 보고 여러분에 대한 낯선 기억들(이야기)을 만들어 내는 것입니다. 즉, 2519년 누군가의 시점에서 현재 '나'의 이야기를 작성합니다.

1. 여러분의 어떤 물건이 묻혔을까요?

2. 1번 물건에 얽힌 사연은 무엇일까요?

3. 1번 물건이 묻히게 된 사연은 무엇일까요?

---

지금까지는 누군가의 낯선 기억
을 상상하고 재구성하여 이야기
를 만들었다면, 지금부터는 미래
의 누군가가 되어 현재의 자신의
이야기를 상상하고 재구성해 보는
것이다. 지금 자신이 사용하거나

가지고 있는 물건 중 무언가가 500년 뒤 유물로 발견된다는 가정, 또 그
물건에 얽힌 사연과 그 물건이 묻히게 된 계기가 설화로 전해져 내려온다
는 가정. 이를 위해서는 현재 자신이 죽었음을 또한 가정해야 한다. 이는
곧 자신의 죽음을, 죽는 순간을 생각해야 한다는 것이다. 신나게 미래를
상상하던 아이들도 이 부분에서 진지해진다. 그리고 쉽게 결정하지 못한
다. 자신의 최후의 순간을 쉽게 결정하고 쉽게 상상할 수 있는 사람은 아
무도 없을 것이다. 아이들은 자신이 바라는 삶대로 이야기를 만들어 낸
다. 그리고 후대에 기억되고 싶은 모습으로 이야기를 만들어 낸다. 이 과
정에서 툭! 고백이 튀어나온다. "선생님, 정말 잘 살아야겠다는 생각이 들
어요!"


## 마을이 선물한 프로젝트 〈흙 속에 담긴 낯선 기억을 찾아서〉

이 프로젝트는 흙 속에 담긴, 과거의 이야기를 다루지만 현재와 현재
가 모여 자신의 역사를 만들어 가고 그것이 다시 미래를 만들어 간다는
것을 깨닫게 해 준다. 역사 속에서의 인간의 삶과 감정을 총체적으로 이
해하고 현재의 자신의 삶이 역사가 됨을 인식함으로써 삶을 소중히 여기
는 태도를 내면화한다는 데 그 매력이 있다. 이러한 매력과 큰 배움을 위
해 프로젝트를 더욱 정교하면서도 풍성하게 만들어 주는 것이 바로 '마

을'이다.

리플릿 표지

장곡중학교가 있는 시흥에는 '시흥창의체험학교'가 있다. 시흥창의체험학교는 '온 마을이 살아 있는 교과서'라는 구호 아래 시흥의 생태, 문화, 역사, 환경 등 지역 자원을 활용한 다양한 체험 콘텐츠를 초·중·고 교육 과정과 연계하여 제공하는 프로그램이자 현장학습체험 터다.

처음 이 프로젝트를 기획할 때는 한국교육문화재단 문화역사 연구부 '퍼니 고사리(고사리古史肆 협동조합)'의 도움을 받아 고고학 체험을 했다. 유물을 만들고 이와 관련한 설화를 창작하는 과정은 교과 시간에 진행하지만 이러한 일련의 활동들에 더 큰 의미를 부여할 수 있는 고고학 발굴체험이 필요했기 때문이다. 고고학 발굴체험을 통해 역사에 흥미롭게 접근할 기회를 갖고, 역사의 흐름 속에서 창출되는 문화에 대한 이해를 높일 수 있었다. 실제로 한 반을 7~8모둠으로 나누어 모의 유구를 발굴·실측하고, 유물을 탁본·접합하는 등의 활동을 통해 발굴된 유물이 가치 있는 역사가 되는 과정을 체험해 보았다. 이 당시에는 아파트 건축을 위해 굴착 공사를 하던 중 유물이 발굴되어 실제 발굴지를 보고 체험하는 기회를 얻는 행운을 누릴 수 있었다.

행운은 여기까지였다. 다음 해부터 난관이 시작되었다. 발굴지를 섭외하기가 쉽지 않았다. 거리와 시간에 제약이 있다 보니 더욱 그랬다. 꿩이 없다면 닭이라도, 닭이 없다면 비둘기라도 사용하자는 절박한 심정으로 자연적인 발굴지가 없다면 인위적인 발굴지라도 만들자는 생각에, 결국 모의 유구를 직접 만들기로 결정했다. 당시 MOU를 체결해 텃밭으로 사용하던 학교 옆 공터가 있었다. 교장 선생님과 여러 사람들의 도움으로 공터 한쪽에 모의 유구를 만드는 것을 허락받고 작업을 시작했다. 만만

치 않은 작업, 발굴체험하기에 적합하지 않은 흙 상태 등 열악한 상황들
이 후회와 좌절과 포기와 그럼에도 불구하고 해 보자는 의지 사이를 끊
임없이 오가게 만들었다.

모의 유구를 제작하는 과정에서 얻은 한 가지 보물이 있다. 조개껍데
기가 그것이다. 사진에서도 볼 수 있듯이 분명히 이곳은 흙으로 다져진
터인데, 굴착하는 중에 갯벌에서나 볼 수 있을 점토와 함께 조개껍데기가
나온 것이다. 장곡동의 끝에는 갯골이 있다. 조개껍데기가 나왔다는 것은
과거에는 이곳이 바다였음을, 우리가 밟고 있는 땅은 매립한 곳임을 의미
하는 것이다. 정말 값진 발견이었다. 이후 아이들과 이 경험을 공유했다.
바다였던 곳을 자신들이 밟고 있다는 사실에 신기해하면서 아이들은 재
구성하는 설화에 이 내용을 삽입하기도 했다.

터무니없이 싼 가격에 보검을 산 어부는 신이 나서 휘파람을 불며
장곡동으로 가는 배를 탔어. 지금의 갯골부터 장곡동까지가 그땐 바

모의 유구 제작 현장

움집터에서 화덕의 흔적을 발견하는 아이들

다였거든.

장곡중 2학년 6반 김○○ 학생의 설화 작품 중에서

이 모의 유구 제작에는 무척이나 안타까운 후일담이 있다. 열악하고 힘든 상황이었지만 뜻밖의 보물도 발견하고 흉내 수준이긴 하나 발굴체험도 하게 되었다는 안도감도 잠시, 발굴체험일을 며칠 남겨 두고 폭우가 쏟아졌다. 모의 유구는 금세 수영장 풀로 변했다. 무엇을 어떻게 조치해 볼 여지도 없었다. 어쩔 수 없이 깊이 판 모의 유구는 포기하고 인위적으로 만든 움집터와 화덕에서 어설프게나마 체험하는 것으로 만족해야 했다.

이러한 난관을 극복하게 해 준 것이 바로 시흥창의체험학교다. 2015년부터 시작된 시흥창의체험학교는 교육과정과 연계하여 진행할 수 있는

시흥창의체험학교 콘텐츠 지도

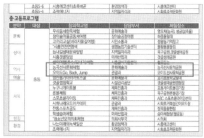

시흥창의체험학교 프로그램 중

다양한 콘텐츠를 제공한다. 물론 고고학 체험도 포함되어 있다. 시흥창의 체험학교가 제공하는 콘텐츠 덕분에, 더 이상은 땅을 팔 필요도 어렵게 발굴지를 찾을 필요도 전화하고 섭외하고 애쓸 필요도 사라졌다. 그야말로 마을이 선물한 프로젝트가 아닌가.

## 2장 마을에서 보물찾기

할 만한 가치가 있는 일은 잘 못하더라도 해 볼 만한 가치가 있다.
― 데보라 마이어, 『우리가 신뢰하는 학교, 어떻게 만들 것인가?』 중에서

## 학기말 프로젝트? 그걸 왜 해?

장곡중학교 교과통합수업의 역사는 2010년도로 거슬러 올라간다. 수년 전부터 독서토론모임을 통해 다져 나가고 있던 협의의 문화가 혁신학교 지정으로 인해 탄력을 받던 무렵, 좋은 수업을 꿈꾸는 교사들에게 수업 공개는 반드시 필요한 일이었고, 다른 동료의 수업을 보는 일은 자연스럽게 교과통합수업의 꿈으로 이어졌다. 여러 교과가 하나의 주제를 공유하며 진행하는 교과통합수업은 처음에는 주로 학기말에 가장 집중적으로 이루어졌다. 기말고사가 끝난 이후부터 방학 직전까지의 기간은 1년의 한해살이 중 교육과정이 가장 파행적으로 흐르기 쉬운 시기로, 교육청에서도 이 기간을 '취약 시기'라는 이름으로 부르곤 한다.

사실 이 기간에는 교사들이 무척 바쁘다. 한 학기를 마무리하기 위해 꼭 해야만 하는 행정업무들이 쌓여 있을 뿐 아니라, 학생들의 생활기록부 기록 및 성적 처리 업무 등으로 인해 눈코 뜰 새가 없다. 단언컨대, 학기 초와 학기말은 교사들에게 가장 바쁜 시기이다. 따라서 학기말의 교육과정이 파행 운영될 가능성은 대단히 높다. 누구나 학창 시절을 떠올려 보

면 학기말에, 특히 중3이나 고3 말에 실제로는 수업을 하지 않는데도 등교해서 교실에 앉아 있어야 했던 시기가 있었을 것이다. 학생들은 자습을 했을 것이고, 교사들은 교실에 앉아서 업무를 보는 일이 흔했을 것이다. 수업의 존재 이유가 마치 시험을 위해 있는 것인 양, 시험을 치르기 전까지 가르쳐야 할 것들을 몽땅 쏟아부은 후, 시험이 끝난 이후에는 수업 일수를 채우기 위해 등교만 하게끔 하는 것이다.

시험이 끝나고 나면 아이들이 아무것도 안 하려는 이유는 크게 두 가지다. 하나는 방금 이야기한 대로 시험이 끝났으니 수업할 필요가 없다는 것이고, 다른 하나는 공부는 재미없는 것이라는 생각 때문이다. 학생들 입장에서는 시험을 봐야 하니 재미도 없는 공부를 어쩔 수 없이 했는데, 시험도 끝난 마당에 또 할 필요는 없다고 생각하는 것이다.

하지만 수업은 시험을 위해 존재하는 것이 아니다. 누구나 상식적으로 알 수 있듯이, 수업은 배움을 위해 존재한다. 2010학년도의 장곡중학교 선생님들은 교육과정 운영이 가장 힘든 이 취약 시기에 교과통합수업을 시도했다. 취약 시기인 만큼 아이들이 정말 몰입해서 할 수 있는 활동이면서, 동시에 배움의 목적이 뚜렷한 수업이어야 했다. 교사들은 평소에는 여러 가지 상황적 제약으로 시도하기 힘들었던 수업을 이 시기에 풀어내고자 노력했다. 결과는 예상했던 것보다 훨씬 성공적이었다. 아이들은 자신들이 무엇인가를 배우고 있는지도 인식하지 못할 정도로 활동에 몰입했다.

학기말의 취약 시기에 교과통합수업을 왜, 누구를 위해 하는가? 잠시 생각을 다듬고 정리해 볼 필요가 있겠다. 모든 일에서 '효율'만이 가장 중요하다고 생각한다면, 학기말의 교과통합수업은 하지 않는 것이 낫다. 어차피 수업일수를 채우기 위해 학생들은 등교를 해야 하고, 그렇다면 교사는 업무량이 가장 폭증하는 이 시기에 교실에 앉아서 업무를 처리하는 것이 더 효율적일 것이다. 이제 앞에서 잠깐 언급했던 질문으로 돌아가 보자. 수업은 왜 하는가? 두말할 필요도 없이, 수업은 배움을 위해 존재한다. 수업의 주인이 학생과 교사일진대, 학생의 배움이 없는 수업은 교사에게도 배움을 가져다주지 못한다.

전입해 오는 교사들은 장곡중학교의 학기말 프로젝트를 버거워하기도 했다. 안 그래도 해야 할 일들이 쌓였는데, 프로젝트 수업을 기획하고 생각을 나누고 수정하고 실행하고 평가하고 반성하는 그 모든 일들을 번외로 해야 한다고 생각했기 때문이다. 실제로 장곡중학교의 학기말 풍경은 일반적인 학교보다 훨씬 더 분주하다. 깊이 있는 프로젝트 활동을 진행하는 동시에 각종 행정업무들도 정확하게 수행해 내야 하는데, 사실 이 두 마리 토끼를 잡는 것은 생각보다 어렵다. 해야 할 일은 많은데 시간은 누구에게나 하루 24시간으로 한정되어 있으니, 이 두 마리 토끼 중 어디에 더 큰 비중을 두어야 옳은가. 이것은 실제로 학교에서도 이 시기만 되면 심심치 않게 오가는 논쟁거리이기도 하다.

## 우리 마을은 어디까지일까? 우리 마을의 보물은?

2015학년도 1학기말, 장곡중학교의 1학년 교사들은 〈우리가 그리는 우리 마을 이야기〉라는 프로젝트를 진행하기로 했다. 우리 마을에 대해 더 잘 알 수 있는 기회를 제공한다면, 자신이 살고 있는 마을에 대한 자부심도 생겨날 것이라는 믿음에서 출발한 프로젝트였다. 1학년 교육과정의 큰 주제인 '길은 마을로 통한다'를 실현하는 네 번째 활동인 셈이었는데, 2학기 자유학기제의 프로젝트와 연계 가능한 접점을 찾을 수 있으리라는 기대감도 있었다.

프로젝트를 진행할 수 있는 기간은 일주일 정도였다. 일주일의 활동을 마치고 나면, 우리 마을에 대한 대단한 자부심까지는 아니더라도 '아! 우리 마을이 그래도 살 만한 곳이구나!'라는 생각 정도는 가질 수 있기를 바라는 소박한 마음으로 출발했다. 우리 마을에서 보물을 찾는다면, 어떠한 것들을 '보물'이라고 지칭할 수 있을지가 가장 큰 난제였다. 학교는 장곡동을 품고 있고, 아이들 역시 장곡동에서 자라나고 있지만, 사실 공교육의 교사 중 학교 근처에서 사는 사람은 그렇게 많지 않다. 2015학년도의 장곡중학교도 마찬가지였다. 장곡동을 생활 근거지로 삼고 있는 교사들이 많지도 않았으며, 또 있다고 하더라도 대부분 발령 이후에 전입해 온 이주민들이어서, 아이들의 터전인 장곡동에서 보물이라고 할 만한 게 무엇일지 생각해 내는 것은 쉽지 않았다. 그렇다고 그냥 찾아보라고 할 수도 없었다. 개개인의 가치관에 따라 보물의 기준도 달라질 텐데, 물질적인 것의 가치가 어마어마해진 자본주의 사회에서 나고 자란 아이들에게 그냥 맡겨 버리면, 우리가 지향하는 마을과는 너무나 거리가 있는 것들을 찾아올 가능성이 크다고 생각했다.

따라서 교사들은 자료를 찾아보고 회의에 회의를 거듭하면서 보물의 기준을 정했다. 물질적인 가치의 여부와 상관없이, 우리 마을에서 오래도록 지속시킬 만한 가치가 있는 것 또는 마을 사람들이 지키고자 노력하는 것들을 보물로 정하기로 했다. 결국 다섯 가지 보물, 즉 노루우물, 길방나무, 마을학교 '너도', 혁신학교, 그리고 마을 사람들을 정하게 되었다.

'노루우물'은 500년의 역사를 지니고 있으며, 예전부터 주민들이 식수나 농업용수로 이용했던 우물이다. 한때 매립 위기에 처했을 때 장곡동 주민들이 노루우물을 살려 내기 위해 갖은 노력을 한 덕에 보전될 수 있었다.

'길방나무' 역시 장곡동 진마루의 유서를 간직하고 있는 400년 고령의 나무이다. 나무가 있는 일대는 택지개발 공사가 진행 중인데, 건강 상태가 좋지 않은 나무의 이전 및 보호수 지정 문제를 두고 마을 주민들의 관심을 한 몸에 받고 있다.

| | 1 | 사진 | 수학최○○ | 다큐 | 체육○○ | 과학이○○ | 다큐 | | 사진 |
| 월(13) | 2 | 중국곽○○ | 체육이○○ | 다큐 | 사진 | 사진 | 다큐 | 영어이○○ | 창체백○○ |
| | 3 | 다큐 | 과학서○○ | 사진 | 다큐 | 다큐 | 사진 | 과학안○○ | 창체백○○ |
| | 4 | 다큐 | 사진 | 과학서○○ | 다큐 | 다큐 | 체육○○ | 사진 | 창체백○○ |
| | 5 | 과학서○○ | 중국곽○○ | 영어이○○ | 도덕이○○ | 음악김○○ | 국어백○○ | 다큐 | 다큐 |
| | 6 | 수학최○○ | 창체이○○ | 도덕김○○ | 중국곽○○ | 국어이○○ | 과학안○○ | 다큐 | 다큐 |
| | 1 | 가정정○○ | 도덕최○○ | 수학최○○ | 과학서○○ | 체육○○ | 중국곽○○ | 과학안○○ | 영어이○○ |
| | 2 | 가정정○○ | 다큐 | 체육이○○ | 국어이○○ | 국어백○○ | 과학안○○ | 도덕김○○ | 미술조○○ |
| 화(14) | 3 | 음악김○○ | 다큐 | 중국곽○○ | 수학최○○ | 미술조○○ | 기술안○○ | 심성수○○○ | 국어백○○ |
| | 4 | 보물1 | | | | 중국곽○○ | 기술안○○ | 심성수○○○ | 체육정○○ |
| | 5 | | | | | | | | |
| | 6 | 진로활동 | | | | | | | |
| | 7 | | | | | | | | |
| | 1 | 보물2 | | | | 기술안○○ | 보물1 | 국어백○○ | 도덕김○○ |
| | 2 | | | | | 보물1 | 체육이○○ | 보물1 | |
| 수(15) | 3 | 보물3 | | 중국곽○○ | 과학서○○ | 보물2 | | | |
| | 4 | 체육이○○ | 과학서○○ | 보물3 | | | | | |
| | 5 | 창체이○○ | 음악김○○ | 영어이○○ | 수학최○○ | 보물3 | | | |
| | 1 | 보물4 | | | | 과학서○○ | 보물4 | 체육이○○ | 보물4 |
| | 2 | 중국곽○○ | 지도 | 과학서○○ | 체육이○○ | 보물4 | 과학안○○ | 보물4 | 체육정○○ |
| | 3 | 지도 | 체육이○○ | 지도 | 지도 | 중국곽○○ | 지도 | 지도 | 지도 |
| 목(16) | 4 | 과학서○○ | 지도 | 체육이○○ | 지도 | 과학서○○ | 체육이○○ | 중국곽○○ | 지도 |
| | 5 | 지도 | 지도 | 지도 | 과학서○○ | 체육이○○ | 중국곽○○ | 지도 | 과학안상임 |
| | 6 | 지도 | 지도 | 중국곽○○ | 지도 | 지도 | 지도 | 지도 | 지도 |
| | 7 | 지도 | 과학서○○ | 지도 | 중국곽○○ | 지도 | 지도 | 지도 | 지도 |

〈우리가 그리는 우리 마을 이야기〉 일정표
(7/13~7/16)

마을학교 '너도'는 뜻이 있는 지인들이 십시일반으로 마음을 모으고, 장곡동을 아이 키우기 좋은 곳으로 만들고 싶다는 꿈을 모아 설립한 학교이다. 역사가 오래되지는 않았지만 그 뜻이 남다르기에 보물로 정했다.

장곡동 소재의 혁신학교는 그 당시에 두 곳이었는데, 이 두 혁신학교도 우리가 지켜가야 할 보물로 정하기에 부족함이 없어 보였다.

마지막으로 '마을 사람들'은 보물로 정하는 데 가장 이견이 없었다. 주민 없이는 마을이 존재할 수 없다는, 아주 오래된 진리를 굳이 들먹이지 않더라도 결국 가장 중요한 것은 '사람'이라는 가치를 모두가 마음에 품고 있었기 때문이다.

이렇게 정한 다섯 가지 보물을 어떻게 보고 듣고 공유하며 풀어낼 것인지가 과제로 남았다. 프로젝트는 크게 '사진-다큐-보물1-보물2-보물3-보물4-지도'의 7단계로 진행하기로 했다. 시험 종료 후 남은 5일 동안, 프로젝트를 진행하는 것과는 별도로 시수 확보가 꼭 필요한 교과가 있는지, 있다면 몇 차시 정도가 필요한지 등을 조사했다. 학기말이었기 때문에 진도 확보의 이유보다는 고사 후 작업, 예를 들면 서술형 답안지 확인 등의 시간이 필요한 교과들이 있었다. 그런 시간을 모두 제외하고 남은 시간을 추산한 후, 반별로 프로젝트를 진행할 수 있는 차시를 적절히 배분하여 진행 시간을 확보하게 된다.

| 사진 | 다큐 | 보물 1 | 보물 2 | 보물 3 | 보물 4 | 지도 |
|---|---|---|---|---|---|---|
| 사진으로 만나는 우리 마을 이야기 | 다큐멘터리 시청 후 마을 이야기 나누기 | 선생님이 들려주는 보물 이야기/ 우리가 찾는 보물 이야기 | 우리 마을에서 보물찾기 | 우리가 찾은 보물 이야기 정리 하기 | 우리가 찾은 보물 이야기 공유 하기 | 지도 제작 협의 및 제작 하기 |
| 최○○ 작가의 강의 | | | 마을 탐방 | | | |

## 마을에서 보물찾기

[사진]은 우리 마을에서 활동하고 있는 사진작가의 강의를 듣는 시간이었기에, 강사님의 시간에 맞추어 일정을 진행했다. 모든 학급의 학생들을 한곳에 모을 만한 장소도 여의치 않거니와, 그렇게 대형 강의 방식으로 진행하면

마을을 담은 사진전 '내가 살던 고향은'

전달 효과가 거의 없음을 경험으로 알고 있으므로, 각 학급별 소규모 강의로 진행하게 되었다.

강사님은 여러 차례 사진전을 열었던 작품 사진들을 손수 들고 와 세미나실에 전시해 놓고서, 슬라이드로 사진들을 보여 주며 설명해 주셨다.

시흥의 폐염전과 소금창고, 사라져 가는 촌락을 주제로 찍은 사진이 많았다. 같은 장소를 대상으로 시기를 달리해서 찍은 사진들은 그야말로 장곡동의 역사를 고스란히 보여 주었는데, 어떤 아이는 사진 속에서 해맑게 웃고 있는 어린아이가 바로 어린 시절의 자기 자신이라며, 흔치 않은 우연의 일치를 신기해했다.

[다큐]는 '도시에서 행복하게 산다는 것'이라는 다큐멘터리 영상을 시청하면서 생각을 나누는 시간으로, 총 2차시의 수업을 계획했다. 50분짜리 영상을 풀타임으로 시청하면 집중도가 떨어질 수 있어 영상을 총 5개로 나누었다. 각각의 조각 영상을 시청한 후에는, 반드시 이야기를 이끌어 내고 생각을 정리하는 시간을 가졌다. 잘 알려진 '성미산 마을'에 관한 영상을 보면서, 우리 마을에 대한 생각도 한 번쯤은 서로 공유할 수 있었으리라.

[보물 1]은 마을 탐방을 나가기 전의 사전 교육 시간이라고 생각하면 이해하기 쉽다. 선생님들이 의견을 모아 함께 정한 '마을의 보물 다섯 가지'의 이름을 알려 준 후, 그것을 왜 보물이라고 하는지를 짐작해 본다. 한 학급의 아이들을 총 다섯 개의 모둠으로 나누는 작업도 이 시간에 실시했다. 마을 탐방을 하게 되는 날, 다섯 가지 보물을 모두 보고 오는 것은 시간상 불가능했기 때문에, 모둠별로 한 가지씩을 탐방한 후 서로가 보고 온 것을 공유할 수 있도록 하기 위함이었다.

[보물 2]는 직접 마을로 나가서 각자의 모둠이 맡은 보물을 보고 듣고 확인하고 오는 시간이다. 총 여덟 개의 학급이 모두 나가려면 번잡스러울 수 있으니, 각각 네 개씩의 학급을 묶어서 앞반은 1~2교시에, 뒷반은 3~4교시에 탐방을 진행했다. 해당 교시의 학급 담당 교사는 한 명씩인데 한 학급의 인원을 총 다섯 개의 모둠으로 나누었으니, 각 반에서 학부모 네 분씩을 인솔 교사로 모셔야 했다. 아이들은 탐방 자체를 무척 즐거워했다. 교실에 앉아 있었을 시간에 야외로 나가 마을 이곳저곳을 둘러보는

일은 분명 신나는 일이었을 것이다. 거리는 생각보다 훨씬 더 한산했다. 여름방학 직전의 7월 중순. 아직 오전이었는데도 무더위로 녹아 버릴 것만 같았다.

아이들과 함께 해당 장소를 향해 가면서, 무더위가 심해 자동차만 오갈 뿐 사람 하나 없는 거리를 보며 이야기를 나누었다. 너무 더워 자동차와 에어컨을 이용하지만, 또 그 때문에 점점 더 더워지는 것이 안타깝다고 생각하는 아이들도 있었고, 간혹 그늘에 자리를 잡고 앉아 계시는 할아버지 할머니를 보면서 이 시간에 거리를 지키는 이는 어르신들뿐이라는 사실을 처음 알았다는 아이들도 있었다. 자신이 살고 있는 집에서 멀지 않은 곳에 위치한 길방나무의 존재를 그동안은 몰랐었다는 아이들도 있었고, 그 길방나무 근처에서 실시간으로 진행 중이던 건물 철거의 현장을 보며 이렇게나 많은 먼지 분진이 날리는지 처음 알게 되었다는 아이들도 있었다.

각자 흩어져서 활동을 마친 후 돌아와서 공유한 사진들을 보니, 모둠별로 보물 한 가지씩을 보는 것 외에도 다양한 곳에 가서 예정에 없던 정보를 얻어 돌아온 아이들도 있었다. 이씨 종친회 사무실에 가서 어르신을 만나 이야기를 듣고 온 모둠, 생협 매장에 들러서 1학년 학생들의 농사체험 경험을 나누고 온 모둠 등등…. 2시간도 채 안 되는 그 시간, 마을의

이씨 종친회 사무실을 찾은 아이들(왼쪽), 갯골생태공원 가는 길목의 터널 속 벽화(가운데), 생협 직판장에서(오른쪽)

이곳저곳을 둘러보았던 경험은 익숙하다고 생각했던 것들을 낯설게 바라보는 기회가 되었을 것이다.


## 할 만한 가치가 있는 일은
## 잘 못하더라도 해 볼 만한 가치가 있다

남은 [보물 3]과 [보물 4]는 탐방을 통해 알게 된 이야기들을 정리하고 공유하는 시간이었다. 정리와 공유가 충분히 이루어지고 나면, 모둠별로 마을 지도를 제작하는 것으로 프로젝트의 전 과정을 마치게 되는 일정이었다. 그런데 혼란은 여기에서부터 시작되었다. 일정표를 보면 알 수 있듯이, [보물 3]부터 [지도]까지의 남은 일정을 모든 반에서 같은 시간대에 하는 것이 아니었다. 학급별로 시간대가 달랐고, 이것은 프로젝트 외에 별도의 시간이 필요한 교과에 대한 배려 때문이었다.

반별로 시간대가 다를 뿐 아니라 임장하는 담당 교사도 다 달랐다는 것이 현실적으로 부딪힌 문제점이었다. 예를 들어 1학년 1반의 15일(수)~16일(목) 일정을 보면, 15일 3교시에 [보물 3]을 통해 보물 이야기를 정리하고, 16일 1교시에는 [보물 4]를 통해 이 이야기를 친구들과 공유하게 된다. 그러고 나면 3교시와 5~7교시에 지도를 제작하게 되는데, 15일과 16일의 해당되는 교시를 담당하는 교사가 모두 달라, 총 6명의 교사가 교체하여 임장하게 된다. 언뜻 생각하기에는 이것이 그렇게 큰 문제가 될 것처럼 보이지는 않는다. 쉬는 시간에 배턴 터치만 제대로 이루어지면, 다시 말해 앞 차시를 진행한 교사가 그다음 차시를 진행할 교사에게 인수인계만 잘해 주면 수업 진행이 매끄러울 것이라고 생각했기 때문이다.

그러나 현실은 그렇지 못했다. 사실 교사에게 쉬는 시간은 말 그대로의 '쉬는 시간'이 아니다. 수업이 끝나고 난 쉬는 시간에 한 학생이 질문이라

보물 이야기 정리하기

보물 이야기 공유하기(학급 내)        보물 이야기 공유하기(학급 간)

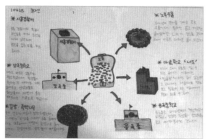

우리가 그린 우리 마을 지도

도 하게 된다면, "난 지금 쉬는 시간이니 질문 못 받아"라고 당차게 이야기할 수 있는 교사가 있을까? 더욱이 교무실에 돌아와서도 쉴 틈은 없다. 메신저도 확인해야 하고 각종 행정업무도 쉬는 시간 틈틈이 처리해야 하고 전화라도 오면 전화도 받아야 한다. 쉬는 시간을 문자 그대로 '쉬는 시간'으로 활용하는 교사는 거의 없으며, 이 시간은 그야말로 업무 시간의 연장선이다. 상황이 이러하니, 인수인계가 잘 이루어질 수가 없었다. 더구나 교사에 따라, 또는 학급에 따라 활동을 진행하는 속도가 다 달랐으며,

같은 수업이라고 하더라도 교사에 따라 기대 수준에는 차이가 있을 수밖에 없었다. 급기야는 같은 반을 담당한 여러 명의 교사들이 부지불식간에 의도하지도 않았던 상처를 서로가 주고받기도 했다.

15일과 16일 이틀 동안, 이러한 혼란이 크고 작게 반복되었다. 그뿐인가? 2015학년도의 7월 중순은 그야말로 정말 힘겨운 시기였다. 당시는 일명 '메르스 사태'로 인해 대한민국 전체가 혼란스러웠다. 장곡중학교는 인근의 학교와 협의한 끝에 6월 8일부터 10일까지 일주일 간 휴업을 하기로 결정했다. 그 당시 당국은 휴업에 대한 결정권을 학교에 주면서도, 1년 동안 이수해야 하는 수업시수를 줄여 주지는 않았다. 따라서 6월의 휴업 기간 동안 이수하지 못한 시수를 나머지 평일에 이수해야 하는 상황을 피할 수 없었다. 결국 휴업 때문에 이수하지 못한 시간들을 보충하기 위해 거의 매일 1시간씩 늘려서 수업을 해야 했는데, 그러다 보니 여름방학 직전까지도 거의 매일 7교시 수업이 이어졌다.

혹자는 그게 무슨 힘든 일이냐고 반문할 수도 있을 것이다. 사실 장곡중학교의 주당 평균 이수 시수는 31시간이다. 대부분의 학교가 32시간을 이수하고 있고, 좀 더 많게는 33시간으로 운영하는 학교도 있다. 그러나 앞 장에서 언급한 것을 다시 들먹이지 않더라도, 시간 투자를 많이 한다고 해서 더 잘 배우는 것은아니다. 더욱이 눈치 빠른 독자라면 이미 파악했겠지만, 장곡중학교의 교과통합 프로젝트는 학년을 중심으로 모인 교사들이 모두 함께 협의하며 진행해야 하기 때문에, 학년별로 협의 시간을 확보하는 일이 매우 소중하다. 마치 까마득한 사막 속에서 오아시스를 발견하고 힘을 얻는 것처럼, 장곡중의 프로젝트 진행에서 협의 시간 확보는 필수적이다. 그런데 여름방학 직전, 교사의 업무량이 폭증하는 시기에 교과통합수업을 진행하면서 동시에 거의 매일 7교시 수업을 진행했으니, 그 어려움은 겪어 보지 않은 사람은 모를 것이다. 7교시 수업이 끝나고 나서 청소하고 종례까지 마치고 나면 사실상 퇴근 시간이 된다. 퇴근 시간 이

후에 프로젝트에 관한 협의를 할 수는 없지 않은가? 주도하는 교사들만 협의하면 되지 않겠느냐고 할 수도 있지만, 학년의 모든 교사가 공유하지 않으면 진행 자체가 불가능한 경우가 많아 그럴 수가 없었다.

이 모든 어려움이 한꺼번에 몰려온 시기가 7월 중순이었다. 그러한 시기에 진행한 프로젝트를 결코 녹록하게 여길 수만은 없었던가 보다. 평가회 시간에 가장 많이 나온 의견은 "너무 힘들었다"는 것이었다. 의미와 취지가 좋은 것은 분명한데, 너무 힘들고 혼란스러워서 다시 하라고 하면 못 할 것 같다는 것. 그리하여 너무나 아쉽게도 이 프로젝트는 2015학년도 1학기말에 반짝 실시하고 난 후 그다음 해에는 진행하지 못했다.

그렇지만 할 만한 가치가 있는 일은 잘 못하더라도 분명 해 볼 만한 가치가 있다. 이 프로젝트가 끝나고 나서, 교사들은 어디에서도 얻을 수 없는 아주 소중한 노하우를 터득하게 된다. 당시 2학기에 실시할 자유학기제는 오전의 기본 교과에서 한 단위씩을 줄여 오후 시간으로 보내고, 오후 시간은 모두 블록타임으로 묶어 제대로 된 수업을 진행해 보라는 의지를 정책적으로 제도화한 것이었다. 따라서 우리가 그동안 블록타임의 교과통합수업을 위해 시간표를 고심해서 바꿔 가며 운영해 왔다면, 자유학기제를 실시하는 2학기에는 시간표를 많이 바꾸지 않고도 오후 시간대의 제도화된 블록타임을 활용하여 수업을 진행할 수 있게 된 것이다. 처음 실시하는 것이어서 그때까지만 해도 교사들은 그냥 평소에 우리가 수업하던 대로만 하면 된다고 막연하게 생각했었다. 그러므로 오후의 시간이 2시간으로 묶이면 담당 교사도 두 명, 3시간으로 묶이면 담당 교사도 세 명으로 배치한 상태에서 프로젝트를 진행하면 된다고 생각하고 있었다. 그런데 1학기말 프로젝트를 진행하면서 이러한 방식에는 치명적인 한계가 있다는 것을 깨달았고, 이는 2학기의 자유학기제 운영 계획서를 세우면서 적극 반영하게 된다. 결국 자유학기제 기간 동안 실시하는 하나의 블록타임은 그것이 2시간이든 3시간이든 한 명의 교사가 담당하는 것으로 방향을 정하게 되었다.

〈우리가 그리는 우리 마을 이야기〉는 이렇게 막을 내리게 된다. 너무 힘들었다는 이유로 그다음 해에는 진행하지 못했지만, 개인적으로 이 프로젝트에 대한 추억은 7월 중순의 햇빛 내리는 거리 풍경과 함께 오버랩되며 떠오르곤 한다. 사실 교사들이 힘들었던 것은 메르스 사태로 인해 생긴 공백을 메우기 위해 매일매일 풀타임으로 수업할 수밖에 없었던 외적 요인이 더 컸으며, 힘들었던 시간도 사실은 일주일 중 마지막 이틀에 몰려 있었다. 그럼에도 불구하고 구성원들의 요구를 반영할 수밖에 없기에 2016학년도에는 실시하지 못했지만, 언제라도 미비점을 보완하여 다시 시도해 볼 만큼 의미 있는 프로젝트였다고 생각한다.

평소에는 등하교하느라, 시흥보다 더 크고 멋진 도시로 눈길을 보내느라, 정작 우리 동네에 무엇이 있는지 잘 알지 못했던 중학교 1학년 시절, 수백 년 동안 마을을 지켜 온 우물을 둘러보고, 프로젝트가 아니었다면 쳐다보지도 않았을 길가의 나무껍질과 담벼락을 만져 보던 기억. 이 기억은 오래도록 아이들의 마음속에 남아 언젠가 어른이 되었을 때, 한여름 무더위 속에 길을 걷다가 오래전 이날을 기억하게 되리라.

그리하여 파랑새는 이미 어디론가 날아가 버렸는데도 오히려 행복할 수 있었던 치르치르와 미치르처럼, 중학교 1학년 시절의 어느 찬란했던 여름 하늘, 그것이 앞으로 살아가면서 언제고 다시 꺼내어 보며 자신을 되돌아볼 수 있는 마음속 풍경으로 자리 잡게 되기를 바란다.

〈길은 마을로 통한다〉 그 네 번째
우리가 그리는 우리 마을 이야기

## 1. 필요성

가. 장현동 및 장곡동을 중심으로 우리 마을의 역사 등에 대해 알고 이해하는 기회를 갖는다.

나. 마을 구석구석을 다니며 마을의 옛 기억들과 만나고, 마을 어르신들과 이야기를 나누는 과정을 통해 마을에 대한 자부심을 갖는다.

다. 자신이 알게 된 마을 이야기와 자신이 찾은 마을의 보물들을 바탕으로 '이야기가 있는 마을 지도'를 그림으로써 마을을 아끼고 사랑하는 마음을 갖는다.

라. 우리 마을에 대한 이해와 사랑을 바탕으로 마을 공동체 실현에 대한 필요성을 인식한다.

마. 자유학기제 '프로젝트의 날'과 연계하여 진행함으로써 스스로가 탐구 주제를 정하고 프로젝트를 계획·실천하는 경험의 기회를 갖는다.

## 2. 기본 방침

가. 1학년 교육과정 주제인 〈길은 마을로 통한다〉를 실현하기 위한 네 번째 활동으로, 범교과 통합 프로젝트로 진행한다.

나. 교과 담당 교사들이 해당 일정을 진행·지도한다.

다. 외부 활동을 해야 하는 경우 사전 안전교육을 실시한다.

라. 마을 탐방 등 외부 활동 시 학부모 봉사단과 협력하여 진행한다.

마. 2학기 자유학기제(프로젝트의 날)와 연계하여 진행한다.

바. '이야기가 있는 우리 마을 지도 그리기' 결과물을 평가하여 참여 인원 5% 이내로 시상한다.(※2015학년도 학생표창 규정에 의거하여 '교과통합 프로젝트학습 우수작' 시상)

사. 사후 평가회를 통해 이후 학교 계획 및 교육과정에 발전적으로 반영한다.

## 3. 운영 계획

### 가. 세부 추진 계획

1. 주제: 우리가 그리는 우리 마을 이야기
2. 대상: 1학년 8개반 213명
3. 기간: 2015년 7월 13일~17일(2학기 자유학기제와 연계)
4. 활동 내용

가) 사진으로 만나는 우리 마을

| 실시일 | 활동 내용 | 장소 | 준비물 |
|---|---|---|---|
| 7월 13일 (월) | ① 『나의 살던 고향은』 최○○ 작가님의 '사진으로 만나는 우리 마을' 강의를 듣는다.<br>② 사진전도 함께 열리고, 사진을 감상하며 마을에 대해 생각해 본다(7/13~17까지 전시 예정).<br>③ 〈도시에서 행복하게 산다는 것〉(다큐멘터리 3일) 시청 후 우리 마을에 대해 이야기해 본다. | 세미나실 | 활동지 (도시에서 행복하게 산다는 것) |

나) 우리 마을에서 보물찾기

| 실시일 | 활동 내용 | 장소 | 준비물 |
|---|---|---|---|
| 7월 15일 (수) | ① 우리 마을에 있는 보물 몇 가지에 대한 이야기를 선생님께 듣는다.<br>② 우리가 생각하는 우리 마을 보물들을 찾아보고 그 이유를 생각해 본다.<br>③ 마을로 나가 보물을 찾고, 보물을 찾는 과정에서 듣고, 느끼고, 배운다.<br>④ 마을 탐방 속에서 듣고, 느끼고, 배운 것들을 정리하여 발표 준비를 한다.<br>⑤ 보물에 대해 정리한 것을 친구들과 공유한다. | 각 반 교실 및 마을 | 마을 지도 (간략본) 활동지 (보물 정리용 및 메모용) |

다) 이야기가 있는 마을 지도 제작하기

| 실시일 | 활동 내용 | 장소 | 준비물 |
|---|---|---|---|
| 7월 16일 (목) | ① 보물 이야기가 담긴 마을 지도 제작을 위한 협의회를 실시한다.<br>② 보물 이야기가 담긴 마을 지도를 제작한다. | 각 반 교실 | (개인) 지도 제작용 색채도구, (학교)색지 |

라) 우리가 무엇을 할까?

| 실시일 | 활동 내용 | 장소 | 준비물 |
|---|---|---|---|
| 7월 17일 (금) | ① '우리 마을에서 우리가 무엇을 할 수 있을까?'를 생각해 본다.<br>② 자신만의 탐구 주제를 선정하고 탐구 과정을 계획한다.<br>③ 2학기 자유학기제(프로젝트의 날)와 연계하여 진행한다. | 각 반 교실 | 활동지 (프로젝트 탐구 주제 선정 및 계획 세우기) |

마) 사진전 : 13일~17일까지 전시(자유롭게 관람)

## 5. 활동 세부 계획표

**시간 운영표 / 설명**

- **사진** : 사진으로 만나는 우리 마을 이야기(최○○ 작가님 강의)

- **다큐** : 다큐멘터리 3일(<도시에서 행복하게 산다는 것>) 시청 후 마을 이야기 끌어내기

- **보물1** : 선생님이 얘기하는 보물 이야기 / 우리가 찾는 보물 이야기

- **보물2** : 우리 마을에서 보물 찾기 - 마을 탐방

- **보물3** : 우리가 찾은 보물 이야기 정리하기

- **보물4** : 우리가 찾은 보물 이야기 친구들과 공유하기

- **지도** : '우리가 그리는 우리 마을 이야기' 지도 제작 협의 및 제작하기(상황에 따라 차시를 변경할 수 있음)

나. 사후 평가 계획

1. 실시일 : 2015년 7월 21일 화요일 16:30~
2. 장소: 1학년 교무실(2층)
3. 평가 결과는 향후 프로젝트에 발전적으로 적용한다.

## 4. 예산 계획

| 항목 | 산출 근거 | 소요 예산(원) |
|---|---|---|
| 재료비(마을 지도 제작용 색지) | 300(원)×50(장) | 15,000 |
| 사진전 설치비 | 300,000(원) | 300,000 |
| 강사비 | 4(시간)×30,000(원) | 120,000 |
| 합계 | 435,000원 | |

## 5. 기대 효과

가. 마을을 이해하고 보물을 찾아보는 과정을 통해 마을에 대한 자부심과 애향심을 고취시킬 수 있다.

나. 사라지고 없는 마을에 대한 자료들을 살펴봄으로써 보존과 지킴의 중요성을 알고 이를 실천할 수 있다.

다. 마을 공동체에 대한 필요성을 인식하고, 이를 실천하는 데 있어 적극적인 마음을 가질 수 있다.

라. 2학기 자유학기제(프로젝트의 날)와 연계 진행함으로써 보다 완성도 있는 탐구 프로젝트를 실현할 수 있다.

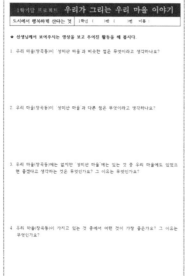

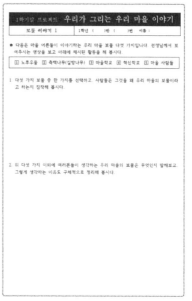

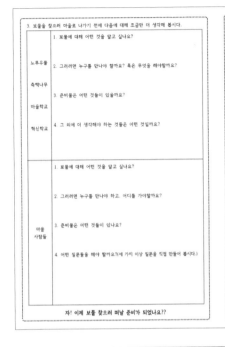

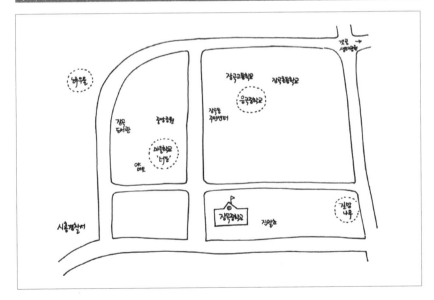

소래산

호조벌

연꽃테마파크

물왕저수지

길방나무

월곶포구

오이도

갯골생태공원

옥구공원

노루우물

생금집

군자봉

# 5막

## 마을과 축제

둥둥둥 북이 울린다
하늘 한껏 뻗어 올린 깃발들 펄럭인다
우물 옆 사라진 마을들이 다시 길을 만들고
상처투성이 산자락들
다시 들꽃이며 청청 푸른 잎들을 피워 내는 숲이 되어
막을 올린다
마을과 마을로 이어지는 길을 연다

만약 민주사회 학교들이 민주주의를 확장하고 지지하는 방향으로 역할을 하지 않고
그를 위해 존재하지도 않는다면 그 학교들은 사회적으로 쓸모가 없는 것이거나
사회적으로 위험한 것이다. 이러한 학교들은 (민주적인 시민이 아닌) 자신들이
먹고사는 문제에만 관심이 있는 사람들을 길러 내게 될 것이다. 이러한 학교들은
분명히 민주주의에 적이 될 사람들, 즉 쉽게 선동꾼의 먹이가 될 사람들,
그리고 민주적 삶의 방식에 적대적인 지도자를 옹위하는 사람들을 교육하게 될 것이다.
이러한 학교는 쓸모가 없을 뿐 아니라 해악을 끼친다. 이들은 존재할 가치가 없다.[1]
— 제임스 머셀의 말

## 왜 마을축제를 하게 되었나?

다른 집단과 협업을 할 때, 멀리 오래갈 수 있는 방안 중 가장 중요한
것이 '비전'을 함께 갖는 것이다. 가족처럼 가까운 관계도 '갈등'을 피해
갈 수 없는데 집단이 다르다면 얼마나 많은 갈등을 풀어야 같이 일을 할
수 있을지 짐작이 갈 것이다. 갈등이 생겼을 때 함께 그린 '비전'은 해결
의 실마리를 제공하고, 어려워도 같이 그 일을 해야 한다는 정당성을 부
여한다. 그래서 '비전'을 함께 만드는 것은 중요하다.

그런데 '비전'을 문장으로 표현하면 근사하지만 그 뒤에 숨은 구성원들
의 마음을 구체적으로 표현하면 너의 '비전'과 나의 '비전'은 만날 수 없
는 '비전'이라는 것을 깨닫게 되고, 각자가 생각한 다른 '비전'을 함께 만
든 '비전'이라고 우기면서 갈등은 증폭된다.

마을축제에 대해 학교들이 어떤 환상을 가지고 있는지 모르겠다. 특히
마을교육공동체를 만드는 것이 혁신교육이라고 여기는 것을 보면서, 저마

---

1. 마이클 애플의 『민주학교』에서 재인용.

다 생각하는 '혁신교육'과 '마을교육공동체', '마을축제'가 다르다는 생각이 든다.

마을교육공동체를 생각할 때 가장 먼저 구축하려고 애쓰는 학교에서 쉽게 접근해서 할 수 있는 교육활동이 마을축제이다. 단순하게 생각하면 학교축제를 마을로 공간을 넓히거나, 학교축제에 마을이 참여하면 마을축제가 된다고 한다.

그런데 교육활동이 그렇게 단순한 것일까? 마을축제를 학교에서 진행하다 보면 참으로 다양한 반대에 부딪힌다. 왜 군이 학교에서 해도 될 것을 마을로 나가느냐부터, 마을 사람과 협력해서 축제를 만들어야 하는데 같이 만들어야 할 마을 사람이 누구인가, 지자체는 어떤 역할을 할 것이며 그들을 어떤 방법으로 지원하게 할 것인가? 또는 그들을 무시하고 우리끼리 하고 싶은데, 그들에게 승인받아야 하거나 협조를 받아야 할 것들이 생겨난다. 그런 일을 겪다 보면 그냥 학교에서 하면 되지 이렇게 마을축제를 힘들게 할 필요가 있느냐는 되돌이표까지 가게 된다. 특히 마을에 있는 학교들의 집단 이기심이 발동하여 장소 정하는 것에서부터 프로그램 내용과 순서, 부스 설치 등 사사건건 반드시 충돌하게 된다.

처음에 장곡중학교에서 마을축제를 시도했던 이유가 있었다. 많은 사람들이 마을교육공동체를 말하지만 학교가 있는 마을이 공동체가 아닌 곳이 대부분이다. 더구나 마을에 있는 학교들이 서로 협력하는 경우는 거의 없다. 서로 협력하는 것은 고사하고 학교가 마을과 철저하게 분리된 공간으로 존재한다. 마을의 아이들을 키우면서 마을과 전혀 관계없는 국가교육과정을 운영하며, 그러는 가운데 아이들은 마을과 동떨어져 학교와 학원과 집을 오가며 마을과 네크워킹이 거의 없게 된다. 그뿐 아니라 긴밀하게 잘 연결되어야 할 초·중·고등학교 교육과정조차 서로 함께 논의하거나 교류하는 것 없이 따로따로 교육활동을 한다. 그래서 서로의 교육과정도 모른다. 이런 과정에서 학생들은 이전 학교급에서 배웠던 것을 상급 학교에서 또 배우기도 하고, 연결되어 이어졌으면 좋을 교육활동이 상급 학교로 진학하면서 끊어지기도 한다.

이렇게 진학하면서 이어지지 않고 끊어지는 교육과정을 장곡동에 있는 학교 5개라도 학교 문을 열고, 함께 교육과정을 들여다보며 우리 마을의 아이들을 어떻게 키울지 우리 동네에 근무하는 교사들과 머리를 맞대고 이야기하고 싶었다. 그런데 별 뾰족한 수가 없었다. 장곡중학교 교육과정 발표회를 열고 고등학교 교사들을 초청하면 올 것인가? 초등학교 교사들에게 그들의 교육과정을 우리한테 소개하라면 해 줄 것인가? 교육청에서 그런 행사를 하면 교사들이 가서 보고 돌아와서 그런 것들을 염두에 두고 교육과정을 만들 것인가? 이런 의문들이 들었고, 현실적으로 불가능하다는 결론을 내렸다.

그래서 다른 방안을 생각했는데, 그것이 바로 마을축제였다. 마을에 있는 초·중·고 5개 학교가 같은 날 학교축제일로 학사 일정을 맞추고 마을과 함께 축제를 하면 자연스럽게 학교급이 다른 교사들도 서로 얼굴을 알게 되고, 마을 사람들과도 소통하게 되면서 마을교육공동체의 기본이 만들어지지 않을까 생각했다. 마을에서 축제를 하면서 공연과 전시물들을 통해 각 학교에서 했던 교육과정 운영 결과물들이 나올 것이고 그것을 보는 학교 교사들과 마을 사람들은 학교의 교육과정을 알게 될 것이다.

또 다른 이유는 현재 벌어지고 있는 축제의 상업성을 극복하고 싶어 하는 마을 사람들이 있었다. 시흥에서 매해 열리는 '시흥갯골축제'는 지자체가 세금을 써서 하지만 만드는 사람들은 지자체에서 고용한 사람들이 전문적으로 축제를 만들고 있었다. 갯골생태공원에서 벌어지긴 하지만 시민들이 주체가 되는 마당은 없고, 구경꾼으로만 전락하는 축제는 진정한 축제가 아니라는 생각들이 마을에 있었다.

학교에서 진행되는 축제들도 지자체에서 진행되는 축제를 본 학생들이 학교축제를 만들고 참여하는 상황을 고민하던 교사들과 마을의 생각이 일치했다. 요즘 대학 축제조차 본래의 정신을 잃고 상업화되고 있는 마당에, 아이들에게 제대로 된 축제를 만들고 즐기는 경험을 통해 소비의 대상이 아닌 만들고 즐기는 주체로서 경험을 주고 싶었다. 마을 전체가 축제판이 되어 어른 아이 할 것 없이 함께 어우러져 노는 대동판을 경험하면, 지금 각 지자체에서 벌이는 축제들이 얼마나 사람을 대상화하는지 상품 소비자로 전락하게 만드는지를 직접 느낄 수 있을 것이다. 그래야 시흥 갯골축제의 문제점을 깨닫고 바로 고치기 위해 행동할 것이다. 마을도 마찬가지다. 축제 정신이 살아 있는 마을축제를 학교와 함께 만들고 즐기는 과정을 통해 서로 머리를 맞대고 함께 살아갈 이 마을에 대해 한 번쯤 생각해 보는 기회를 갖고 우리 아이들을 함께 키우자고 말을 걸고 싶었다. 이런 학교의 생각과 마을의 생각이 만나 장곡노루마루축제를 만들었다.


## 마을축제는 어떤 과정으로 진행되었나?

장곡노루마루축제는 2018년이 4회째였다. 1회부터 4회까지 해마다 진행되는 양상이 달랐고, 4회가 되면서 완전히 마을축제로 자리 잡았다. 1회 때는 장곡중학교가 마을로 나가서 마을 사람들과 함께 축제를 했다. 나머지 5개 학교는 학사 일정까지는 맞추지 않고 공연과 전시에 동아리 중심으로 함께 참여했으며, 축제가 벌어지는 중심지인 매꼴공원 주변에 위치한 학교들이 전시나 체험 활동 부스를 설치할 수 있도록 운동장과 화장실을 열어 주었다. 2회 때는 고등학교를 뺀 4개 학교가 학사 일정을 맞춰 마을과 함께 축제를 했다. 3회, 4회가 학사 일정을 맞춰서 하거나 한두 학교가 일정을 못 맞추거나 했지만 4회까지 오면서 장곡노루마루축제는 온 마을이 학교와 함께 기획부터 평가까지 함께 만들고 즐기는 축제로 자리 잡았다. 3회부터 4회까지 장곡노루마루축제는 시흥갯골생태공원에서 열렸는데 4회 축제에 참가하려는 타 지역 사람들로 인해 차가 막혀서 경찰들이 와서 교통정리를 할 정도였다. 각 지자체에서 수억 원의 돈을 들여 하는 지역축제들보다 더 많은 사람들이 보고 즐겼으며, 축제에 참여하는 사람들이 만들고 즐기는 축제였으니, 축제에 담긴 '대동大同'의 정신을 많은 사람들이 담고 갔으리라 생각한다.

장곡노루마루 축제가 펼쳐지기까지 대략 다음과 같은 과정을 거쳤다.

### ① 축제 기획단 구성

마을에 있는 학교들이 마을과 함께 축제를 하기 위해 축제 기획단을 꾸렸다. 기획단의 구성원은 함께하면 좋을 사람과 함께해야 축제가 잘 진행될 사람과 축제에 참여하고 싶은 사람을 중심으로 꾸린다. 함께하면 좋을 사람은 마을에서 영향력이 있는 사람들인데, 주민자치위원장, 노인회장, 청년회장, 아파트 동 대표, 시의원과 같은 정치인 등 마을에 있는 단체의 대표나 정치인들이 참여하면 일이 진행되는 도중에 생기는 다양한 문제들을 무리 없이 풀어 나갈 수 있다.

함께해야 축제가 진행될 사람은 마을에 있는 학교의 축제 담당 교사와 학생들, 주민자치센터이다. 축제 기획단에 참여하는 학생들은 학교 상황에 따라 다르지만, 장곡노루마루축제는 학교와 마을이 함께하는 축제이자 참여자가 주인이 되는 축제를 지향했기 때문에 학생들이 축제를 만드는 주체로 서야 했다. 그래서 축제 준비위원을 학교에서 모집하여 학생자치회의 축제 분과를 꾸리고 각 학교의 축제 추진 위원으로 모집된 학생들의 연합이 마을축제를 기획하는 위원으로 참여했다. 이 과정에서 어른들과 장소 선정이나 공연 내용 등에서 충돌하기도 했으나 결과적으로 학생들이 원하는 장소나 내용으로 축제가 구성되었다. 학생들은 자신들의 의견을 어른들에게 설득하기 위해 통계와 같은 방법을 활용하기도 했다. 축제 담당 교사도 참여해야 학교들이 마을축제에서 역할을 맡고, 그 역할이 교육과정으로 만들어지면서 모두가 함께 만들어 가는 축제가 된다.

주민자치센터의 동장이 마을축제에 관심을 갖게 되면 가장 좋다. 그렇게 되면 축제를 진행하며 필요한 각종 행정적 지원이 술술 풀리는데, 어떤 구성원이 축제 기획단으로 구성되느냐에 따라 주민센터는 지원이 달라진다. 많은 주민과 학교가 모여 함께 만들어 가고 있다는 사실을 인지하면 주민센터는 마을축제 회의가 있을 때마다 담당자를 정해 함께 협의하고 행정적인 지원이 필요한 부분을 하기도 하고, 때론 필요한 예산 중동에서 사용할 수 있는 예산을 지원하기도 한다.

축제에 참여하고 싶은 사람들도 참여할 수 있어야 민원이 적다. 마을축제는 시끄럽기도 하고, 교통이 통제될 경우도 있고, 공공장소가 축제 장소로 사용되기도 하므로 축제에 참여하지 않은 주민들이 민원을 제기하기도 한다. 그래서 많은 사람들이 축제를 만들어 가는 것이 주민의 갈등을 줄일 수 있다.

### ② 마을신문과 공청회 등을 통한 마을축제 홍보

마을축제가 마을 주민들과 함께하려면 다양한 경로로 축제가 있음을 알리고 참여하고 싶은 사람들에게 자리를 내주어야 한다. 주민들이 많이 참여할수록 축제다워진다. 그래서 마을에 있는 사람들이 축제를 알 수 있도록 마을신문을 통해 홍보하고, 적당한 날을 정해 주민 공청회도 연다. 공청회는 마을축제에 대한 기획안을 안내하고 더 넣고 싶은 프로그램 제안을 받고, 참여하고 싶은 사람도 모집한다. 공청회 한 번 했다고 마을 전체에 알려지는 것은 아니며, 마을축제를 반대하는 사람의 마음을 돌릴 순 없지만 이런 행사들을 거치면서 마을축제는 사람들 마음속에 자리 잡게 된다.

마을축제를 위한 공청회가 있다는 것을 알리는 현수막과 포스터들이 길거리에 나붙으면서 사람들 사이에 마을축제가 대화의 화제로 떠오른다. 공청회에선 축제 기획단에서 축제 이름을 공모한다는 것을 알리고 참여를 부탁하고, 그 동안 기획위원회에서 만들어 온 것들도 함께 안내한다. 공청회에서 나온 다양한 의견들도 정리해서 마을 사람들에게 마을신문을 통해 알린다. 축제 이름도 공청회에서 공모 사실을 알리고 공모해 줄 것을 부탁한다. 축제의 의미를 안내하고 그 정신을 담을 수 있는 이름으로 마을 사람들이 함께 짓는 과정을 거쳐 점점 축제는 마을에서 현실이 되어 간다.

마을에 있는 학교들도 학교교육과정으로 마을축제를 준비하는데, 마을축제 이름 공모는 학생들이 개인으로 공모할 수도 있고, 교육활동 속에서 학교 구성원 전체가 공모할 수도 있다. 공모된 이름은 마을의 중심 거리에서 마을 사람들에게 축제 이름 선정에 동참할 수 있게 기회를 제공하고, 신문을 통한 여론 조사나 등교 길에서 학교 학생들에게 이름 선정을 할 수 있는 스티커 붙이기 등의 결과를 합해 축제 이름을 정한다. 그렇게 정해진 이름이 '장곡노루마루축제'이다.

다음은 축제의 과정이 기재된 마을신문이다.

**기존 축제에 대한 성찰과 새롭게 만들 마을축제의 방향에 대해 모색함**

장곡동주민자치회에서 벌인 '인선왕후축제'. 참여 주민도 거의 없고, 참여 내용은 성 상품화를 부추기는 것으로 구성된 축제가 마을축제로 진행되었다.

시흥지자체에서 주최하는 '갯골축제', 주민자치회에서 주최하는 '인선왕후축제'에 대한 바람직한 대안으로서 마을축제의 필요성을 이야기하고 있다.

마을축제의 방향에 대해 이미 잘 정착된 곳의 이야기와 마을에 있는 학교 교사의 이야기, 인선왕후축제를 주최한 주민자치위원장의 이야기 등으로 마을축제의 방향에 대한 토론회가 열렸다.

마을의 학교들과 마을에서 준비하는 축제의 내용을 주민들에게 알렸다.

주민이 주체가 되는 마을축제가 되어야 한다고 방향을 정했다.

학교와 마을이 축제를 함께 해야 하는 이유를 찾고 주민과 마을의 학교들을 설득했다.

기존의 마을축제와 갈등을 벌이지 않고, 축제의 정신인 '대동(大同)'을 만들어 갈 수 있게 주민 여론을 만들었다.

마을축제가 논의된 방향으로 진행될 수 있게
진행 과정을 마을신문으로 주민과 공유함

마을의 학교들과 마을에서 준비하는 축제의 내용을 주민들에게 알렸다.

마을축제준비위원회에서 마을 주민을 대상으로 공청회를 열어 지금까지 진행 상황을 알리고 축제에 대한 다른 의견도 받는 과정에서 마을 주민들의 참여 폭을 넓혔다.

마을축제 이름을 공모하고 그 과정을 통해 공모에 당선된 이름인 '장곡노루마루축제'를 주민들에게 알렸다.

지속적으로 축제가 진행되는 과정을 세부적인 것까지 신문으로 알리면서 마을 전체가 참여하고 즐기는 축제를 만들려고 노력했다.

공청회에서 주민들에게 안내한 내용

## 마을 축제 왜 하려 하는가?

- - 놀고 먹고 소통하며 노동에서 오는 스트레스를 풀 수 있는 전통적인 의미의 축제 부활

- - 5개 학교의 교육 과정을 공유하여 학교 간 교육과정의 넘나듦

## 축제 주제

- 전체 주제

'마을이 학교다'

- 각 단체의 주제

'마을이 학교다' 하위에서 주제 운영

## 축제 행사 개요

- 축제 날짜: 9월 19일(토요일)
- 축제 장소: 멧골 공원과 그 근처 및 장곡초, 장곡고 운동장
- 진행 : 10시 ~ 23시
- 참가 : 5개 초, 중, 고등학교, 유치원, 어린이집, 주민단체, 주민모임, 아파트단지 별로 참여
- 축제 홍보 : 마을신문 광고, 축제 팸플릿 제작, 주요 길목에 축제 알림판과 플랜카드 설치

## 추진 위원

- 위원장 : 성운상
- 자문단장 : 채화기 주민자치위원장, 이춘현 장곡고 교장
- 지원단장 : 시흥교육지원청 음승희 교수학습과장, 이재윤 동장
- 분과장 : 김선옥 장곡고 교사(학술)
  - 조순현 전 아파트연합화장(체육)
  - 안흥엽 체육회장(행사)
  - 여경영 청년회장, 여근례 주민(사진)
  - 여복희 음악홀 교사(전시)
  - 조성현 장곡중 교사(부스 운영 및 공연)
- 사무국장 : 박현숙 장곡고 교사
- 기획단장 : 주영경 장곡타임즈 편집장

## 축제 행사 구성

- 공연 : 3부로 진행, 4부는 드락콘서트와 결합
- 학술발표 : 장곡동을 주제로 한 논문 및 보고서와 스토리텔링북
- 행진 : 장곡고와 주민 연합 풍물단 의 길놀이와 학교별, 아파트별 참여자의 주제가 있는 거리 행진, 장곡중 3학년 800명의 플래쉬몹
- 전시 : 학생들의 교육활동 결과물 및 주민의 작품
- 부스 : 학생과 주민들이 진행하는 각종 체험 부스
- 지역화폐 발행 : 식당과 결연, 지역특산물과 음식물 등 축제 부스에서 판매.
- 개입 : 축제 참여자들이 즐길 수 있는 개입 진행
- 거리 등 달기 : 각자의 소망을 적은 등을 거리에 달아서 축제분위기를 형성하고 내년 축제 예산 확보

## 축제일 행사 시간표

- 10시~11시 : 축제 시작
  - 풍물과 함께 하는 길놀이, 거리 행진, 플래시몹
- 11시~12시30분 : 멧골 공원 주 무대 1부 공연
  - 학생, 주민의 공연들
- 13시30분~14시 : 점심 및 전시, 체험 부스 즐기기
  - 장곡고 도서실 학술 대회 진행
  - 장곡초 다목적실 연극 공연
- 14시~15시 30분 : 멧골 공원 주 무대 2부 공연
  - 학생, 주민의 공연들
- 15시30분~17시 : 멧골 공원 주 무대 3부 공연
  - 주민의 공연들
- 17시~19시 : 주민 참여 개입
- 19시~21시 : 드락콘서트와 함께 하는 4부 공연
  - 시흥시예술인, 학생, 주민의 공연들(섬뱅합창단, 초등연합 합창단, 장곡예술학교 장곡초 가야금 합주, 플래쉬몹, 장곡고 밴드)
- 21시~23시 : 장곡마을 영상제
  - 학생 영상 작품, 주민 영상작품

## 준비위원

- - 5개 학교(15인) : 학생, 교사 대표 및
- 학부모회 대표 중 희망자
- - 7개 아파트 단지(14인) : 희망 아파트 대표, 주민단체, 장곡청년회, 와우, 장곡타임즈, 장곡마을 학교 등
- - 후원 단체(단체 당 2인) : 시흥교육청, 경기도교육청
- - 자문 : 김유노(음악), 안시현(미술), 강석환(호조법 축제)
- - 행정 - 김태경, 조원희, 김진경, 동장, 시청 축제 팀장

## 이름 공모 포스터와 공청회 포스터

이름 공모 포스터, 마을축제 공청회가 있음을
꾸준히 알렸다.

마을축제 공청회를 알리는 포스터

## 마을축제 협의록

5월 19일 마을축제 회의 내용 정리

참석자: 주○○(마을신문 대표), 박○○(초등학교 교사), 윤○○(중학교 교사),
이○(중학교 교감), 이○○(초등학교 교사), 이○○(고등학교 교사), 조○○(마
을 사람), 박○○(중학교 교사), 이○○(새마을부녀회 대표), 안○○(장학사),
안○○(정당인)

협의 내용
1) 마을축제 회의 날짜는 장곡고를 제외한 4개 학교가 맞춘 10월 21일로 확
  정함.

2) 추진단 구성과 기획안 작성은 다음번 회의 날짜인 6월 16일까지 해서 안건으로 제출함.

3) 장소는 작년에 시도했던 ① 장곡로 큰 대로와, 작년에 했던 장소인 ② 매꼴공원으로 학생추진단이 제안했으며, 주○○ 마을학교장과 성○○ 전 축제추진위원장이 시청의 도로교통과와 문화청소년과, 시흥경찰서를 방문하여 ①안이 성사되도록 시도한다.

4) 마을축제 방식

① 학생추진단의 축제에 대한 건의는 오전에 각 학교에서 축제를 하고, 오후에 마을로 나와 축제에 합류하는 방식을 제안함.

② 교육청에서는 안산거리극처럼 공연과 전시, 체험 부분을 종류별로 나누고, 각 학교가 같은 종류에 해당하는 연합공연을 주어진 부스에서 하루 종일 하는 방식을 제안함.

③ 마을 측은 방식에 대한 제안은 없었으나, 정하지 않고 유동적으로 하고 차차 진행하면서 확정하기로 함.

④ 학생추진위의 다음번 회의에서 ②안을 논의하고, 그 안이 받아들여질 경우 구체적인 진행 방식을 논의하기로 함.

5) 새로운 참가자로 응곡중과 장곡초 학부모회장이 참석했으며, 학부모의 의견이 축제 내용에 들어갈 자리를 마련해 달라는 요구에 따라 5월 24일 오후 1시 마을학교에서 5개 학교 학부모회장을 비롯하여 참가를 원하는 학부모 단체장이 모여 논의하는 메시지를 주○○ 마을학교장이 넣기로 함.

6) 학생들의 점심을 급식으로 할 것인지, 아니면 다른 방법으로 할 것인지를 추후 추진하면서 결정하기로 함.

7) 학생기획단 회의에 초등학교의 대표들도 참석할 수 있도록 요구했고, 초등학교 담당 교사들이 긍정적인 답변을 함.

8) 축제준비위가 너무 거대해지면 의견 조율이 어려울 수 있으므로, 단체별로 회의를 열고 그 단체의 대표가 협의된 의견을 축제 단톡방에 올리면 박○○ 장곡중 교사가 정리하여 다음 회의 날에 안건으로 제출한다.

2016년 10월 19일 수요일 마을축제 협의회 내용 정리

1. 참석자: 5개 학교 축제기획단 학생들과 교사, 마을 사람들

2. 안건

(1) 진행 사항 안내
• 2천만 원 다 집행되었으며, 예산 부족함.
• 주민센터 5백만 원 다 집행되었으며, 부족분은 솔트베이 후원금으로 할 예정임.
• 풍물 연합 연습 끝냈음.
• 2부 리허설 끝냈음.
• 2부 부스는 대여 업체에서 빌리기로 했으며, 의자는 장곡중에서 빌림.
• 거리 꾸미기 끝남.
• 포스터 오늘 학생 기획단이 거리에 붙일 예정임.
• 리플릿 목요일 나옴.
• 거리 공연 문제 모두 해결되었고, 차량 우회 안내 현수막 모두 부착되었음.
• 보건 교사 4개 학교 협조 공문 나갔으며, 응급처치 부스는 2부 체험 부스 쪽에 설치할 예정임.
• 마을 진행 요원과 본부석 요원들에게 배부할 명찰 준비되었고, 장곡중 물품이므로 사용 후 반드시 반납을 본부석에 해야 함.
• 보면대 장곡중 10개, 응곡중 5개 가지고 있음.-내일 장곡중으로 보내 주세요.
• 마을 안전 요원과 본부석 진행 요원들의 식사는 진마루 식당에 50인분 백반으로 예약했습니다.

(2) 논의해야 할 사항
• 축제 기록: 1부는 각자 학교에서 동영상과 사진 촬영하고 동영상 편집한 것과 사진 고른 것을 사무국장에게 제출. 2부는 무대별 사회자가 속한 학

교에서 동영상과 사진을 찍고 동영상 편집한 것과 사진 고른 것을 사무국 장에게 제출(기타-웅곡중, 댄스-장곡고, 밴드-장곡중)

- 청소: 장곡중과 웅곡중 두 학교가 함. 진마루 비석 있는 곳을 기준으로 장곡고 쪽은 웅곡중이, 주유소 쪽은 장곡중이 실시함.
- 21일 2부 무대인 거리 차단 바리케이드를 양쪽 도로 끝에 두 군데 설치할 예정이며, 장곡중과 웅곡중은 바리케이드 앞에 차량 통제 내용(현수막 내용)을 인쇄해서 세워 주시기 바람.
- 쿠폰 제작은 장곡중에서 할 예정이므로 총 몇 개가 필요한지 수요 조사.
- 위촉장 가져가세요.
- 학술제와 2부 무대 상품권은 유가 증권이므로, 학술제는 가져간 사람의 인적 사항을 반드시 적어서 사무국장에게 제출 바라며, 2부 무대는 상품권 교환 쿠폰으로 지급한 후 본부석에서 상품권으로 교환해 가며 인적 사항 적고 이 서류를 사무국장에게 제출하시기 바랍니다.
- 쓰레기봉투는 2부까지는 학교가 준비하고, 2부 체험 부스와 3부는 솔트베이에서 협찬받은 돈으로 사겠음.
- 장곡고는 화장실 개방 요청함. 5개 학교 화장실엔 화장지가 비치되어야 함.

(3) 축제 상황 시뮬레이션

4. 기타 안건 제안

## 마을축제를 하는 학교의 교육과정은 어떻게 만들어지는가?

### ① 축제 날짜 정하기

마을축제를 교육과정으로 만들려면 1년 전에 미리 마을에 있는 학교들과 마을이 축제일을 정해야 한다. 그래야 각 학교들은 학사 일정에 마을축제를 넣고, 2월 연수에 학교교육과정 재구성을 하게 된다.

축제를 마을축제로 하려면 초등학교가 가장 어려워한다. 그렇지만 축제를 만드는 과정에 참여하면서 학생들의 성장이 가장 크게 나타난다. 중·고등학교 학생들과 마을 사람들과 함께 축제를 만드는 과정에서 보고 배울 것이 가장 많기 때문이라 생각한다.

축제를 학사 일정으로 정하려면 동네에 있는 학교들과 축제를 함께할 마을 사람들, 단체들이 날짜를 정해야 한다. 마을축제의 의미를 살리려면 토요일이 좋은데, 이렇게 하려면 학교 안 사람들과 합의를 해야 한다. 토요일을 축제일로 정하면 학교들은 축제 다음 주 월요일을 재량 휴업일[2]로 하고, 토요일 온 마을의 학교들과 사람들이 축제에 참여하여 즐길 수 있게 된다. 이 과정은 축제가 있는 전 해에 정해야 되는데 아무리 늦어도 2월 교육과정 재구성을 협의하기 전에 날짜를 정해야 마을의 각 학교들이 축제를 준비하는 과정을 교육과정으로 만드는 데 무리 없이 할 수 있다. 부득이 학사 일정을 맞추지 못하는 학교는 동아리 중심으로 참가해도 되지만 교육과정의 내용이 축제로 표현되는 방향이 규모나 내용, 참여, 의미의 측면에서 더욱 좋다.

② 축제에 참여하기 위한 준비

마을축제에 참여하기 위해 학생축제기획단과 축제 담당 교사가 학교 밖에서 마을축제를 만드는 활동을 한다면, 학교 안에서는 축제를 만들기 위한 교육활동이 진행되어야 한다. 이 과정에서 다양한 창의융합 프로젝트가 진행될 수 있다. 특히 마을축제를 만드는 과정은 마을의 인적·물적 자원이 융합되어 수업 속으로 들어오는 프로젝트가 가능하다.

2015 개정 교육과정에서도 총론에서 교육과정의 성격을 규정할 때 '지

---

2. 학교가 자율적으로 시행했던 주 5일제 수업이 2020년 3월 1일부터 의무화되고 토요일과 공휴일 학교 행사도 수업일수로 인정되는 초·중등교육법 시행령 개정안을 공포했다. 학생과 교원의 휴식권을 보장하기 위해 학교는 토요일과 공휴일에 행사를 하면 휴업일을 따로 지정해야 한다.

역성'이 '공통성'과 함께 구현될 것을 권장한다.

> 이 교육과정의 성격은 다음과 같다.
> 가. 국가 수준의 공통성과 지역, 학교, 개인 수준의 다양성을 동시에 추구하는 교육과정이다.
> 나. 학습자의 자율성과 창의성을 신장하기 위한 학생 중심의 교육과정이다.
> 다. 학교와 교육청, 지역사회, 교원·학생·학부모가 함께 실현해 가는 교육과정이다.
> 라. 학교 교육 체계를 교육과정 중심으로 구현하기 위한 교육과정이다.

이에 따르면 2015 개정 교육과정이 수업으로 펼쳐지는 과정에서 교사는 적극적으로 지역성을 담고, 지역사회와 학부모의 협업으로 학생 개인의 수준에 맞는 수업을 진행할 수 있게 노력하도록 권장하고 있다. 이렇게 볼 때 마을축제를 준비하는 교과활동은 지역성을 충실히 담을 수 있는 프로젝트가 된다.

마을축제 프로젝트는 학교축제의 범위를 공간과 인적·물적 측면에서 학교를 넘어 마을까지 확대하여 축제를 벌이는 것이다. 이 과정에서 다양한 과목의 성취기준이 통합되어 축제를 만들 수 있다. 이때 체험 부스 운영, 전시, 공연 등 마을축제 당일에 펼쳐지는 다양한 활동에 관여할 수 있는 교과들이 '마을축제 프로젝트'에 참여하는 교과들이 된다.

장곡중학교에서 마을축제 프로젝트로 창의융합된 교과는 다음과 같다.

| 과목 | 창의융합 수업 내용 | 수업 자료 | 평가 |
|---|---|---|---|
| 창체 | •마을축제의 의미 알고 참여 방법 토의하기<br>•학급별 부스 운영 내용 협의<br>•축제 후 평가 | | |
| 미술 | •생활 미술-거리행진 시 펼침막 제작 | | |
| 체육 | •표현-플래시몹 만들기 | 플래시몹 영상 | 실기평가 |
| 국어 | •마을축제 방향에 대한 주장하는 글쓰기<br>•마을축제를 특집으로 발행된 마을신문을 읽고 관점과 형식에 따른 차이 파악하기 | 마을신문 | 쓰기<br>수행평가 |

마을축제 프로젝트 수업에 재구성된 교과의 성취기준은 다음과 같다.

| 교과 | 활동 | 성취기준 |
|---|---|---|
| 창체 | •마을축제의 의미 알고 참여 방법 토의하기<br>•학급별 부스 운영 내용 협의<br>•축제 후 평가 | 가. 특색 있는 활동에 자율적으로 참여하여 일상의 문제를 합리적이고 창의적으로 해결할 수 있는 능력을 기른다.<br>나. 동아리에 자발적으로 참여하여 소질과 적성을 계발하고 일상의 삶을 풍요롭게 가꾸어 나갈 수 있는 심미적 감성을 기른다.<br>다. 나눔과 배려를 실천하고 환경을 보존하는 생활 습관을 형성하여 더불어 사는 삶의 가치를 체득한다.<br>라. 흥미, 소질, 적성을 파악하여 자아 정체성을 확립하고, 자신의 진로를 개발하여 지속적으로 발전시킨다. |
| 미술 | •펼침막 제작 | [9미02-01] 표현 의도에 적합한 주제를 다양한 방식으로 탐색할 수 있다.<br>[9미02-02] 주제에 적합한 표현 과정을 계획할 수 있다.<br>[9미02-03] 표현 재료와 용구, 방법의 특징을 이해하고 표현 과정을 점검할 수 있다.<br>[9미02-04] 주제의 특징과 표현 의도에 적합한 조형 요소와 원리를 탐색하여 효과적으로 표현할 수 있다. |
| 체육 | •플래시몹 | [9체04-10] 현대 표현의 동작과 원리를 이해하고 심미적으로 표현한다.<br>[9체04-11] 현대 표현의 특성과 원리가 반영된 작품을 구성하고 발표하며, 작품에 나타난 표현 요소와 방법을 감상하고 평가한다.<br>[9체04-12] 현대 표현 활동에 참여하면서 다양한 표현 문화의 의미와 가치를 비교하고 평가한다. |
| 국어 | •주장하는 글쓰기<br>•관점과 형식에 따른 차이 파악하기 | [9국03-04] 주장하는 내용에 맞게 타당한 근거를 들어 글을 쓴다.<br>[9국02-06] 동일한 화제를 다룬 여러 글을 읽으며 관점과 형식의 차이를 파악한다. |

학교축제를 마을축제로 하기 위해서는 학생들에게 마을축제의 의미를 학습할 기회를 주어야 한다. 그래서 창체 시간을 활용하여 전체 학생들에게 마을축제의 의미를 공유한다. 의미가 공유되면 학급에서 어떻게 참여할 것인지 토의를 하고 토의된 내용으로 마을축제에 참여할 준비를 한다.

다음은 창체 시간 학생 활동을 돕기 위한 활동지이다. 이 활동지를 통해 마을축제의 의미를 찾는다. 이렇게 마을축제의 의미가 공유되어야 동원되지 않고 주체적으로 참여할 동기가 생긴다.

| 마을축제의 의미 (중학교 3학년 창체) 활동지 | 우리가 마을축제를 하는 이유 |

※올해 10월 21일 장곡동에서 제2회 장곡노루마루축제가 열린다. 작년 축제를 돌이켜 보며 우리가 맞이하게 될 제2회 장곡노루마루축제에 대해 생각해 보자.

1. 축제 이름 '장곡노루마루'가 어떤 의미를 가지며, 왜 이런 이름을 가지게 되었는지 생각해 보자

2. 나누어 준 읽기 자료('제1회 장곡노루마루축제 현장속으로')를 보고 작년 장곡노루마루축제를 떠올려 보자. 작년에 축제에 참여했는가? 그렇다면 무엇을 했고 가장 기억에 남는 것은 무엇인지 적어 보자. 혹시 참여하지 못했다면 읽기 자료에서 인상 깊었던 내용을 적고 그 이유를 적어 보자.

3. 올해 우리 학교는 길거리 퍼레이드로 축제의 시작을 알리고, 오전에는 학교축제를, 오후에는 마을로 나가 다른 학교 학생들, 마을 주민들과 함께 축제를 즐기게 될 것이다. 이번 축제에서 꼭 해 보고 싶은 것과 기대되는 점을 적어 보자.

※다음은 〈장곡타임즈〉에 실린 축제에 대한 사설과 작년 3학년 선배들이 쓴 축제 참가기의 일부를 발췌한 것이다. 글을 읽고 물음에 답해 보자.

진로교육이나 마을조사, 마을 매체 발간 같은 일들을 통해 학생들이 마을로 나오고 있지만 마을축제만큼 짧은 시간에 많이 배울 수 있는 기회도 드물 것이다. 흥겹기도 하고 힘들기도 하지만 남녀노소의 큰 무리 속에서 각인되는 교훈이 적지 않을 것이라고 생각한다. 마을축제 외에 체육대회라든가 다른 학교 내 행사에 축제 성격을 더 강화하더라도 일 년에 한 번 마을축제는 교내 행사와는 또 다른 의미가 있을 것이다. 학생과 어른들이 서로에 대하여 알게 되는 좋은 기회라고 생각한다. 모르니까 두려워하고 폭력을 사용하게 된다.
_2015. 10. 7. 〈장곡타임즈〉 사설 「장곡노루마루축제의 의미 왜 이런 축제가 필요한가?」 중에서

19일 장곡동 매꼴공원에서 제1회 장곡노루마루축제가 막을 열었다. 이번 축제는 장곡동 5개 학교와 지자체, 지역교육청, 마을 주민이 연대하여 계획한 축제이다. 특히 이번 축제에서 주목할 점은 볼거리와 먹거리가 많았다는 점이다. 그중 인상 깊었던 점을 몇 가지 소개하자면 장곡노루마루축제가 개막을 했을 때 풍물놀이패와 장곡중학교 학생들이 함께 깃발을 들고 거리를 행진하였는데 나는 이 점이 참 좋았던 것 같다. 평소 우리가 다

니는 길을 우리 학생들과 풍물하시는 분들과 함께, 웃음이 없고 각자의 길만 다니는 거리를 우리의 행진으로 행복하고 웃음이 가득한 거리로 만들었다는 자체가 신기하고 특별했던 것 같다. _장곡중 3학년 윤○○

오전에 우리가 체육대회 때 만들었던 현수막을 들고 축제를 홍보하면서 길거리를 누빈 것도 정말 신기하고 특별한 경험이 되었던 것 같다. 우리 학교뿐만 아니라 다른 학교와 그리고 마을 주민과 함께 교류하고 소통하면서 축제를 즐기었다. 이런 축제는 처음으로 시도되는 축제라서 참가를 한 것만 해도 특권을 누린 것이라 생각한다. 다음에도 이처럼 마을 주민과 함께하는 축제가 벌어진다면 장곡중학교 학생은 아니지만 꼭 참가할 것이다. _장곡중 3학년 송○○

4. 위의 세 글에서 공통적으로 이야기하고 있는 마을축제가 가지는 의미는 무엇인지 적어 보자.

5. 4번을 토대로 우리가 함께 마을축제를 해야 하는 이유를 생각해 보자.

6. 제2회 장곡노루마루축제에 어떤 마음가짐으로 참여할지 앞에서 함께 나누었던 이야기들을 토대로 생각을 정리해 보자.

다음 활동지는 창체 시간에 자신들이 참여할 분야를 논의하고 준비하기 위한 활동지이다. 이 활동을 하며 학급에서는 어떤 분야에 어떻게 참여할 것인지, 그렇게 하기 위해 학급 구성원들은 어떤 역할을 해야 하는지를 함께 찾고 정하는 활동이다. 이 활동에서 나온 생각들은 나중에 학급의 반 카페나 부스, 학급별 장기자랑 참가 신청으로 이어지고, 그에 따라 준비 활동이 진행된다.

마을축제의 의미 (중학교 3학년 창체) 활동지 　　　　　　마을축제와 우리 학급의 역할

※2016학년도 '제12회 학플(배우고 놀고)축제(제2회 장곡노루마루축제)'가 10월 21일 금요일에 있습니다. 장곡중 축제준비위원회 '장곡듀스101'은 이번 축제 주제를 '할로윈 파티 with 장곡중'으로 선정하였습니다. 우리 학급에서는 어떤 분야에 참여하여 주제에 맞춰 운영할 것인지 구체적으로 계획을 세워 봅시다.

*2016년 10월 21일 (금) 일정 안내

| 시간 | 내용 | |
|------|------|---|
| 08:30~09:00 | ★길거리 퍼레이드 | 장곡초 앞 매꼴공원 집합(8:20)<br>장곡초 ⇨ 응곡중 ⇨ 진말초 ⇨ 장곡중<br>체육대회 플래카드 및 응원도구, 코스프레 준비<br>(전체 학급 참여) |

| 9:00~09:30 | 학교 집합 | |
|---|---|---|
| 9:30~10:00 | 개회식 | |
| 10:00~12:30 | 공연 관람 및<br>★부스 진행, 참여 | 공연: 장곡중 넷볼장<br>부스: 장곡중 주차장 & 운동장-천막 지원<br>전시: 장곡중 1층 로비 |
| 12:30~13:30 | 점심식사 | 급식 실시 |
| 13:30~16:00 | 마을축제 참여 | 장곡중~장곡고 사이 4차선 도로<br>부스: 장곡중~장곡고 사이 인도 책상, 의자 지원 |
| 16:00~17:00 | 주변 정리 | |

1. 우리 학급 '길거리 퍼레이드' 콘셉트를 학교 주제인 '할로윈 파티 with 장곡중'과 우리 반의 특색을 살려 정해 봅시다.
   길거리 퍼레이드의 선봉은 취타대이므로 서양뿐만 아니라 동양적인 콘셉트도 있으면 좋을 듯~
   (예. 유관순, 처녀귀신, 도깨비, 프린세스, 호박귀신, 드라큘라, 슈퍼맨 등) 아이들이 막막해하면 참고하라고 던져 주세요~ 아이들 활동지에는 없는 내용입니다.

1-① 주제와 우리 반의 특색을 잘 표현할 수 있는 대상물을 찾아봅시다.

1-② 1-①을 표현하기 위한 복장, 동작, 구호, 도구 등 다양한 방법을 찾아봅시다.
- 복장:
- 동작:
- 구호:
- 도구:
- 기타:

2. 우리 학급에서는 축제에서 부스 및 공연을 어떤 형태로 참여할까요? 함께 의견을 나누어 봅시다.
   우리 1학년은 지금껏 수업에서 해 왔던 활동들-'농사, 바라지, 라곰'이라는 큰 세 가지 주제를 중심으로 부스 운영을 하려고 합니다. 학급 다수의 의견들을 수렴하여 참신하고 독창적인 부스 및 공연을 계획하여 봅시다.

2-① 우리 반의 주제는?

2-② 부스 운영 시간과 대상은 어떻게 할지 의견을 나누어 봅시다.

※축제 운영 시간 참고하세요~

| 오전(10:00~12:30) 운영 | 오후(13:30~16:00) 운영 |
|---|---|
| 장곡중 학생 대상<br>(10만 원 지원) | 장곡중 학생들 포함 마을 주민들 대상<br>(20~30만 원 지원) |

2-③ 부스 운영을 위한 구체적인 계획을 세워 봅시다(테마 및 구체적인 운영 방법).
* 단, 주제별 활동에 대한 홍보 및 체험을 함께 해 볼 수 있도록 운영 계획을 세워주세요~

2-④ 필요한 물품 및 필요한 책상 개수 등 구체적인 준비 사항들을 이야기 나누어 봅시다.

3. 축제와 관련된 건의 사항을 이야기 나누어 봅시다.

미술 시간에는 거리행진에 사용할 펼침막을 제작한다. 전체 주제에 맞는 우리 반의 콘셉트에 어울리는 복장과 구호, 동작을 더 돋보이게 할 수 있고 학급의 공동체성을 잘 드러낼 수 있는 것으로 제작하면 된다. 학급 전체가 거리행진을 할 때 보일 퍼포먼스의 주제를 잘 드러내는 그림을 함께 논의하고 디자인한 후, 커다란 광목에 학급 전체가 그린다.

체육 시간에는 축제 때 공연할 플래시몹의 안무를 창작하여 학급 전체가 연습을 한 후 마을축제 때 공연을 한다. 마을축제 때는 전체 학급이 공연할 시간이 없으므로, 학교에서 예선전을 거친 후 입상한 학급들이 축제 중간중간 흥을 돋우고, 볼거리를 제공하며, 무대가 아닌 마당에서 참가자와 가까운 거리에서 같이 호흡하며 즐길 수 있게 공연을 한다.

다음은 축제 팸플릿이다. 이를 보면 마을축제의 내용과 규모를 알 수 있다. 또한 장곡동 5개 학교와 마을의 협력도 알 수 있다. 더불어 5개 학교의 교육과정 내용도 엿볼 수 있다.

## 일정 및 세부 행사 내용

◆ 주제 : 학교, 마을과 만나다
◆ 일시 : 2016. 10. 21(금) 08:00 ~ 21:00
◆ 축제 당일 세부 일정

| 단계 | 시간 | 장소 | 프로그램 | 세부 내용 |
|---|---|---|---|---|
| 개막 | 08:30~09:30 | 거리 | 개막 | • 플래시 몹과 코스프레<br>• 개막 알림, 풍물과 함께하는 거리행진 |
| 1부 | 10:30~13:00 | 각급 학교 | 학교 별 축제 행사 | • 학교별 축제 행사 (장곡초, 진말초, 장곡중, 응곡중)<br>• 식사 |
| 2부 | 13:30~16:00 | 장곡로 주민센터 | 공연 체험 부스 학술제 전체플레시몹 | • 무대별 공연 (댄스, 노래, 밴드, 기타)<br>• 체험 부스<br>• 학술제<br>• 참가자 전체 플레시몹 |
| 3부 | 16:30~21:00 | 중앙공원 | 영상제 공연 | • 학교(학생 교직원 학부모), 학원, 어린이집, 유치원, 지역단체, 실버층 공연<br>• 음식 부스 운영<br>• 영상제 |

### ◆ 기타공연

| 순서 | 소속 | 팀 이름 | 대표자명 | 참가곡명 |
|---|---|---|---|---|
| 1 | 장곡초등학교 | 빙과루 바이올린 (9명) | 삼영란 | 박은별 / 오버 더 레인보우 |
| 2 | 장곡초등학교 | 리코더 합주부 (18명) | 임만명 | 호두까기 인형 중(2번 행진곡) / 학교가는 길 / 태양의 후예ost |
| 3 | 진말초등학교 | 진말 3~4학년 (36명) 태권도 | 임형욱 | |
| 4 | 진말초등학교 | 진말1~2학년 (23명) | 이요선 | 전통음악 |
| 5 | 장곡초등학교 | 앤젤핑크 (19명) | 박향숙 | 다크서클 |
| 6 | 진말초등학교 | 진말 빙송댄스 (29명) | 박경월 | cheer up / 너 그리고 나 |
| 7 | 진말초등학교 | 진말 5학년 (16명) | 장혜경 | 아름다운 세상 곳 / 바람이 불어오는 곳 |
| 8 | 진말초등학교 | 진말 6학년 (22명) | 서인희 | 전통음악 |
| 9 | 장곡초등학교 | 블루미 (11명) | 박향숙 | 찌이 / 드림걸즈 |
| 10 | 장곡초등학교 | 오삼불고기 (5명) | 이민서 | 너 그리고 나 |
| 11 | 장곡초등학교 | 블랙 앤 화이트 (3명) | 박성남 | cheer up / 영원한 사람 |

### ◆ 출공연

| 순서 | 소속 | 팀 이름 | 대표자명 | 참가곡명 |
|---|---|---|---|---|
| 1 | 응곡중학교 | 복고댄스 (204명) | 이은미 | 써니 / 롤리폴리 |
| 2 | 응곡중학교 | 가면퍼포먼스 (226명) | 윤수미 | cheer up |
| 3 | 장곡중학교 | 2-6 조은비 외 5명 | 조은비 | 내 얘길 들어봐 |
| 4 | 응곡중학교 | 응곡시대 (16명) | 지현아 | 할렐루야 / 드림걸즈 / me too / 인셉 |
| 5 | 장곡중학교 | 멀티플소울 (23명) | 김명진 | 으르렁 / whatta man / team / 너 그리고 나 / 젠틀맨 |

## ❖ 춤공연

| 순서 | 소속 | 팀 이름 | 대표자명 | 참가곡명 |
|---|---|---|---|---|
| 6 | 장곡고등학교 | BOTB (21명) | 서채린 | whatta man 외 6곡 |
| 7 | 옹곡중학교 | 어트랙트 (18명) | 손다연 | 너 그리고 나 swagge jagger / 아주 nice |
| 8 | 옹곡중학교 | 교사댄스팀 (10명) | 이효현 | 풍선 |
| 9 | 장곡고등학교 | 나인틴 (5명) | 오정은 | 어때 외 2곡 |

## ❖ 노래, 밴드, 악기 공연

| 순서 | 소속 | 팀 이름 | 대표자명 | 참가곡명 |
|---|---|---|---|---|
| 1 | 옹곡중학교 | 난타 (176명) | 윤수미 | 아리랑 |
| 2 | 옹곡중학교 | sus4 (7명) | 이석현 | 네 생각 다시 사랑한다면 |
| 3 | 장곡중학교 | 교사, 학부모 합창 | 김미애 | 10월의 어느 멋진 날에 바위처럼 |
| 4 | 장곡중학교 | 다혜&소연 (2명) | 김다혜 | 서쪽하늘 |
| 5 | 장곡중학교 | 윤지호 | 윤지호 | wings-you are the hero |
| 6 | 옹곡중학교 | 가람동아리 | 김은채 | 칠채 외 2곡 |
| 7 | 장곡중학교 | 2-4 이주현 (1명) | 이주현 | 또 다시 사랑 |
| 8 | 장곡중학교 | 2-5 이현지 (1명) | 이현지 | 어디에도 |
| 9 | 장곡고등학교 | 아린학 (14명) | 문수영 (교사) 정흠 (학생) | 옷다리 사물놀이 |
| 10 | 장곡고등학교 | 오민채 (1명) | 오민채 | 박효신-숨 |
| 11 | 옹곡중학교 | 모데스티 (15명) | 송창현 | 그대에게 / 단발머리 |
| 12 | 장곡중학교 | poor밴드 | 안재세 | 다리꼬지마 어쩌다 마주친 그대 비밀번호486 오빠라고 불러다오 |

## 장곡노루마루 축제 학술제

❖ 장소 : 장곡동 주민센터 긴마루실
❖ 학술제 세부 일정

| 시간 | 세부 내용 |
|---|---|
| 12:30 ~ 13:00 | 등록 및 준비 |
| 13:00 ~ 13:05 | 개회사 |
| 13:05 ~ 13:15 | 자연과 세상을 잇는 갯골 네이처링 (장곡고등학교) |
| 13:15 ~ 13:25 | 우리 마을 갯골 축제의 모든 것 (옹곡중학교) |
| 13:25 ~ 13:35 | 갯벌에 대한 인식과 가치 (장곡고등학교) |
| 13:35 ~ 13:45 | 함께하는 마을 시장조사 (옹곡중학교) |
| 13:45 ~ 13:55 | 청소년의 욕설 사용 실태와 순화 : 장곡고등학교를 중심으로 (장곡고등학교) |
| 13:55 ~ 14:05 | 207명 장곡 농부들의 이야기 (장곡중학교) |
| 14:05 ~ 14:15 | 청소년 스트레스가 학업에 미치는 영향 (장곡고등학교) |
| 14:15 ~ 14:25 | 지속가능한 아름다움은 무엇인가? (장곡중학교) |
| 14:25 ~ 14:35 | 옥시 가습기 살균제 피해사건에 대한 진실연구 (장곡고등학교) |
| 14:35 ~ 14:45 | 시흥시 장곡동의 교통실태 파악과 개선 방안 (장곡고등학교) |
| 14:35 ~ 15:00 | 정리 |

## 체험부스

| 부스제목 | 대표이름 |
|---|---|
| 절대 현혹되지 마라 | 장곡중 - 제하연 |
| 희망 그리기반 | 장곡중 - 오진영 |
| 농사체험 | 장곡중 - 임수진 |
| 귀신들의 밥상 | 장곡중 - 박재영 |
| 마녀와 피묻은 요리사 | 장곡중 - 김채영 |
| 세세빌 - 기억륵 공간? | 장곡중 - 김도희 |
| 숨쉬는 항아리 | 장곡중 - 김가람 |
| 세라믹 페인팅 | 장곡중 학부모 - 김미애 |
| 살공예 - 액세서리 | 장곡초 학부모 - 장미영 |
| 화분심기, 키즈타투 | 진말초 학부모 - 김효진 |
| 추억의 달고나 | 옹곡중 학부모 - 송은희 |
| 한지공예 - 거울, 열쇠고리 | 장곡고 학부모 - 장태욱 |
| JUST - 종이씨앗 만들기 | 장곡초 - 송유나 |
| JUST - 생명사랑 역할극 체험 | 장곡초 - 송유나 |
| 그림책과 놀자 | 장곡마을학교 |
| 장곡마을학교 '너도' | 장곡마을학교 |

| 순서 | 소속 | 팀 이름 | 내용 | 참가인원 | 대표자명 | 참가곡명(시간) |
|---|---|---|---|---|---|---|
| 1 | 빛날밸레 | 진밀초 아이들과 학부모 | 우쿨렐레 연주 | 학부모7 학생13 총 20 | 백은희 | 1. 할아버지시계 2. 가을이 오면 3. 꿈마리사바라 4.I have a dream |
| 2 | 경희대 장하태권도 | 장하태권도 | 태권무 | | 김훈 | heart beat(2pm)편집곡 |
| 3 | 이씨중친회 | 이싀슈 | 섹소폰 연주 | 1명 | 이싀슈 | 3곡 10분 |
| 4 | 노인회 | 실버합창단 | 합창 | 114명 | | 갑동이와 갑순이 군밤타령 금수이 / 곡 10분 |
| 5 | | 시흥시립합창단 | 합창 | 20 | 최용석 | 5곡 15분 |
| 6 | 옹곡중학교 | 옹곡시대 | 춤 | 16명 | 지한아 | trun down for what l'm out 너 그리고 나 호랑나비 / 크러쉬 |
| 7 | 장곡중 | | 합창 | 30명 | 김미애 | 10월의 어느 멋진 날, 바위처럼 |
| 8 | 옹곡중학교 | 어트랙트(남자) | 춤 | 6명 | 하인수 | save me / run / 아주 nice |
| 9 | 옹곡중학교 | 발라드총 | 노래 | 2명 | 강현찬 | 소주한잔 |
| 10 | 옹곡중학교 | 어트랙트 | 춤 | 18명 | 손다연 | 너 그리고 s swagger jagger 아주 nice |
| 11 | 옹곡중학교 | 늘해랑 동아리 | 연주 | 18명 | 조일희 | 민요 |
| 12 | 장곡고등학교 | 나인틴 | 춤 | 5명 | 오정은 | 어때 외 2곡 |
| 13 | 한국오카리나 팬플룻 음악협회 | 소리모아 오카리나 임상별 | 오카리나 연주 | 7명 | 홍주연 | (3곡) 힝크, 인연, 라라라, (앵콜곡) 내 나이가 어때서 |
| 14 | 장곡고등학교 | BOTB | 춤 | 21명 | 서채린 | I got a boy 외 6곡 / 12분 |
| 15 | 옹곡중 | 학부모 난타 | 난타 | 12명 | 최학영 | |
| 16 | | 고명학 | 노래 | 1명 | 고명학 | 나야나 |
| 17 | 현대헬스 (에어로빅) | JG Key dance | 에어로빅 | 8명 | 박만순 | Rough enough 댄싱킹 / 5분 30초 |
| 18 | 옹곡중학교 | 모데스티 | 밴드 | 6명 | 송창현 | |

마을축제가 끝나면 축제에 참여했던 구성원들은 축제에 대한 평가를 하고, 다음 해 더 좋은 마을축제를 만들기 위해 축제추진위원회와 축제 준비위원들이 평가회를 한다. 이때 축제준비위원들은 자신이 속한 학교의 축제 평가 결과를 가지고 와서 축제추진위원들과 구체적으로 축제에 대한 피드백을 하고 그것을 잘 정리해야 다음 해 더 좋은 축제가 만들어진다.

다음은 장곡중학교의 축제 평가이다.

## 제12회 학플축제 평가

1. 10월 21일 제12회 학플축제는 유익하고 재미있는 날이었다.

| | 1학년 | 2학년 | 3학년 | 학부모+교사 (36) | 총합(%) |
|---|---|---|---|---|---|
| ① 매우 그렇다. | 91 | 41 | 31 | 14 | 177(24%) |
| ② 그렇다. | 86 | 75 | 92 | 16 | 269(37%) |
| ③ 보통이다. | 28 | 73 | 118 | 4 | 223(31%) |
| ④ 그렇지 않다. | 2 | 7 | 31 | 1 | 41(6%) |
| ⑤ 매우 그렇지 않다. | 0 | 4 | 9 | 1 | 14(2%) |

그렇지 않은 이유
- 퍼레이드 시간이 길었음. 장소가 협소함.
- 마당별로 너무 나뉘어 진행함.
- 할 게 없었다, 재미없었다는 의견 다수.

2. 오전 학교축제와 오후 마을축제는 적절히 조화를 이루며 즐거운 시간이 되었다.

| | 1학년 | 2학년 | 3학년 | 학부모+교사 (36) | 총합(%) |
|---|---|---|---|---|---|
| ① 매우 그렇다. | 69 | 24 | 26 | 8 | 127(18%) |
| ② 그렇다. | 87 | 68 | 83 | 11 | 249(34%) |
| ③ 보통이다. | 47 | 84 | 117 | 10 | 258(36%) |
| ④ 그렇지 않다. | 3 | 17 | 40 | 5 | 65(9%) |
| ⑤ 매우 그렇지 않다. | 1 | 7 | 16 | 1 | 25(3%) |

그렇지 않은 이유

- 학교축제 시간이 짧았음.
- 도로 통제가 부담. 단체 플래시몹 때 도로 방치.
- 통제받는 분위기.
- 마을축제 공연무대가 세 군데로 나뉘어 복잡함.
- 마을축제 부스가 너무 적었음.

3. 학플축제에서 가장 기억에 남는 공연 또는 부스명을 작성해 주세요.

| 분류 | 학생 | 교사+학부모 |
|---|---|---|
| 마을 공연 | • 장곡고 댄스부  • 응곡중 밴드<br>• BOTB 공연  • 장곡중 밴드 | • 교사학부모 합창 공연<br>• 댄스부, 밴드부 공연 |
| 마을축제 | • 사물놀이  • 플래시몹 | |

4. 다음 학플축제를 위해 가장 좋았던 점과 개선해야 할 점 1가지씩 작성해
   주세요.

① 좋았던 점

| 분류 | 학생 | 교사+학부모 |
|---|---|---|
| 마을축제 | • 응곡중과 함께여서 좋았음.<br>• 사람 통제.<br>• 무대가 다양함.<br>• 분위기가 좋음.<br>• 도로에 차를 막고 한 점. | • 마을과 학교 전체가 다 같이 하는 점에서 뜻깊었다.<br>• 운영 시간의 적절한 조화. |

② 개선해야 할 점

| 분류 | 학생 | 교사+학부모 |
|---|---|---|
| 마을축제 | • 퍼레이드 동선이 긺, 보는 사람이 없어 필요성을 못 느낌.<br>• 마을축제 부스가 적음, 오후에 참여할 게 없었음, 부스 거리에 설치. | • 보여주기식의 퍼레이드는 하지 않았으면, 동선이 긺, 할로윈 주제, 2부 시작 전이 더 나았을 듯. |

| | | |
|---|---|---|
| 마을축제 | • 플래시몹 반대.<br>• 장소 이동이 너무 많아 힘듦(마을축제 시 부스와 공연장 사이가 너무 멀다).<br>• 공연무대가 나뉘어서 불편.<br>• 대기 시간이 긺(안내 없었음).<br>• 마을축제 때 쓰레기 많음, 스태프 말을 듣지 않음.<br>• 마을 사람들의 저조한 참여.<br>• 마을 부스가 적었다. 천막이 없었음.<br>• 어수선함.<br>• 마을축제만 했으면 좋겠다. | • 행정처리가 미흡함. 예산을 쓰는 것도 창구가 2개여서 상당히 번거롭게 이루어졌으며 심지어 어느 반은 물건이 구입되지 않은 경우도 있음(야시장). |

5. 제2회 장곡노루마루축제(오후)에서 가장 좋았던 점과 개선해야 할 점을 한 가지씩 작성해 주세요. (교사와 학부모 의견임)

① 가장 좋았던 점
- 아이들이 마을 안에서 어우러져 함께할 수 있었던 점.
- 여러 학교의 공연을 한 번에 볼 수 있어 좋았다.
- 교통 통제로 인하여 공간 확보가 양호, 도로를 사람이 주인이 되어 사용한 점.
- 저녁 무대에 지역의 다양한 공연을 볼 수 있었던 점, 산책 나온 주민도 함께 즐길 수 있었던 점이 좋았다.
- 공연 무대를 주무대와 부무대로 나눠 여러 곳으로 설치한 것.
- 플래시몹을 여러 학교가 같이 준비했다는 것에서 일체감을 느낄 수 있어 의미 있었다고 생각합니다.
- 마을축제를 통해 평소 관심 갖지 않았던 어르신, 동네 주민, 아이들, 다양한 사람들의 삶의 모습을 통해 내가 살고 있는 마을에 대한 애정을 느낄 수 있는 시간이 된 것 같음.

② 개선해야 할 점
- 마을이 축제를 운영하기 위해 지역 주민들의 마인드가 굉장히 부족했다. 학교의 교직원들 또한 업무로서만 받아들였던 점이 아쉬웠다.

- 학교와 마을이어서인지 학사 일정 시간, 퇴근 시간을 고려하며 초등끼리 하는 모습은 좋지 않았다.
- 교통 통제 시간이 너무 짧아 행사가 제한되었고, 공연무대 설치와 방송 준비가 필요함.
- 부스 홍보가 다소 미흡함.
- 마을과 다른 학교와 손발이 맞지 않고 예산에 비해 축제 퀄리티가 너무 떨어짐. 각각의 학교에서 운영하는 것이 훨씬 알찬 축제가 될 것이라고 생각함.
- 플래시몹 하기 전에 허비한 30~40분의 시간이 모든 마을축제를 망쳐 놓았음.
- 공연장을 굳이 구별해서 여러 군데 설치할 필요가 있었는지 의문.
- 플래시몹에서는 좀 더 연습을 많이 했더라면… 하는 아쉬움.
- 부스 자리가 정해져 있지 않아 선착순으로 자리를 정함. 부스의 위치가 애매함.

## 2장 100년 전 그날을 기억하며

> 어떤 학교도 외부와 관련 없이 홀로 존재할 수 없다.
> —크리스 메르코글리아노, 『두려움과 배움은 함께 춤출 수 없다』 중에서

### 명명命名을 통해 본 마을축제, 그 5년

마을축제를 왜 시작하게 되었으며 그 과정이 어떠했는지는 앞에서 상세하게 밝히고 있다. 그러므로 본 장에서는 축제 주체들이 해마다 축제의 콘셉트[3]를 어떻게 정하고 명명해 왔는지를 소개하려 한다. 이를 살펴보는 것만으로도, 축제를 만들어 가는 주체들이 다양한 생각을 나누고 정하는 과정 속에서 갈등을 어떻게 해결해 왔는가의 단면을 엿볼 수 있다.

명명한다는 것은 중요한 일이다. 우리는 이름을 통해서 서로가 서로를 인식하고 기억한다. 사람뿐만이 아니다. 다양한 사람들이 모여 일을 도모할 때, 함께 하려는 일의 정체성을 파악하는 일은 명명하기로부터 시작된다. 이는 우리가 하고자 하는 일의 정체를 절반은 이해하고 들어가는 것이다.

그래서 마을축제를 시작해 보자고 했던 초창기부터 지금까지, 추진 주체들은 축제 이름을 정하고 비전을 공유하며 콘셉트를 정하는 일에 무척

---

3. 외래어 표기법과는 달리, 현실적으로는 '컨셉'이라는 말을 훨씬 더 많이 사용하고 있다. 국립국어원에서는 '설정' 또는 '개념'으로 순화할 것을 권고하고 있지만, 뉘앙스가 너무 달라 본문에서는 그냥 '콘셉트'로 표기한다.

공을 들였다. 다음은 지난 5년간의 마을축제 콘셉트 및 장소를 요약해 본 것이다.

| 2015 | 2016 | 2017 | 2018 | 2019 |
|---|---|---|---|---|
| 마을이 학교다 | 할로윈 with 장곡중 학플축제 | 복고 | 옛날 옛적에 | 콘셉트를 해체하는 콘셉트 |
| 제1회 장곡노루마루축제 | 제2회 장곡노루마루축제 | 제3회 장곡노루마루축제 | 제4회 장곡노루마루축제 | 제5회 장곡노루마루축제 |
| 콘셉트: 마을이 학교다<br>장소: 장곡동 매꼴공원 | (제12회 학플축제)<br>콘셉트: 할로윈<br>장소: 장곡동 거리 | 콘셉트: 복고<br>장소: 갯골생태공원 | 콘셉트: 옛날 옛적에<br>장소: 갯골생태공원 | 콘셉트: 마을<br>장소: 갯골생태공원 |

마을축제를 처음 시도했던 2015년도에 가장 많이 들리던 말은 '왜?'였다. 너무나도 고생스럽고 힘든데, 그냥 학교축제로 하면 좋을 텐데, 도대체 누굴 위해서 왜 마을축제를 하느냐는 말들이 많았다. 5년이 지난 지금, 많이 들리는 말은 '무엇을 어떻게?'이다. 어쩌면 피할 수 없으니 즐기리라는 마음가짐일지도 모르겠다. 그러나 마을축제의 필요성을 적어도 암묵적으로는 동의해 가고 있다는 뜻이기도 하다.

콘셉트를 하나로 정하기 위해 얼마나 많이 모이고 얼마나 많이 논쟁했을지는 각자의 상상에 맡기기로 한다. 다만 하나의 단적인 예만 들고 넘어가자. 2016년의 '학플'이라는 용어는 '배울 학學'과 '놀다'라는 뜻을 지닌 'play'를 합성해서 만들었다. 그 구체적인 논의 과정을 굳이 들여다보지 않더라도, 교사의 욕구와 학생의 욕구가 서로 충돌하는 지점에서, 서로의 욕구를 절반씩 양보하며 만들어졌으리라는 점을 가히 짐작할 수 있다. 앞서 밝힌 것처럼 '장곡노루마루축제'라는 이름도 공개모집 및 공청회 등을 통해 충분히 홍보하고 참여하는 과정을 거쳐 정했지만, '장곡동'과 '노루우물', '진마루'라는 이름 사이에서 팽팽한 줄다리기가 있었으리라 짐작케 한다.

이 글을 쓰고 있는 2019년. 올해는 축제의 콘셉트를 없애기로 했다. 이른바 콘셉트를 해체하는 콘셉트. 지난 5년간 축제를 기획하고 준비하며 함께 열고 마무리하는 모습을 보아 온 수많은 교사와 학생들은 콘셉트 없는 축제를 상상해 본 적이 없다. 해마다 자신들의 욕구를 반영한, 그러면서도 축제의 의미를 적절히 살릴 수 있는 콘셉트를 정하기까지 오랜 시간과 논의가 필요했다. 그런데 콘셉트 없이 축제를 한다고? 다음은 이러한 생각에 참신한 물음표 하나를 던져 준 마을 어른의 글이다.

'콘셉트'보다는 '놀이'로

어제 회의에 진말초 장현초 학부모회가 오셔서 좋았습니다. 세 학교 교사와 학생들도 수고하셨고요. 주민센터와는 장소 예약을 비롯, 지원 내역을 확인하기도 했습니다.

논의가 길어진 것은 올해 축제의 콘셉트를 정하는 문제였습니다. 만세운동 대한민국, 할로윈, 파자마, 동물 같은 주제가 제안되었습니다. 의견이 분분하니 단일 주제가 아니라 그룹별로 각자 원하는 주제대로 준비하면 되지 않느냐는 의견도 나왔습니다.

회의를 마치고 한 밤을 보내면서, '콘셉트'에 대하여 생각해 보았습니다. 두 번째 축제 때로 기억합니다. 학교별 학생 대표가 모여, 콘셉트를 정해야 한다고 말했을 때 저로서는 생소했습니다. 다른 할 일도 많은데 콘셉트 때문에 저렇게 골머리를 앓는 이유를 알지 못했습니다. 지금도 이해는 되지 않지만 '학교는 콘셉트가 중요한가 보다', 정도로 여깁니다.

첫해 축제를 준비하며 축제 이름을 공모했습니다. 이백 개의 축제 이름이 들어왔습니다. 제안 이유도 함께 들어왔습니다. 저로서는 그 정도에서 축제 콘셉트가 정해졌다는 생각입니다. 학교축제에서는 교육과정에 맞춘 콘셉트가 필요할지 모르겠지만, 마을축제는 마을 자체가 콘셉트가 아닌지 그런 생각도 해 봅니다.

어제 나온 학생 설문조사 결과나 교사들, 마을 쪽 위원회의 의견들은 그중 하나만 채택하고 나머지는 버리기보다 전부를 '놀이'로 만들면 좋겠다고 생각합니다. 놀이를 주도할 사람이 나서고, 함께 놀 사람들을 모아서 그 주제로 놀면 된다고 생각합니다.

콘셉트가 아니더라도, 장곡동의 애국지사 장수산이 일제에 발각되면서 이루지 못한 거사를 '뜻있는' 마을 사람들이 나서서 치르면 될 것입니다. 마을과 학교에 다시 '비밀 격문'을 돌리고, 백 년이 지체된 만세운동을 벌이면 될 것입니다. 애완견 코너를 준비하고, 함께할 사람을 찾으면 될 것입니다. 할로윈 분장을 하고 하루를 즐길 계획을 세우고, 널리 알려 함께할 사람을 찾으면 된다고 생각합니다.

어제 나온 '콘셉트' 의견들을 각각 축제의 '놀이'로 만들자고 제안합니다. 주제별 제안자들이 준비 그룹을 만들어, 행사 계획을 세우고, 동참자를 찾는 방식으로 놀면 우리 축제가 또 한 걸음 앞으로 나갈 것이라고 생각합니다.

2019. 5. 31. 주○○

## 2019년 마을축제의 현 위치

올해 축제의 특징적인 사항들을 정리할 필요가 있겠다. 2019년에 새롭게 보이는 국면들을 요약하면 대략 다음과 같다.

### ① 장곡교육자치회 출범

올해 처음으로 마을교육자치회를 만들었다. 아래 조직도에서 보이는 것처럼, 장곡동을 공통분모로 하여 다양한 사람들이 모여 있다. 이름 그대로 '자치회'이기 때문에 어떠한 속박이나 위력도 없으며, 일에 대한 강제적 책임이 부여되는 것도 아니다. 이 일을 한다고 해서 개인적인 이득이 나 명성이 따라오는 것도 결코 아니다. 그저 사람이 좋아 하나둘씩 모인 사람들이 대부분이다. 사적으로 만났을 때, 우리는 서로의 관계를 일컬어 '공포의 연결고리'라는 웃음 섞인 농을 하기도 한다. 누가 꼭 하라고 강요 하는 것도 아닌데, 스스로 자신의 일을 찾아서 하도록 작용하는 무언가 는 무엇일까? 아마 모르긴 몰라도 '사람' 때문이 아닐까? 비 내리는 날, 그 비를 기꺼이 함께 맞아 줄 수 있는 '사람'의 중요성을 아는 사람들…. 따라서 여기에서는 일의 능률보다는 관계가 중요하다. 자발적으로 모인 사람들이 일을 함께 도모하려면, 서로를 세심히 살피며 의견의 조화를 꾀 하는 일에 익숙해질 필요가 있다.

처음에는 '장곡마을교육자치회'라는 이름으로 시작했으나, 어차피 우리 마을의 이름이 장곡동이니 '장곡교육자치회'라는 이름으로 부르기로 합 의했다. 현재 장곡동과 가장 근접한 장현동에는 택지개발이 한창이고 그 에 따라 장곡동에 있는 학교들의 규모도 커질 예정이라, 앞으로 수년 내

| 학교교육분과 | 시민교육분과 | 마을축제분과 | 방과후교육분과 | 미디어홍보분과 | 학생자치분과 |
|---|---|---|---|---|---|
| 학교연합 교육과정 기획 및 운영 | 마을 주민 및 학부모 대상 교육 및 연수 | 마을축제 기획 및 집행 | 방과후학교 기획, 관리 및 운영 | 자치회의 원활한 소통 | 마을과 함께하는 학생자치활동 |
| 분과장: 응곡중 교사 | 분과장: 장곡고 학부모 | 분과장: 응곡중 교사 | 분과장: 장곡중 학부모 | 마을분과장: 장곡타임즈 기자 학교분과장: 장곡고 교사 | 학생분과장: 장곡고 학생 교사분과장: 장곡고 교사 |

| 마을사무장: 장곡고 학부모 ｜ 학교사무장: 장곡중 교사 |
|---|

| 대표: 장곡타임즈 편집장 ｜ 실행위원장: 장곡중학교장 |
|---|

| 지원단 | 공동 대표단 회의 | 자문단 |
|---|---|---|
| 학교운영위원회 위원장단(5명) | 5개교 교장 너도 마을학교장 | 장곡동 시의원단(4명) 장곡동장, 주민자치위원장 |

로 마을의 범위가 더 넓어질 것으로 예상된다. 그때가 되면 자치회의 이름도, 마을의 경계도, 다시 정하는 작업이 있어야 할지도 모르겠다.

조직도를 잘 살펴보면, 다른 조직도와는 조금 다르다. 이른바 '물구나무 선 조직도'. 처음에는 위와 아래가 서로 바뀌어 있었는데, 논의 과정을 거치면서, 분과 활동이 자치회의 중심이 되어야 한다는 생각을 하게 되었다. 분과 활동이 전면에 서고, 각 단위 대표들이 지원하는 역할을 해야 한다는 생각이 이 조직도에는 담겨 있다.

올해 장곡교육자치회는 열림식을 가졌다. 한자리에 모여 서로의 얼굴을 익히고 해야 할 일들을 확인하는 모임이었다. 그 외에도 분과장들은 매달 한 번, 마을학교에 모여서 각각의 분과에서 지금까지 해 온 일들과 앞으로 해야 할 일들을 확인한다. 예비 신입생을 둔 학부모를 위한 설명회 개최, 마을 교과서 '장곡이야기' 제작 및 배포, 다른 지역의 마을 탐방, 마을축제의 비전을 세우기 위한 동네포럼 개최, 마을신문 〈장곡타임즈〉 제작 및 배포, 마을축제 기획 및 추진, 장곡동의 주차 문제 해결을 위한 토론회 개최, 마을강사와 학교교사의 협업수업 사례 발굴 등등의 일을 추진해 왔다. 장곡동의 마을일을 진행하는 데 있어서, 이들의 협업은 꽤 중요한 축을 이룬다.

열림식을 알리는 글

열림식

마을 교과서 표지

새내기 학부모 역할 설명회 현수막

마을 주민 대상 연수 배너

마을축제의 비전을 세우기 위한 동네 포럼

분과장 회의

마을 주민 대상 연수(요리반)

---

장곡교육자치회 제6월 실행위원회 회의 자료

일시: 2019. 06. 11 pm 5:00 마을학교 너도

참석자: 김○○(시민교육분과), 최○○(방과후분과), 박○○(마을 사무장), 김○○(마을학교 간사), 이○○(마을축제분과), 나○○(장곡고 교사), 김○○(장곡고 교사), 백○○(학교교육분과), 조○○(장곡중 운영위원장), 주○○(상임대표)(10명)

● 2019년 6월 실행위원회 안건

1. 장곡타임즈
(1) 발행 주체 변경
- 〈장곡타임즈〉의 발행 주체를 장곡교육자치회로 변경하고자 함.
- 장곡교육자치회에서 ㈜마이크로저널리즘에 제작 의뢰하는 방식으로 변경.

(2) 다음 발행 시기: 7월 17일 예정(장곡중, 웅곡중, 장곡고 모두 방학이 7월 19일이므로).

(3) 학교별 지면에 재미있는 코너를 만들어 보기로 함.


2. 융합학교

- 현재 실시하고 있는 학부모 대상 연수와 마을강사 대상 연수 중, 마을강사 대상 연수를 늘리기로 시청과 협의함.

- 마을강사와 학교교사의 협업수업 사례를 발굴하고 있음 → 장곡중에서 열리고 있는 수업보기모임에 올해부터는 마을강사가 많이 참석하고 있으니, 우수한 협업수업 사례를 찾아보기로 함.

- 마을강사 연수에 들어가서, 멘토 역할까지 할 교사 찾기, 중등교사 6명 내외.


3. 연합방과후학교

- 7월 모임에서 2학기 실시 여부를 결정하기로 함. 2학기 시작하자마자 수요조사를 한다면, 1개 또는 2개반 개설 가능.

- 이○○, 최○○, 박○○ 님이 길을 잡아 주시길.


4. 새로운 멤버 환영

- 소풍 갑시다!: 7월 2주 또는 7월 3주쯤. 구체적인 날짜와 장소는 카톡방을 통해 의견 수렴.

- 미디어분과를 마을분과와 학교분과로 나누어, 장곡고 김○○ 교사가 학교분과 담당.

장곡타임즈 마을소식: 주○○          장곡중: 박○○

웅곡중: 한○○          장곡고: 김○○

- 학생자치분과 교사분과장을 장곡고 나○○ 교사가 맡고 학생분과장은 7월 장곡고 학생회장 선거 후 뽑히는 회장이 맡기로 함.


● 2019년 7월 실행위원회 일정: 미정

## ② 마을신문 지면할당제

2019년은 감동적인 해로 기억될 것이다. 장곡동의 마을신문 〈장곡타임즈〉는 2013년에 처음 발간된 이후로, 여러 우여곡절을 겪으며 발행 주기와 판형에 변화를 꾀해 왔다. 처음에 마을신문을 만든다고 했을 때 사람들의 시선은 낙관적이지 않았다. 중앙에서 발행하는 일간지들도 종이 신문보다 디지털 신문으로 대체되어 가는 판국에, 누가 시골의 작은 동네에서 발행하는 신문에 눈길을 주겠느냐는 것이었다. 더욱이 이 무가지無價紙 마을신문은 광고를 위한 기사를 싣지 않겠다는 것을 약속으로 표방하며 철저하게 언론의 정도를 내세운다. 어느 중앙일간지도 못 지키는 원칙이다. 만약 사람들의 관심과 기억 밖으로 밀려나게 된다면, 존폐의 위기는 필연일지도 모른다.

그러나 이 마을신문은 그때그때 시의 적절하게 장곡동 사람들의 가려움을 긁어 주는 글들을 실었고, 마을의 귀한 것을 드러내고 소개함으로써 마을신문의 역할을 톡톡히 해 왔다. 2013년 창간 당시에만 해도 사람들에게 잘 알려져 있지 않았던 노루우물이나 길방나무의 존재를 지금은 모르는 사람이 거의 없을 정도가 되었다. 마을축제에 관한 소식도 마을신문이 없었다면 훨씬 더 전파하기 힘들었을 것이다. 물론 학생들의 글이나 소식을 싣는 것이 여의치 않았던 시절도 있었다. 처음 해 보는 일에 대한 두려움은 어쩌면 보통 사람들의 일반적인 경향일 수 있지만, 지금은 이를 넘어서서 장곡동 소재의 세 개 중등학교가 이 마을신문과 연합하고 있다.

학교에서 수업을 하는 교사가 학교신문을 담당하는 것은 어려운 일이다. 보통은 국어 교사가 신문반 지도교사가 되는 일이 많은데, 아무리 국어 교사라 하더라도 쉽지는 않다. 학교 안팎에서 일어나는 일들을 비평적 시선으로, 그러면서 동시에 애정을 담아 바라보는 일도 생각보다 무척 어렵다. 그뿐인가? 학생기자 교육도 해야 하고, 이들과 함께 취재 및 편집

제53호(2019. 4. 25) 〈장곡타임즈〉 1면

제53호(2019. 4. 25) 〈장곡타임즈〉 2면

제53호(2019. 4. 25) 〈장곡타임즈〉 4면

제53호(2019. 4. 25) 〈장곡타임즈〉 6면

의 방향을 정해야 하고, 집필한 글을 놓고 함께 이야기하거나 수정해야 하고, 사진도 적절히 배치해야 하고, 보기 좋게 편집해야 하며, 인쇄하고 배포하는 일까지 담당하려면 꽤 많은 품이 든다.

그런데 마을신문과 함께 하면 이 모든 일들의 절반 이상을 덤으로 얻을 수 있다. 학교는 그저 매달 실을 글을 골라 보내 주고, 매달 들어가는 제작비의 일부를 지원하면 된다. 이 두 가지만 신경 쓰면, 편집하고 인쇄하여 학교 근처의 아파트 및 상가, 그리고 인근 학교에까지 배포하는 일은 마을에서 해 준다. 마을신문 총 8면 중 2면에는 마을의 소식을 싣고, 나머지 6면은 각각 2면씩 나누어 세 개 학교의 소식을 싣는다.

### ③ 한 마을의 세 개 학교가 연합하는 큰 마당

2019년부터 장곡동에는 세 개의 혁신학교가 존재하게 되었다. 장곡중과 응곡중 외에 장곡고도 혁신학교로 지정되었고, 올해는 이 세 학교가 마을축제를 함께 치르는 원년이 될 것이다.

앞서 마을축제를 하는 이유를 두 가지로 제시하였다. 같은 지역의 초·중·고 교사들이 함께 교육과정을 들여다보며 우리 마을의 아이들을 어떻게 키울지 머리 맞대고 이야기하고 싶다는 것, 그리고 현재 벌어지고 있는 축제의 상업성을 극복하고 싶다는 것. 이 중에서 특히 첫 번째 욕구는 마을축제를 벌이는 것만으로 모두 충족되지 않을 것이다. 마을축제를 통해 만나 서로의 교육과정을 들여다보는 계기를 마련했다면, 여기에서 한 걸음 더 나아갈 필요가 있다는 생각을 하게 되었다.

그래서 올해부터는 장곡동에 있는 세 개 중등학교가 연합하여 전문적 학습공동체 모임을 시도해 보려고 한다. 1년 동안 매주 수요일마다 각자의 학교에서 각 학교의 빛깔에 맞는 연수를 진행하되, 1년 중 한 번쯤은 세 학교의 교사가 다 같이 만나서 이야기하는 시간을 가져 보는 것이다. 물론 단 한 번의 만남으로 모든 욕구가 해소되고 네트워킹이 완성될 것이라고 기대하지는 않는다. 그러나 이러한 시도와 만남은 더 큰 성장을 위한 디딤돌이 될 것이라고 믿고 있다.

2019학년도 응곡중학교 전문적 학습공동체의 날 운영 계획

| | | 날짜 | | 시간 | 비고 |
|---|---|---|---|---|---|
| 3월 | 2주 | 3/6 | 학년생활공동체1_소그룹집단상담, 문제해결서클 | 2 | |
| | 3주 | 3/13 | 종합평가 준비위원 팀장 협의회 | | 종합평가 준비 사전 논의 |
| | 4주 | 3/20 | 혁신학교 철학 연수-독서토론 | 2 | |
| | 5주 | 3/27 | 혁신학교 4대 과제별 토론 준비 | 2 | |
| 4월 | 1주 | 4/3 | 혁신학교 철학 연수 | 2 | 외부 강사 |
| | 2주 | 4/10 | 혁신학교 철학 연수 | 2 | 외부 강사 |
| | 3주 | 4/17 | 학교문화 토론(민주적 학교운영체계) | 2 | 종합평가 준비 |
| | 4주 | 4/24 | 학교문화 토론(전문적 학습공동체) | 2 | |
| 5월 | 1주 | 5/1 | 학교문화 토론(윤리적 생활공동체) | 2 | |
| | 2주 | 5/8 | 학교문화 토론(창의적 교육과정) | 2 | |
| | 3주 | 5/15 | *스승의 날 | | |
| | 4주 | 5/23 | 종합평가 공개수업 공동구상 협의회 | 2 | 종합평가 준비 |
| | 5주 | 5/28 | [28일 종합평가]-28일 전 교사 수업 공개 | 3 | 1~5교시 공개 |
| 6월 | 1주 | 6/5 | 개교기념일 | | |
| | 2주 | 6/12 | 교과군 수업 공동구상 및 교육과정 협의회 | 2 | |
| | 3주 | 6/19 | 교과군 수업연구회 및 교육과정 협의회 | 2 | |
| | 4주 | 6/26 | 개인별 교육과정 사례 발표회 | 2 | |
| 7월 | 1주 | 7/3 | 1학기 교육과정 평가회 | 2 | |
| | 2주 | 7/10 | 2차 지필 | | |
| | 3주 | 7/17 | 2학기 교육과정 및 평가 계획 수립 협의회 | 2 | |
| | 4주 | 7/19 | 방학 | | |
| 8월 | 3주 | 8/21 | 학년군 생활공동체 3_존중의 약속 점검하기 | 2 | |
| | 4주 | 8/28 | 교과군 수업 공동구상 및 교육과정 협의회 | 2 | |
| 9월 | 1주 | 9/4 | 교과군 수업연구회 및 교육과정 협의회 | 2 | |
| | 2주 | 9/11 | 중·고 연계 혁신 공동 워크숍 | 2 | 연계혁신 |
| | 3주 | 9/18 | 학년군 수업연구회 및 교육과정 협의회 | 2 | |
| | 4주 | 9/25 | 교과군 수업 공동구상 및 교육과정 협의회 | 2 | |
| 10월 | 1주 | 10/2 | 교과군 수업연구회 및 교육과정 협의회 | 2 | |
| | 2주 | 10/9 | 한글날 | | |

| 10월 | 3주 | 10/16 | 학년군 생활공동체4_학급긍정훈육 | 2 | |
| | 4주 | 10/23 | 교과군 수업 공동구상 및 교육과정 협의회 | 2 | |
| | 5주 | 10/30 | 교과군 수업연구회 및 교육과정 협의회 | 2 | |
| 11월 | 1주 | 11/6 | 학년군 생활공동체 5_학년말 성찰 서클 | 2 | |
| | 2주 | 11/13 | 수능(전날) | | |
| | 3주 | 11/20 | 학년말 교육과정 협의 및 2학기 개별 교육과정 발표회 | 2 | |
| | 4주 | 11/27 | *3학년 지필평가 직후 | | |
| 12월 | 1주 | 12/4 | 교육활동 평가회 | 2 | |
| | 2주 | 12/11 | *2학년 지필평가 직후 | | |
| | 3주 | 12/18 | 응곡 컨퍼런스 | 2 | |
| | 4주 | 12/25 | 성탄절 | | |
| | | | | 61 | 전학공 61시간, 직무연수=55시간 |

## 축제를 전후하여 교실에서는?

축제는 일회성 행사가 아니다. 아니, 오히려 일회의 행사로 끝나 버린다면 그 허망함의 강도는 커지기 때문에, 교사들은 어떻게 해서든지 학교 교육과정과 연계하고 싶어 한다. 마을축제는 상업성을 배제한다는 점에서도 의미가 크지만, 축제 전후의 교육과정과 유기적으로 연계함으로써 교육적 시너지 효과를 크게 거둘 수 있다.

올해는 3·1운동 100주년을 기념하는 해이다. 교사들은 100년 전 3·1운동의 의미와 정신을 되새기고, 이를 축제에서도 재현하고 싶어 했다. 올해 2월 응곡중학교 교사 연수 시 나온 의견이다. 그런데 마을축제는 다양한 주체들이 서로 협의하는 과정을 거치기 때문에 축제의 일정이나 구체적인 계획 등은 2학기가 되어서야 비로소 정해진다. 그러나 2학기의 축제 일정이 아직 구체적으로 나오지 않았다고 해서, 교육과정의 한해살이

**2** **100년 전 그날 프로젝트**
* 역사: 3·1운동, 100년 전 그날을 기억하다

**2-1) 우리말 프로젝트**
* 국어: 우리말 프로젝트
* 역사: 민족문화수호운동
* 영어: 일제강점기 역사 속 인물 소개
　　　외국에서 바라보는 3·1운동과 촛불집회

**2-2) 마을축제**
* 국어: 마을축제 홍보하기
* 진로: 태극기 제작하기
* 음악: 플래시몹 배경음악 선정하기
* 체육: 3·1운동 플래시몹 기획, 연습

**2-3) 학년말 뮤지컬**
* 역사: (역사영화) 시놉시스 창작하기
* 국어: 대본 창작하기
* 미술: 포스터 만들기
* 범교과: 역할 정하기 및 연습하기

를 계획하는 일에 손을 놓고 있을 수는 없었다.

그래서 축제의 콘셉트가 어떻게 정해지더라도, 우리는 아이들과 함께 '100년 전 그날' 프로젝트를 진행하기로 했다. 운이 좋아 축제 콘셉트와 맞아떨어진다면 더할 나위 없이 좋은 일이고, 만약 다른 방향으로 정해지더라도 상관없다고 생각했다. 결과적으로 올해 축제는 콘셉트 없이 진행하기로 했기에, 우리가 계획했던 수업은 그대로 진행하게 될 것이다.

1학기 역사 시간에는 일제 강점의 역사 속에서 우리 선조들의 삶을 들여다보는 작업을 실시했다. 비슷한 시기에 국어 시간에는 '우리말 프로젝트'를 실시했는데, 우리말의 실태를 돌아보고 그 실태를 알리거나 잘못된 점을 고치거나 실천하는 등의 '스스로 기획' 프로젝트였다. 다음은 우리말 프로젝트를 진행하던 시기에 수업을 공개하면서 작성했던 지도안, 모둠 활동을 모두 끝낸 뒤 학생이 쓴 보고서의 일부, 그리고 프로젝트 시작 단계에서 학생들에게 배부한 읽기 자료이다.

## 수업 공개 지도안

[주제]
우리말 프로젝트: 5월 한 달 동안 진행하는 국어 수업이자, 3학년 교과통합수업의 큰 주제인 〈100년 전 그날〉 프로젝트 중 하나. 1학기의 우리말 프로젝트 수업은 2학기에 배울 훈민정음 단원을 위한 사전 교육의 성격을 지니면서, 동시에 10월에 있을 장곡동 마을축제인 〈노루마루축제〉와 연계될 가능성이 있다.

[교육과정 성취기준]
• 2943-1. 어문 규범의 주요 원리와 내용을 설명할 수 있다.
• 2943-2. 남북한 한글 맞춤법의 차이점을 알고 남북한 언어의 동질성 회복의 필요성을 설명할 수 있다.
• 29410-2. 사회·문화적 맥락(지역, 세대, 성별, 다문화 등)과 관련된 언어 변이 현상을 설명할 수 있다.
• 29411-1. 한글 창제의 정신과 동기를 설명할 수 있다.
• 29411-2. 한글의 가치를 설명할 수 있다.
• 29411-3. 한글의 우수성과 과학성을 설명할 수 있다.

[단원 전체의 흐름]

| 주제 탐색 및 선정 (2시간) | ⇨ | 주제 확정 (1시간) | ⇨ | 프로젝트 계획 세우기 (2시간) | ⇨ | 프로젝트 실행 준비 (2~3시간) | ⇨ | 프로젝트 실행하기 (약 일주일) |
|---|---|---|---|---|---|---|---|---|
| 계획 점검하기 (1시간) | ⇨ | 보고서 쓰기 (2시간) | ⇨ | 모둠 보고서 쓰기 (2시간) | ⇨ | 모둠별 발표하기 (1~2시간) | ⇨ | 회고 하기 (1시간) |

[수업의 의도]
　우리말 프로젝트는 협동적으로 문제를 해결할 수 있는 역량을 더 키워 주고 싶다는 마음에서 출발하였다. 그러나 협동적으로 문제를 해결하는 과정도 중요하지만, 그 과정을 통해 배우는 지식도 중요하기에 성취기준을 생각하지 않을 수 없다. 자칫 잘못하면 '눈에 보이는' 활동만 남고, 배워야 할 내용을 내면화하지 못한 채로 끝나 버릴 우려가 있기 때문이다.
　이러한 우려를 불식시키기 위해 학기 초에 고른 성취기준은 세 가지였다(위의 교육과정 성취기준의 맨 위에서부터 세 가지). 그런데 역시 우리 아이들은 훌륭했다. 다양한 읽기 자료를 제공했을 뿐인데, 현재 각 반에서 모둠별로 실시하고 있는 프로젝트를 잘 들여다보면 총 여섯 가지의 성취기준 중 한 가지 이상을 스스로 찾아내고 있기 때문이다.
　장기 프로젝트를 실시하는 데 있어서 기획력은 중요하다. 더욱이 '함께하는 기획력'이기에 더 어려울 수 있다. 어쩌면 몹시 구성주의적이어서 혼란스러울 수도 있는 이 전체의 과정 속에서, 우리 아이들은 언어적 지식뿐 아니라 실패를 통해서도 배울 수 있다는 소중한 경험을 겪어 내고 있다. 갈등을 겪고 싸우며, 실패하고 넘어지기도 하지만, 그 모든 과정을 통해 조금씩 조금씩 성장하고 있는 우리 아이들이 너무나도 기특하다.
　오늘 수업인 '모둠 보고서 쓰기'는 이전 차시를 통해 작성한 보고서를 바탕으로, 다음 차시에 실시할 모둠별 발표에 대한 계획과 순서 및 말할 내용을 정하는 시간이다. 그 후에는 모둠 구성원이 모두 앞으로 나와, 모둠에서 함께 실행한 프로젝트의 내용을 발표할 것이다. 나는 프로젝트를 모두 끝낸 후 실시하는 '회고하기' 시간을 무척 좋아하는데, 우리말 프로젝트의 '회고하기'는 아직 수업 디자인을 정교하게 하지는 못한 상태이다. 주말에 고민해 보려 한다.

프로젝트를 진행하고 일상 속에 섞여 혼용되는 일본어를 조사하는 과정에서, 현재 청소년이나 청년들이 쓰는 '기모띠'나 유행어로 쓰이며 재미를 추구하는 일본어 단문들뿐만 아니라 '노가다', '삐까뻔쩍' 등, 생각하지도 못한 곳에서 일본어를 그 근간으로 발견할 수 있었다. 프로젝트에 쓰이지는 못했으나 '땡깡', '만땅', '요지'같이 부모님 세대의 어른들이 자주 사용하는 용어에도 일본어가 섞여 있다는 점, 그리고 조사 도중 발견한 웹사이트나 실제 프로젝트에서 시행한 OX 체크 결과 등에서, 사람들이 멀쩡한 고유의 우리말, 예컨대 조선시대 등 문헌에도 남아 있는 '남대문'이나 '야채' 등을 오히려 일본에서 온 표현으로 많이 혼동하는 것을 알 수 있었다. 이를 통해 아픈 역사인 일제 강점기 때 우리나라에 남은 일제의 잔재가 여러모로 완전히 청산되지 못한 채로 우리 삶에 알게 모르게 숨어서 단단히 뿌리박고 있는 것 같다는 생각이 들어 마음 한구석이 씁쓸했다.

그러나 이 프로젝트를 완료한 뒤 준비 조사 과정에서 봤던 여러 가지 일본어에서 온 표현들을 보고, 우리 삶이나 특정 분야의 은어 등에 또 어떤 일본에서 온 말들이 있을지 더 찾아보고 싶다는 호기심에도 불이 붙게 되었다. 그리고 만약 있다면 어떤 순우리말로 대체를 할 수 있을지에 대해서도 다른 사람들과 함께 이야기하고 널리 알리고 싶다는 생각 또한 하게 되었다.

이 프로젝트를 하면서 시간이 부족해 더 많은 사람들을 이 프로젝트에 참여시키지 못했다. 그리고 진짜 알리려고 했던 것인 OX 문제의 정답 또한 단순히 반 앞에 게시해 놓는 것만으로는 많은 사람들에게 알리기에는 빈약하고 효과적이지 못했다는 아쉬움이 남는다. 어떤 친구 두 명이서 반 앞의 벽에 걸린 정답을 맞춰 보며 그것에 대한 대화를 나누는 것을 봤을 때, 조금이나마 이 프로젝트의 '바로잡고 알리는' 목적을 달성한 것 같아 기뻤는데, 만일 이러한 활동을 다시 하게 된다면 위의 아쉬운 점들을 보완할 다양한 방법을 연구해, 좀 더 많은 사람들에게 우리말에 섞여 있는 일본어에 대한 것을 알리는 것을 목표로 하고 싶다.

응곡중학교 3학년 1반 김○○

우리말 프로젝트는 5월 한 달 동안 진행했지만, 이로써 끝나지 않고 2학기 활동으로 이어질 것이다. 성취기준의 면에서는 2학기의 '훈민정음 톺아보기'라는 활동과 연계될 것이고, 방법 면에서는 '축제 홍보하기'와 이어질 수 있다. 참고로 2018년에 마을축제 실시 전에 수업했던 국어 활동지를 소개한다. 올해는 여기에서 한 걸음 더 나아가 마을축제의 의미와 정신을 알 수 있는 활동을 좀 더 깊이 있게 다룰 예정이다. 그리고 작년에는 시간 부족을 이유로 개별 활동에 그쳤다면, 올해는 모둠 친구들과 협력해서 홍보할 수 있도록 최대한 시간을 확보하고 지원할 계획이다. 또한 축제 당일에는 시흥의 우리 선조들이 100년 전 그날 시도했던 비밀통문을 만들어 돌리고, 거사를 진행하는 모의 체험도 해 보고 싶다.

2학기에는 3학년 교육과정 속에 '진로'라는 창체 수업이 새롭게 생긴다. 대체적으로 3학년 교과 담당 교사가 수업을 진행하게 될 텐데, 이 시간을 잘만 활용한다면 아주 많은 것들을 의미 있게 풀어낼 수 있으리라는 생각이다. 100년 전 그날을 소재로 플래시몹을 기획하고 연습하는 일은 체육 교과에서 맡기로 했고, 그러한 플래시몹에 사용할 음악은 음악 교과에서 신경 쓰기로 했다. 비밀리에 만들어 품에 품게 될 태극기는 진로 시간을 활용하여 만들면 될 일이다. 혹시라도 시간이 부족한 교과가 생긴다면, 창체 수업의 일환으로 제공되는 진로 시간을 십분 활용할 수 있으리라.

**(가) 기미독립선언서 원문**

- 1919년 3월 1일 탑골공원에서 낭독됨 -

물곡동 3학년 1학기 국어 · 24

**(나) 쉽고 바르게 읽는 3·1 독립선언서**

- 2019년 3월 1일 광화문광장에서 낭독됨 -

<3·1운동 및 대한민국임시정부 수립 100주년 기념사업추진위원회>

물곡동 3학년 1학기 국어 · 25

**(다) 세계가 인정하는 우리말의 우수성**

출처: 국제뉴스 2016.08.02.

물곡동 3학년 1학기 국어 · 26

**(라) 특허청, 우리말 우수 상표 - 네티즌투표 거쳐 선정**

**(마) 우리말로 나라를 지키려한 학자**

출처: https://muchkorea.tistory.com/233 [대한민국역사박물관 블로그]

물곡동 3학년 1학기 국어 · 27

기미독립선언서 및 쉽고 바르게 읽는 3·1 독립선언서 외

※ '매체에 따른 글쓰기' 단원의 수업 흐름도

| 제4회 장곡노루마루 축제 개요 | ⇨ | 축제 부스 및 거리행진 아이템 정하기 | ⇨ | 매체의 특성 알기 | ⇨ | SNS 활용하여 축제를 알리는 글 쓰기 | ⇨ | 말하기 수행평가 |

※ 다음은 2018년 9월 6일 현재까지 마을축제준비위원회(이하 축준위)에서 의논하고 결정한 내용들이다.

| 무엇을 | 어떻게 | 담당자 |
|---|---|---|
| 기록 작업 | •기록자 교육 후 축제 준비 실행 전반 기록<br>•사진, 파일, 영상 등<br>•회의록 작성 | 마을: 김○○<br>학생: 서○○, 장○○<br>교사: 장곡중 서○○,<br>응곡중 이○○ |
| 일시 장소 확정 | •2018년 10월 20일 오전 10시~오후 4시. 갯골생태공원<br>•갯골에서 토요일에 한다는 것은 장곡동이 제공하는 시민 축제의 성격. 장곡동은 이익을 얻고 시민은 즐거움을 얻는 맥락 | |
| 공연, 특성화 | •10시 갯골 집합 및 준비<br>•10시 30분 여는 의식<br>•11시부터 공연과 부스 같이 운영. 중간에 단체 게임 | 공연: 이○○<br>단체놀이: 김○○ |
| 올해 주제 | •옛날 옛적에: 어떻게 드러낼지 논의<br>•길거리행진, 부스, 공연 등 될 수 있으면 관련되도록 | |
| 홍보 방안 | •리플릿 제작<br>•포스터 공모와 제작<br>•현수막 부착 횟수와 내용<br>•보도자료 작성 및 홍보자료 배포: 포스터 공모, 공연 신청, 플래시몹 공모 | |
| 거리 행진 | •전날(10월 19일) 5-6교시에 운동장에 모여 출발. 그 마을에 사는 장현동 팀도 그 마을에서 행진을 하고 귀가함.<br>•거리행진 코스 여러 개로 중앙공원에서 마칭밴드 가세 | 응곡중: 김○○<br>장곡중: 김○○ |
| 부스 (체험 및 음식) | •상한선 3,000원<br>•급식 대신 1,000원 쿠폰 2장 제공<br>•어머니 부스 50% 할인(쿠폰에 한해)<br>•학급비 10만 원 제공. 수익금 중 5만 원 제출 | 응곡중: 이○○<br>장곡중: 최○○ |
| 질서 유지 | •주차 안내<br>•학생과 마을 어른 짝지어 배치: 쓰레기 처리 학급에서 분리수거 철저히 하고, 당번이 쓰레기차 주변에서 이를 지도<br>•과중하지 않게 시간별 배치 | 마을:<br>장곡체육회,<br>자율방범대<br>장곡고 |
| 축제장 배치 | •단합 전통게임이 중간에 진행되므로 작년과 같은 배치로 운영<br>•버스킹 무대 없고 그 자리에 전시 부스 설치<br>•음식은 자갈밭과 작년 전시장 있던 곳 이용<br>•개인용 돗자리 준비하여 그늘에 앉기 | |
| 대외 협력 | •시청, 시설관리공단, 동 유관 단체, 아파트 연합회, 경찰서 | |

| | |
|---|---|
| 학술제 | •10월 18일(목) 장곡고 |
| 주민<br>설명회 | •숲속 1단지 극장 활용 |

1. 장곡노루마루축제는 올해로 벌써 제4회를 맞이한다. 마을축제는 왜 실시하는 것일까?

2. 앞 장의 축준위 협의록을 천천히 읽어 보면서 궁금한 것에 표시해 보자. 궁금한 점을 선생님께 질문하고, 그에 대한 답은 간단하게 정리해서 메모해 보자.

3. 앞 장에 제시된 행사 또는 활동 중, 자신이 꼭 참여해 보고 싶은 것은? 참여하려면 어떻게 하면 되는지, 작년 경험을 살려 서로 대화를 나누어 보자.

4. 다음 시간에는 마을축제 시 학급 부스에 관한 아이디어를 모을 것이다. 이를 위한 사전 활동으로, 우리 반의 특징(장점)을 자유롭게 정리해 보자.

---

**축제 홍보하기 (중학교 3학년 국어) 활동지** `학급 부스`

1. 제4회 장곡노루마루축제의 학급 부스 아이디어를 모아 보자.
(1) 포스트잇 3장에 자신의 부스 아이디어를 각각 하나씩 적어 B4용지 맨 위에 나란히 붙인다.
(2) B4 용지를 옆 친구에게 넘긴다.
(3) 옆 친구가 준 B4 용지에 적힌 아이디어를 보고 새롭게 연상되는 아이디어를 중복되지 않게 포스트잇 3장에 적어, 옆 친구가 붙인 자리 밑에 각각 붙인다.
(4) 자신의 B4 용지가 돌아올 때까지 옆 친구에게 넘기며 같은 활동을 한다.
(5) 모둠 아이디어를 모두 일정한 기준에 따라 분류한다.

2. 모둠 활동지를 돌려 보고, 괜찮은 아이디어를 아래 빈 칸에 적어 모아 보자.

| | | | | | | | |
|---|---|---|---|---|---|---|---|
| | | | | | | | |
| | | | | | | | |
| | | | | | | | |
| | | | | | | | |

3. 2번을 바탕으로 모둠 구성원과 의논하여 우리 학급의 부스 아이디어를 하나만 정해 보자.

> ※아이디어 선택 시 고려해야 할 사항
> •'옛날 옛적에'라는 주제-나눔의 정신, 전통의 계승 및 발전, 자연과의 공존 등
> •구성원의 참여-우리 반 모두 즐겁게 참여할 수 있는가?
> •실현 가능성-10월 20일 갯골생태공원에서 우리가 실현할 수 있는가?

매체의 특성 및 종류, 매체를 활용하여 홍보하는 글 쓰기

## 2019학년도 3학년 2학기 역사과 평가 계획

| 평가 종류 | 지필평가 | | 수행평가 | | | |
|---|---|---|---|---|---|---|
| 반영 비율 | 30% | | 70% | | | |
| 횟수/영역 | 1차 | 2차 | 역사수업 일기 | 평화 프로젝트 | 민족문화 수호운동 소개하기 | 뮤지컬 시놉시스 만들기 |
| | 미실시 | 선택형 | 누적 | 1회 | 1회 | 1회 |
| 만점 (반영 비율) | – | 100점 (30%) | 10점 (10%) | 20점 (20%) | 20점 (20%) | 20점 (20%) |
| 논술형 평가 반영 비율 | – | – | 10% | 20% | 10% | 10% |
| 평가 시기 | – | 11월 5주 | 8월 4주 ~10월 2주 | 8월 5주 ~9월 1주 | 9월 2주 ~9월 4주 | 10월 4주 ~11월 3주 |
| 평가 내용 (성취기준) | – | 역9212 ~역9215, 역9221 ~역9224, 역9231 ~역9234 | 역9222 ~역9224, 역9231 | 역9223 | 역9224 | 역9211 ~역9215, 역9221 ~역9224, 역9231 ~역9234 |

## 2019학년도 3학년 2학기 국어과 평가 계획

| 평가 종류 | 지필평가 | | | 수행평가 | | | |
|---|---|---|---|---|---|---|---|
| 반영 비율 | 20% | | | 80% | | | |
| 횟수/영역 | 1차 | 2차 | | 훈민정음 톺아보기 | 축제 홍보하기 | 뮤지컬 대본 쓰기 | 독서 |
| | 미실시 | 선택형 | 논술형 | 9차시 | 13차시 | 9차시 | 17차시 (매주 1차시) |
| 만점 (반영 비율) | – | 20점 (4%) | 80점 (16%) | 10점 (10%) | 30점 (30%) | 20점 (20%) | 20점 (20%) |
| 논술형 평가 반영 비율 | – | 16% | | – | 10% | 10% | 15% |
| 평가 시기 | – | 11월 5주 | | 8월 4주 ~9월 1주 | 9월 2주 ~10월 2주 | 10월 4주 ~11월 2주 | 수시 |
| 평가 내용 (성취기준) | 2952-1, 2952-2 2953-2, 2954-1 2955-1, 2955-2 2956-1, 2956-2 2958-2, 2959-2 2939-1.2939-2 2939-3, 2919-3 29411-1. 29411-2 29411-3 | | | 29411-1 29411-2 29411-3 | 2939-2 2939-3 2919-3 | 2956-1 2956-2 2959-2 | 2921-3 2926-2 2927-3 2929-1 2929-2 29210-2 29211-2 2936-3 |

마을축제가 끝나고 나면 우리 3학년 학생들에게는 앞으로의 진학을 생각해야 하는 다소 긴장된 시간이 다가온다. 학생들의 고입 관련 업무가 끝나는 11월 말부터 12월 한 달간은 그동안 그래왔듯이 학년말 프로그램을 진행하게 될 것이다. 올해도 작년처럼 학급별 뮤지컬을 연습하여 무대에 올리게 될 텐데, 올해 뮤지컬은 특히 역사 교과와 국어 교과가 함께함으로써 더 빛을 발할 수 있으리라는 기대를 갖고 있다.

앞의 표는 여름방학 직전, 2학기 수업을 재구성하고 계획하기 위해 모인 자리에서 아이디어를 얻을 수 있었던 역사과 및 국어과의 평가 계획 일부이다.

학년말 공연을 위한 대본은 언제나 국어 교과에서 책임져 왔다. 아이들과 함께 창작극의 소재를 찾고, 시놉시스를 작성해 보고, 여기에 살을 붙여 한 편의 대본을 완성하는 일까지는 국어 교과에서 소화해 낼 수 있다. 그런데 올해부터는 역사 교과에서 시놉시스 제작 의사를 밝혀 왔다. 무척 반가운 일이었다. 역사 교과에서 인물과 배경의 테두리를 정해 주기만 해도, 그 나머지를 책임지는 일은 훨씬 더 수월하리라. 역사 시간에 아이들은 우리 근대사의 흐름을 살펴보면서, 그 흐름 속을 살다 간 인물에 초점을 맞추어 시대물을 창작할 수도 있지만, 그러한 시대 풍조 속 인물 간의 갈등, 인물의 생각 등을 지금 우리가 살고 있는 현대에 맞게 창작할 수도 있으리라.

'시작이 반'이라고, 발동을 걸기가 힘들어서 그렇지, 한번 시작한 운동은 멈추기 힘든 힘을 내재하기 마련이다. 그러나 이 책의 출판을 눈앞에 두고 있는 지금, 여러 사람들의 마음이 어수선하다. 5년이라는 시간 동안 인내하고 도와 가며 지속해 온 마을축제도 민주성이 제대로 정착되지 않으면 금세 허물어질 수 있음을 뼈저리게 느끼고 있는 요즘이다.[4] 고인 물이 되지 않으려면 서로의 생각을 끊임없이 나누고 보듬으며 담금질하지 않으면 안 된다는 것. 우리가 학생들을 민주시민으로 키우기 위해 노력하고 있지만, 정작 민주성을 갖추기 위해서는 교사들이 더 무겁게 책임지지 않으면 안 된다는 것. 다시 한번 마음을 추스르고 장곡동의 현위치를 객관적으로 조망할 필요가 있다.

더불어 사람이 하는 일에는 여러 가지의 다채로운 색감이 관여한다. 동일한 상황을 두고도 사람마다 느끼는 온도 차이는 다를 수밖에 없다. 학교도 기본적으로 사람이 있는 곳이며, 더욱이 사람을 만드는 곳이기에 다양성을 인정받을 수 있어야 한다. 학교마다 사정과 상황이 다르고 출발선도 다르다는 이야기다. 우리가 지향하는 가치가 크게 다르지 않을진대, 사람마다 학교마다 변화의 속도도 다를 수밖에 없다는 점을 한 번쯤은 생각해 보았으면 한다. 서로의 다름을 인정하고 배려하는 것이 중요하다는 것도 정말 절실하게 깨달은 바.

한 해를 마감할 때가 되니, 우리가 지금 서 있는 곳이 어디쯤인지 돌아보게 된다. 우리가 지향하는 마을도 결국은 사람의 중요성을 깨닫는 것에 다름 아님을 다시 한번 느끼며….

---

4. 2019학년도 마을축제는 돼지열병으로 인해 장곡동 소재의 세 개 학교가 함께하지 못하는 지경에 이르렀다.

# 삶의 행복을 꿈꾸는 교육은 어디에서 오는가?

● **교육혁명을 앞당기는 배움책 이야기** 혁신교육의 철학과 잉걸진 미래를 만나다!

● **비고츠키 선집** 발달과 협력의 교육학 어떻게 읽을 것인가?

**생각과 말**
레프 세묘노비치 비고츠키 지음
배희철·김용호·D. 켈로그 옮김 | 690쪽 | 값 33,000원

**성장과 분화**
L.S. 비고츠키 지음 | 비고츠키 연구회 옮김
308쪽 | 값 15,000원

**도구와 기호**
비고츠키·루리야 지음 | 비고츠키 연구회 옮김
336쪽 | 값 16,000원

**연령과 위기**
L.S. 비고츠키 지음 | 비고츠키 연구회 옮김
336쪽 | 값 17,000원

**어린이 자기행동숙달의 역사와 발달 I**
L.S. 비고츠키 지음 | 비고츠키 연구회 옮김
564쪽 | 값 28,000원

**의식과 숙달**
L.S 비고츠키 | 비고츠키 연구회 옮김
348쪽 | 값 17,000원

**어린이 자기행동숙달의 역사와 발달 II**
L.S. 비고츠키 지음 | 비고츠키 연구회 옮김
552쪽 | 값 28,000원

**분열과 사랑**
L.S. 비고츠키 지음 | 비고츠키 연구회 옮김
260쪽 | 값 16,000원

**어린이의 상상과 창조**
L.S. 비고츠키 지음 | 비고츠키 연구회 옮김
280쪽 | 값 15,000원

**성애와 갈등**
L.S. 비고츠키 지음 | 비고츠키 연구회 옮김
268쪽 | 값 17,000원

**비고츠키와 인지 발달의 비밀**
A.R. 루리야 지음 | 배희철 옮김 | 280쪽 | 값 15,000원

**흥미와 개념**
L.S. 비고츠키 지음 | 비고츠키 연구회 옮김
408쪽 | 값 21,000원

**정서학설 I**
L.S. 비고츠키 지음 | 비고츠키 연구회 옮김
584쪽 | 값 35,000원

**정서학설 II**
L.S. 비고츠키 지음 | 비고츠키 연구회 옮김
480쪽 | 값 35,000원

**수업과 수업 사이**
비고츠키 연구회 지음 | 196쪽 | 값 12,000원

**관계의 교육학, 비고츠키**
진보교육연구소 비고츠키교육학실천연구모임 지음
300쪽 | 값 15,000원

**비고츠키의 발달교육이란 무엇인가?**
비고츠키교육학실천연구모임 지음 | 412쪽 | 값 21,000원

**비고츠키 생각과 말 쉽게 읽기**
진보교육연구소 비고츠키교육학실천연구모임 지음
316쪽 | 값 15,000원

**비고츠키 철학으로 본 핀란드 교육과정**
배희철 지음 | 456쪽 | 값 23,000원

**교사와 부모를 위한 비고츠키 교육학**
카르포프 지음 | 실천교사번역팀 옮김
308쪽 | 값 15,000원

**혁신학교**
성열관·이순철 지음 | 224쪽 | 값 12,000원

**대한민국 교사, 어떻게 가르칠 것인가?**
윤성관 지음 | 320쪽 | 값 15,000원

**행복한 혁신학교 만들기**
초등교육과정연구모임 지음 | 264쪽 | 값 13,000원

**아이들을 어떻게 가르칠 것인가**
사토 마나부 지음 | 박찬영 옮김 | 232쪽 | 값 13,000원

**서울형 혁신학교 이야기**
이부영 지음 | 320쪽 | 값 15,000원

**모두를 위한 국제이해교육**
한국국제이해교육학회 지음 | 364쪽 | 값 16,000원

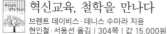 혁신교육, 철학을 만나다
브렌트 데이비스·데니스 수마라 지음
현인철·서용선 옮김 | 304쪽 | 값 15,000원

 혁신교육 존 듀이에게 묻다
서용선 지음 | 292쪽 | 값 16,000원

 다시 읽는 조선 교육사
이만규 지음 | 750쪽 | 값 33,000원

 대한민국 교육혁명
교육혁명공동행동 연구위원회 지음
224쪽 | 값 12,000원

 경쟁을 넘어 발달 교육으로
현광일 지음 | 288쪽 | 값 14,000원

 핀란드 교육의 기적
한넬레 니에미 외 엮음 | 장수명 외 옮김
456쪽 | 값 23,000원

 한국 교육의 현실과 전망
심성보 지음 | 724쪽 | 값 35,000원

 독일의 학교교육
정기섭 지음 | 536쪽 | 값 29,000원

---

● **경쟁과 차별을 넘어 평등과 협력으로 미래를 열어가는 교육 대전환!** 혁신교육 현장 필독서

 교실 속으로 간 이해중심 교육과정
온정덕 외 지음 | 224쪽 | 값 13,000원

 포스트 코로나 시대의 교육
성열관 외 지음 | 224쪽 | 값 15,000원

 내일 수업 어떻게 하지?
아이함께 지음 | 300쪽 | 값 15,000원

 학교의 미래,
전문적 학습공동체로 열다
새로운학교네트워크·오윤주 외 지음 | 276쪽 | 값 16,000원

 마을교육공동체
생태적 의미와 실천
김용련 지음 | 256쪽 | 값 15,000원

 학교폭력, 멈춰!
문재현 외 지음 | 348쪽 | 값 15,000원

 학교를 살리는 회복적 생활교육
김민자·이순영·정선영 지음 | 256쪽 | 값 15,000원

 삶의 시간을 잇는 문화예술교육
고영직 지음 | 292쪽 | 값 16,000원

 미래교육을 디자인하는
학교교육과정
박승열 외 지음 | 348쪽 | 값 18,000원

 교실 속으로 간 이해중심 통합교육과정
온정덕 외 지음 | 224쪽 | 값 15,000원

 초등 백워드 교육과정
설계와 실천 이야기
김병일 외 지음 | 352쪽 | 값 19,000원

 학습격차 해소를 위한 새로운 도전
보편적 학습설계 수업
조윤정 외 지음 | 240쪽 | 값 15,000원

 마을교육공동체란 무엇인가?
서용선 외 지음 | 360쪽 | 값 17,000원

 강화도의 기억을 걷다
최보길 지음 | 276쪽 | 값 14,000원

 체육 교사, 수업을 말하다
전용진 지음 | 304쪽 | 값 15,000원

 평화의 교육과정 섬김의 리더십
이준원·이형빈 지음 | 292쪽 | 값 16,000원

 마을교육과정을 그리다
백윤애 외 지음 | 336쪽 | 값 16,000원

 혁신교육지구와 마을교육공동체는
어떻게 만들어지는가?
김태정 지음 | 376쪽 | 값 18,000원

아이들을 어떻게 가르칠 것인가
사토 마나부 지음 | 박찬영 옮김 | 232쪽 | 값 13,000원

 코로나 시대,
마을교육공동체운동과 생태적 교육학
심성보 지음 | 280쪽 | 값 17,000원

 혐오, 교실에 들어오다
이혜정 외 지음 | 232쪽 | 값 15,000원

 수업, 슬로리딩과 함께
박경숙 외 지음 | 268쪽 | 값 15,000원

 물질과의 새로운 만남
베로니카 파치니-케처바우 외 지음 | 240쪽 | 값 15,000원

 그림책으로 만나는 인권교육
강진미 외 지음 | 272쪽 | 값 18,000원

 수업 고수들
수업·교육과정·평가를 말하다
박현숙 외 지음 | 368쪽 | 값 17,000원

 아이들의 배움은 어떻게 깊어지는가
이시이 준지 지음 | 방지현·이창희 옮김
200쪽 | 값 11,000원

 미래, 공생교육
김환희 지음 | 244쪽 | 값 15,000원

 들뢰즈와 가타리를 통해 유아교육 읽기
리세롯 마리엣 올슨 지음 | 이연선 외 옮김
328쪽 | 값 17,000원

 혁신고등학교, 무엇이 다른가?
김현자 외 지음 | 344쪽 | 값 18,000원

 시민이 만드는 교육 대전환
심성보·김태정 지음 | 248쪽 | 값 15,000원

평화교육
과거, 현재 그리고 미래를 그리다
모니샤 바자즈 외 지음 | 권순정 외 옮김
268쪽 | 값 18,000원

 서울대 10개 만들기
김종영 지음 | 348쪽 | 값 18,000원

 선생님, 통일이 뭐예요?
정경호 지음 | 252쪽 | 값 13,000원

 함께 배움
학생 주도 배움 중심 수업 이렇게 한다
니시카와 준 지음 | 백경석 옮김 | 280쪽 | 값 15,000원

 다정한 교실에서 20,000시간
강정희 지음 | 296쪽 | 값 16,000원

 즐거운 세계사 수업
김은석 지음 | 328쪽 | 값 13,000원

 밥상혁명
강양구·강이현 지음 | 298쪽 | 값 13,800원

 학교를 개선하는 교장
지속가능한 학교 혁신을 위한 실천 전략
마이클 풀란 지음 | 서동연·정효준 옮김 | 216쪽 | 값 13,000원

 선생님, 민주시민교육이 뭐예요?
염경미 지음 | 244쪽 | 값 15,000원

 교육혁신의 시대
 배움의 공간을 상상하다
함영기 외 지음 | 264쪽 | 값 17,000원

 도덕 수업, 책으로 묻고 윤리로 답하다
울산도덕교사모임 지음 | 320쪽 | 값 15,000원

 교육과 민주주의
필라르 오카디즈 외 지음 | 유성상 옮김
420쪽 | 값 25,000원

교육회복과 적극적 시민교육
강순원 지음 | 228쪽 | 값 15,000원

 비판적 미디어 리터러시 가이드
더글러스 켈너·제프 셰어 지음 | 여은호·원숙경 옮김
252쪽 | 값 18,000원

# 참된 삶과 교육에 관한
## 생각 줍기